当代体育产业发展与体育行为心理探究

谢朝波 著

北京日报出版社

图书在版编目（CIP）数据

当代体育产业发展与体育行为心理探究 / 谢朝波著.
北京：北京日报出版社，2018.10
ISBN 978-7-5477-3149-9

Ⅰ．①当… Ⅱ．①谢… Ⅲ．①体育产业－产业发展－
研究－中国②体育心理学－研究 Ⅳ．① G812 ② G804.8

中国版本图书馆 CIP 数据核字（2018）第 200375 号

当代体育产业发展与体育行为心理探究

出版发行：北京日报出版社
地　　址：北京市东城区东单三条8-16号东方广场东配楼四层
邮　　编：100005
电　　话：发行部：（010）65255876
　　　　　总编室：（010）65252135
印　　刷：定州启航印刷有限公司
经　　销：各地新华书店
版　　次：2019年1月第1版
　　　　　2019年1月第1次印刷
开　　本：710×1000　 1/16
印　　张：16
字　　数：302千字
定　　价：59.00元

前 言

进入 21 世纪，我国的体育产业迅速发展，欣欣向荣。形成这一现象的原因有多种：其一，专业级、国际性的比赛带动了我国体育事业的发展；其二，国家政策大力提倡全民健身。可以说，体育产业成为国家经济发展的新增长点。

中国的体育事业内容包括竞技体育、全民健身的群众体育、富民利民的体育产业、完善人格的体育文化。我国必须协调完善体育工作的各项内容，才能推动体育强国建设。从当代经济与体育发展的形势来看，我国必须加强对竞技体育、群众体育、体育文化发展的推进，增强体育产业的实力，才能使我国的体育事业越来越繁荣。

在市场经济环境中，体育发展涉及诸多心理学，如体育旅游业、体育消费业、体育彩票业、体育广告业等，这些统称为体育行为心理。从学术概念上分析，心理学是研究人的心理现象和心理规律的科学。人的行动由思想支配，思想动机由需要引起。人的心理与行为目的是直接或间接、自觉或不自觉地满足某种需要。当需要得到满足，行为结束后，又会有新的需要，产生新的动机，引起新的行为。由此可见，需要是人的积极性和主动性的根本动力。体育产业既包括体育比赛项目、运动健身项目，又包括体育行为心理。借助心理学的研究，可以针对体育对象的不同特征，探索能够满足其合理需要的心理策略，从而推进我国体育产业科学化发展。

本书的研究内容涉及体育产业的发展以及体育产业中的心理学问题，全书共分十章。第一章为体育产业概述，对体育产业的概念、内容、分类及其相关概念与理论进行了阐述；第二章为体育产业发展的基本理论，主要介绍了体育产业结构、体育产业组织和体育产业政策的基本理论；第三章为体育产业发展的市场化研究，从体育用品业、体育传媒业、体育广告业、体育彩票业和体育旅游业等方面对我国体育产业市场化发展进行了研究；第四章为社会相关体育产业发展，从竞技体育产业、休闲体育产业和民族传统体育产业对我国社会体育产业发展进行了研究；第五章为新时代体育产业发展审视，阐述了我国体育产业发展特征、体育产业的新发展以及发展趋势；第六章为体育产业发展的心理学，发展体育产业，使体育产业同心理学接轨，认为需要从分析和掌握大众心理特征入手，对与体育产业相关的心理学知识进行阐述；第七章为体育消费心理探究，从体育消费心理与行为、体育市场消费心理和实现体育消费的心理策略进行了阐述；第八章为体育广告心理探究，从广告设计与公众心理、体育广告的心理原理和体育广告的心理策略进行了分析；第九章为体育彩票业中彩民购彩心理探究，阐述了体育彩民及其购彩心理与行为理论基础，分析了不同彩民群体购彩心理与行为特征，指出了体育彩民群体发展心理策略；第十章为体育旅游心理探究，在分析体育旅游者心理的基础上，阐述了体育旅游服务心理和应用心理策略。

希望通过此次研究，推动我国体育事业的发展，为我国的体育发展尽绵薄之力。

本书在撰写过程中，参考和借鉴了许多专家和学者的文献资料和研究成果，在此表示敬意和感谢。由于时间和精力所限，本书难免存在不足之处，恳请广大读者批评指正。

目 录

第一章 体育产业研究绪论

中国体育产业起步较晚，发展较快，产业领域不断拓展，发展规模不断扩大，产业的效益显著提高，目前已经形成了一个独具特色的产业门类。国家体育总局将体育产业分为三大类——第一类为体育主体产业类，指发挥体育自身的经济功能和价值的体育经营活动内容，如对体育竞赛表演、训练、健身、娱乐、咨询、培训等方面的经营；第二类指为体育活动提供服务的体育相关产业类，如体育器械及体育用品的生产经营等；第三类指体育部门开展的旨在补助体育事业发展的其他各类产业活动，并指出体育产业发展的目标是用十五年左右的时间逐步建成适合社会主义市场经济体制，符合现代体育运动规律，门类齐全，结构合理，规范发展的体育产业体系。本章初步研究体育产业与体育产业相关的概念，阐述体育产业的发展历程，见证"体育"如何从最初贵族的户外运动演变成专业级体育项目、全民健身项目。

第一节 体育产业的概念

一、什么是体育产业

在现今世界，虽然体育产业发展得十分繁盛，在发达国家甚至形成了健全的发展体系和模式。但是，如果要给体育产业下一个定义的话，目前并没有统一的说法，研究界的学者们也各有自己的观点，下面深刻、全面地剖析体育产业的概念。

（一）体育产业广义定义

体育产业是那些与体育相关的生产经营部门的总和，范围包括体育健身、比赛竞技、体育传媒、体育博彩业、体育用品经销业等。

通过对其了解，可以发现最大的问题就是外延泛化。具体说就是，在这种说法里生产物质产品的企业也被划到了体育产业的范围，但无法解释以下问题：物质产品的产品属性和服务或者劳务行业的产品属性是完全不同的，不可以相互替换，所以这两类产品与同一商品市场的产品划分标准不符；在生产技术和工艺上，物质产品与服务或劳务产品的不同也非常明显。可以说这种说法不符合经济学原理，也不符合逻辑。

（二）体育产业狭义定义

体育产业是生产和提供体育服务或劳动产品的企业，或者是向全社会提供各种体育服务的行业。这种说法的主要特点有：注重产品的非物质性，存在形式是劳务或服务，满足人们身心需要，生产过程就是消费者参与的过程。

之所以说"体育产业外延的狭义说"和产业经济学理论与逻辑学是相符的，主要是因为以下三个方面：

体育服务产品或体育服务的企业为对象的生产和供应，对体育产业同质化的产品属性进行了明确定义，并与一些经济属性相同，定义和商品市场为单位的产业在分工规律上是相一致的。

体育运动服务或者说劳务产品在生产过程和技术工艺上也存在着一定的相似性，都以人为尺度，在投入上的需要也较为相似。

体育产业可以划归到第三产业的范畴。

（三）体育产业的体育事业说

体育产业的体育事业说认为，体育产业是体育事业在社会主义市场经济条件下的运行。这种说法存在的主要问题是概念不明确，也不符合实际需要。一般地，一种研究都要以具象的现象或是抽象的内容为研究基础，对其进行高度概括。如果我们要把体育产业和体育事业放到同一层级，就会发现这两者完全不是一回事，产业说的是相同类别的经济活动的总和，而事业说的是那些公益性的组织部门的集合。

（四）体育产业的体育事业可赢利部分说

这种说法从实践的角度提出体育产业是体育活动中赚取了经济利益的部分的总和，可以说是体育产业的"赢利部分"。然而，这种说法仍然存在着较多的问题，较为明显的有以下三个方面：

对概念的定义有一些缺陷，对事物性质的过程描述并不等于事物的本质属性特征。

这种定义对新出现的或新成为体育相关部门的产业产生排斥，如现代保龄球、高尔夫服务部门等。

对产业的类型区分和层次存在边界不清的问题。在判定外延结构时只是单纯地将获取经济利益作为评定的唯一标准，并没有对第二次产业和第三次产业的划分规则引起足够的重视，按照这种逻辑体育产业必然会回到"体育产业外延的广义说"上。

我们认为，明晰其概念要从狭义与广义层面进行。详细说来就是，体育产业从广义层面来讲，指的是全社会范围内给予体育产品的企业、相关部门的总和，囊括了体育服务业、体育相关产业。体育产业从狭义层面来讲，指的是通过体育劳务的方式给予消费者体育服务产品生产的企业以及相关部门的综合。

从宏观层面来说，体育产业是一种新的产业形态，它随着社会经济的不断发展而出现，是由自给自足的模式向有组织的生产性、消费性、营利性组织运行模式转型的产物。用一句话说，体育产业就是体育用品生产和销售的企业的集合。

二、体育产业的分类

体育产业可以说是能够满足人们对体育的多样化需求的所有生产性组织和经营性组织的集合，范围广泛，涵盖体育用品制造、销售业，体育设施搭建维护业，体育相关服务业等。如果进行分类的话，大致能分为四类：体育本体产业、体育相关产业、体育延伸产业和体育边缘产业。

（一）体育本体产业

体育本体产业是体育产业的核心，指的是根据体育自身特性而进行生产、服务的部门，是一种产业部门群。体育本体产业出于体育竞赛市场而形成。体育本体产业整合市场资源促进体育产业的发展，管理资源和体育赛事相关的业务资源。在体育本体产业发展的框架下，由于自身的属性和国内外市场环境的差异，在不同的赛事（包括竞赛表演项目）中建立不同的本体产业链有不同的方式。

体育竞赛市场是一个多层次的概念，研究的角度分为纵向和横向两个。体育本体产业是由各种层次的体育运动比赛市场构成的。在我国，20 世纪 90 年代初，随着体育项目管理体制改革的深入，体育竞赛市场有了长足的发展，实施了各个新制度并适应了商业化的发展，如出现了各个俱乐部和联盟，举办各种锦标赛、大奖赛，为各类体育竞赛市场提供培训等。

（二）体育相关产业

体育相关产业说的是和体育有一定关联的，在其他产业中的生产和经营活动。与体育本体产业最大的不同在于，进行相关经营的并不归体育部门管理。这一类服务覆盖范围很广泛，包括运动场地的修建维护、出租各类体育器材、训练服装的经营、运动功能性饮料和健身瘦身食品的销售、体育比赛中广告和媒体的经营与管理等。它是产品生产与服务部门相结合的横向递进关系结构。这一部分基本上是有形的实体，如体育用品、器材、运动服装、鞋帽等。

（三）体育延伸产业

体育延伸产业说的是体育产业的发展过程中与周围融合形成的综合性的行业

集群，与体育沾边，但并不与体育有实质上的联系。最常见的体育延伸产业要数体育彩票了，这部分基本是无形产品，它是一种产业网络，是若干产业链的纵横交错和延伸。

（四）体育边缘产业

体育边缘产业也应属于体育相关产业，体育边缘产业说的是那些为了让主体产业获得更多利润而存在的，进行附属设施和配套项目建设的产业。

例如，为了更好地享受竞技体育比赛或表演，为人们提供餐饮、住宿、纪念品、明星卡等服务。虽然这些业务内容不与运动直接相关，但它们也是本体的体育产业环境的一部分。

三、体育产业的属性

许多研究者指出，社区里的体育运动设施是社会公益事业的一部分，学校里的体育运动和大众体育是体育产业最基本的组成部分；体育产业是市场的产物，属于社会经济生活中的第三行业。事实上，体育的本质是一种社会生活的人的专题活动，从科学发展观的角度来看，最直接体现了以人为本、人的全面协调和可持续发展，因此需要体育和社会生命体——人，共同发展与培养。在实际条件下，体育和体育产业的成长必须坚持以人为本，以满足高层次的需求——实现身体健康，享受生活，提升生活品质，打造现代生活方式。这是一个共同的任务，也是发展体育产业的目标。

人们对体育产业的认知和体育产业的社会属性有不同的看法，这种分歧是一种正常现象，因为对主体认识的差异性，体现在理解上会有所不同。在社会理论领域，特别是在经济学领域，体育产业一般归结为具有服务属性的第三产业。国民经济计划公报也将其列入第三产业（体育事业也属于这一类）。这种现象是正常的，但也是一种传统观点。从历史发展和认识过程看，这是不可避免的，有其特定的原因。

从现代市场经济条件下体育产业的出现、发展和升级来看，把体育作为第三产业（体育和体育产业）分类过于简略，也不太符合体育产业在现实中的实际情况。作为经济社会的众多行业之一，体育产业的结构和运转规律要被众人了解、弄懂并掌握、运用需要一个漫长过程。根据体育产业属性与综合操作规则的结构特点，体育产业不应被归为第三产业。

体育产业集成了独特的属性，它不属于第一产业，也不属于第二、第三产业，可以概括为第四个产业。第四个产业指包括农业产业化属性、技术等多元化的商业信息，又与第一、第二、第三产业具有实质性的不同程度的联系，所以把它放在社会经济生活中的第四个产业是比较科学的。因为它反映了体育产业在市场经济中的独特性，不仅符合科学发展观的基本属性，也符合全面并协调发展的要求，能够可持续地发展下去。并且，体育产业反映了体育在市场经济活动中主体与客体相一致的前提和其相互依存、互相转化的作用。

四、体育产业的特征

（一）体育事业和体育产业

总体来说，它主要反映在三个方面。

1. 特性和特征的区别

体育事业更偏向福利、社会效率和公益性等方面，以满足社会精神文明的需求为目的。体育产业则更偏向于经济效益，具有商业的属性，相对而言以经济效益为前提。

2. 资金支持不同

目前中国的财税政策表现如下：从财政方面讲，国家会给事业单位相应的财政拨款，而企业则需要通过自筹或由银行贷款来获得；从税收方面讲，事业单位不需要缴税，而企业则必须缴纳相应的税费。

3. 经济变化的性质

产业经济的性质是商品经济，这主要取决于市场调节。其运作机制以经营为基础，在提高社会效益的基础上继续产生经济效益。

（二）中国国内体育产业的主要特征

1. 高度的空间依赖性

体育行业的企业最先应该考虑的就是为相关的消费者提供专门的体育运动场所，并考虑营业的地理位置等因素。

2. 明显的时间消费模式

只有绝大部分消费者拥有了比较充足的时间的时候，才会开始进行体育消费。

3. 消费水平很高

体育产业的产生以公民拥有相当高的精神娱乐和一定的消费水平为前提。

4. 高要求的品质服务

服务是体育产业最重要的部分之一，体育消费者会花时间和金钱去享受运动，以满足不同的需求，如运动享受和体育锻炼。

第二节 体育产业的相关概念与理论

一、体育产品

（一）体育产品的概念

体育产品在体育产业中就是能够实现人们某些运动需求的产品，这些产品由运动生产活动所生产。以下是体育产品的主要特点：

1. 体育性

体育产品只能产自体育活动，其他活动不会产生。

2. 生产性

体育产品来源于体育生产活动中，它归属于制造活动，是生产产品而不是产品。

3. 劳务性

体育产品是以服务形式提供给消费者的服务产品，是属于第三产业的一种。

4. 满足体育需求性

生产体育产品是为了满足人们的某些运动需求，而这一需求恰好和体育发展水平及体育产业发展密切相关。

（二）体育产品的种类

1. 体育健身休闲产品

所谓体育健身休闲产品就是众多能够实现人们娱乐需求以及健身需求的运动产品，具有广泛的范畴，不仅囊括了体育医疗咨询、健身指导，还包含多种形式的休闲体育服务。

2. 体育竞赛和表演产品

所谓体育竞赛和表演产品是一系列运动或体育运动表演。一般而言，体育竞赛和表演产品的供应商大多为各种营利性或非营利性的组织。在消费体育的过程中，消费者不需要在体育活动中进行直接参与，取而代之的是观看等方式。迄今为止，体育产品的关键构成部分即为体育竞赛和表演产品，其对人们的体育需求发挥了极为关键的推动作用。

3. 体育技术培训产品

体育技术培训产品是一种随着体育赛事的发展，培养运动员或体育人才以提高其能力的一种服务形式。所谓体育技术培训，指的是对体育人才培养的过程，即由体育教师采用特定的训练手段和方式来实施；而培训的手段和方式即为体育技术培训产品，所有体育产品的质量的好坏在很大程度上取决于该产品的生产和消费。目前，体育技术培训产品随着竞技体育以及体育竞赛的迅猛发展而增多，科技化水平也越来越高。

（三）体育产品的特征

1. 非实物性

在体育产业概念中提到的运动产品、体育信息产品、运动训练产品、体育竞赛产品以及无形体育资产均为非物质的，这种非物质形式主要取决于运动产品的非物理特性。

2. 生产和消费的相互依存

在体育产业中，体育产品在生产和消费之间具有相辅相成的特征。这个相辅相成的特征必须反映在三个方面：时间、空间和个人参与的体育活动。

（1）关于时间，其相辅相成的特性主要体现在生产过程的开始、结束、消费过程当中。由于体育产品以体育服务的形式呈现，一旦体育活动或体育锻炼完成，人们的观看活动或锻炼活动就完成了。例如，在欣赏体育赛事时，人们只保留自己脑海中的回忆、留下门票，该过程不能重复和储备。所以，就时间来说，体育产品的生产和消费具有一致性。

（2）就空间而言，它主要是指体育生产活动，而消费活动往往是在同一个空间进行的，如健身场所和比赛场地。

（3）体育活动的个人参与不能被取代。人们需要亲身体验这个过程，无法通过他人实现健身的目标，也不能获得别人观看比赛的喜悦感。所以，体育消费者应该亲临现场并参与其中，以便结束在消费过程中消费体育产品的过程并实现其目标。因此，个人消费者参与体育产品的消费也对体育产品的生产和消费的相辅相成起着关键作用。

3. 需求的水平高

总的来说，人类的需求可以分为三个层次：生存需要、发展需要和发展需要的满足。人们对体育用品的需求是一个高水平的要求，主要体现在以下三个方面：

（1）人们对体育产品的需求建立在满足了基本的生存需求的基础上。人们的生活，包括衣、食、住、行，是人们的生存需求，不包括运动需求。这意味着，如果人们离开这项运动，不会对生存产生威胁而只是降低人们的生活质量。所以，在经济中，生活需求被定义为低替代产品，几乎没有替代弹性，而替代运动产品的需求相对较高。

（2）人们通过对体育产品的需求来获得更高水平的享受。在现实生活中，人们的需求也在不断地变化和发展。当生存得到满足时，人们将开始追求更高水平的享受。这种高度的满意度将包括对生活质量和健康的关注。在提高人们的生活质量的过程中，体育产品起到了举足轻重的作用。当人们的可支配收入达到一定水平，对体育竞赛的参与成为满足人们需求的重要形式。

（3）人们对体育用品的需求在一定程度上可以满足人们发展的需要，这个功能有两个主要方面。第一，生存的基本需求满足后，人们的意愿会更高，他们对生活质量的要求会更高，如体能、体育教育和身心发展等，运动产品能满足很多人的需求。第二，体育需求可以被看作对人力资本的一项重要投资。人力资本往往被理解为通过人力投资形成的，加上工人，并能够创造稳定的收入。人们对运动产品的消费可以增加他们的体力并复制劳动力。通过对体育产品的消费，可以减少疾病，从而可以减少周转，提高劳动生产率。通过体育用品的消费，可以改善健康状况，延长工作时间。通过对体育产品的消费，人们的压力得以缓解，社会适应能力得以提高。

4. 消费结果的未知性

在体育产业中，主要从以下几个方面来体现体育产品所具有的消费结果的未知性特征。

（1）体育产业以活劳动的形式提供体育产品，其工作特点是不完整的可重复性。因为每一次的劳动过程中，劳动者会受到主客观因素的影响，很难保证工作过程的完全稳定。

（2）体育产品必须为人民服务，而每个人的情况有很大的差异，如同样是"瘦身运动"，由于每个人的体质不同，最后的锻炼结果也会有所不同。

（3）在体育比赛中，高水平竞技比赛很难预测。当顾客购买门票时，没有人能够预测比赛的强度、方向以及结果。

5. 在质量判断上的差异

它主要体现在以下两个方面：一方面，在相同的体育赛事中，当观看体育赛事时，观众会根据自己的喜好或知识评判参赛者的表现和比赛结果；另一方面，大部分消费者的需求在娱乐、健身活动中不容易得到满足。

6. "最终产品"特性

供最终消费和使用的产品就是所谓的"最终产品"。在体育产业中，体育产品就属于服务业提供的产品，因而就具有最终产品的特性。体育产品"最终产品"的特性主要表现为中间投入率小和中间需求率小。中间投入率是指各产业的中间投入与总投入之比，其能够将各产业为生产单位产值而需要从其他产业购进中间产品所占的比重反映出来。中间需求率是指各产业产品的中间需求之和。体育产品这种特殊的产品形态，其价值主要是由活劳动消耗构成的。原材料消耗的比重较小，因而中间投入率小。除体育无形资产，一般是作为其他产业的投入品被购买的，它的消费者主要是企业，而不是个人，不具备最终产品消费的特征。大多数体育产品被作为其他产业投入品的比例很小，所以体育产品又具有中间需求小的特点。因而体育产品具有最终产品的特性，能够使人们的基本需求得到较好的满足。

二、体育市场

（一）体育市场的概念

所谓的体育市场就是在整个社会市场体系中执行其特殊功能的子系统。它的概念有广义与狭义两种。

从广义上讲，所谓的体育市场是指体育产品交换的所有活动的总和。这不仅包括体育服务产品和服务的交换，还关系到产品的运动，如服装、饮料和运动器材以及体育基金、体育人员和其他运动的交流。

从狭义上讲，体育市场是指体育产品直接交易的地方，包括体育活动或监督体育活动。具有代表性的场所——体育馆、游泳池、健身房以及各种收费的体育培训类课程。

（二）体育市场的要素

体育市场的基本要素包括体育消费者、体育消费欲望和体育消费水平。

1. 体育消费者

所谓体育消费者是那些购买消费体育用品的人。其中最具明显特征的有：看体育比赛和节目、购买运动器材和运动服装、参加健身活动的人。

2. 体育消费欲望

所谓的体育消费欲望意味着对体育消费品的消费和需求有一定的欲望。

3. 体育消费水平

体育消费水平是指按一定人口平均的体育实物消费资料和体育服务消费资料的消费数量。在一般情况下，体育消费水平可反映一个国家或地区的经济发展水平。

总之，体育市场的这三个要素是相互联系相互依存和相互制约的。三者都是不可或缺的。

（三）体育市场的特点

体育市场具有更突出的特点，具体来说，主要体现在三个方面：实物消费品市场、体育服务消费品市场和体育要素市场。

1. 实物消费品市场的特点

所谓的实物消费品市场是一个市场中，提供给消费者的物理运动在物理形态消费品。一般来说，实物消费品市场有以下特点：

（1）市场的需求有所变化。职业体能消费要求较高，业余要求较低。所以，制造商应该将不同的市场需求作为开发各种消费品的关键基础。

（2）市场需求具有周期性的特点。某项运动可能会在某个特定区域停留一段时间。此时，体育领域对设备的需求将相应增加，而流行期结束后，体育器材的市场需求将会变少。即实物消费品管理者应该捕捉市场需求信息，使生产的商品适销对路。

（3）消费者人数多。参加运动和体育锻炼的人需要一些体育器材，如运动服装和运动器材。这些运动器材属于运动消耗品。因此，体育消费者越多，对实物消费品的市场需求就越大。

2. 体育服务消费品市场的特点

所谓的体育服务消费品市场不提供实物产品。其特点主要表现在以下几个方面：

（1）波动性。受外部或主观因素的影响，其他国家和地区体育用品市场需求波动较大。这种不稳定与一个国家或地区人们的兴趣爱好和社会文化有着一定的联系。体育产业领导者理解并掌握这一特点，才能达到事半功倍的效果。

（2）不平衡性。体育用品的社会需求在很大程度上受社会生产力发展水平和经济发展状况的影响。总的来说，大多数经济发达国家或地区的人对体育用品的市场需求更大。在经济相对落后的地区，市场对体育服务产品的需求相对较弱。因此，体育产业运营管理者应该将这种不平衡作为有针对性的体育管理活动的关键基础。

（3）一致性。体育服务产品在时间和空间上具有一致性。其原因主要是由于体育产品生产商的体育生产也是体育用品产品消费的过程，并且是买家、卖家、制造商和消费者加入的过程。因此，体育产业经营者应充分考虑两方面：一方面是消费体育的数量和质量；另一方面是体育消费者在交通和时间上的便利。

（4）差异性。市场对体育工作或产品的服务需求随时间而变化。通常而言，节假日、晚上对体育工作或产品的服务需求相对较大，同时，天气和季节变化也会对其产生一定的影响。譬如，消暑型的体育劳务或服务产品（水上乐园、游泳池等），在夏天的需求相比冬天来讲较大；而因为天气的变化，如下雨（雪）等，也可能会导致既有的体育消费计划（观看足球比赛等）暂停或取消。所以，从季节和天气的角度来说，需要体育管理者针对此种差异性进行充分的准备，从而取得较好的体育经营效益。

3. 体育要素市场的特点

所谓体育要素市场是对体育事业的发展、资金运动、体育人才和体育技术各种因素形成特殊的市场消费。

（1）体育资金市场的特点。有关组织和部门的经营活动，如体育无形资产的开发、电视转播权的出让、体育债券（股票）、体育彩票以及体育活动等构成体育资金市场。体育资金市场通过现代运动所具有的风度、魅力和吸引力的利用，凭借体育的经济和社会功能，在最大程度上调动企业联合体和社会消费者投资体育。

（2）体育人才市场的特点。体育人才市场主要是指运动员和教练员的市场。体育人才的供给和市场需求往往不会面对面交流，而是由体育人才市场中的经纪人或经纪人组织起来作为中介。

（3）体育技术市场的特点。所谓体育技术市场是体育科技商品的交易市场。目前，创建初期的科技市场的基本内容包括开展研究项目，开展科学研究磋商，出售研究成果，科研专利转让，开展技术咨询，技术服务，技术培训，技术投资，体育和技术科学用品以及其他运动技术产品的开发。其特点决定了体育科技产品的市场不同于整个体育用品市场。具体来说，主要体现在以下几个方面：其一，体育技术市场通常是零售商的垄断市场，往往只有一个供应商，拥有更多的客户；其二，体育技术市场上的运动科技产品通常是一次性的；其三，主要是由供给和需求决定的体育科技产品的价格。

三、体育消费

（一）体育消费的概念

体育消费是指人们用于体育活动及相关方面的消费。如果没有特定的经济基础或现代媒体产业的兴起，体育消费无法得到开发。所以，体育消费是经济发展与传媒产业发展共同的产物。经过一段时间的发展，体育消费已经成为各行业发展的重要推动力。与此同时，作为一个重要因素，它在经济和文化发展中也发挥着重要作用。

在现代生活中，体育消费是人们日常生活的重要组成部分。体育消费是指根据个人需要和条件搜索，购买各种体育用品（服务）的过程中对体育用品的消费。一般来说，体育消费主要由两部分组成。一部分是运动机构和运动队的训练和研究的日常活动的消费，另一部分是各种体育材料的消耗以及满足居民的个人需求和健身需要的个人消费。

体育消费是社会生产力在特定阶段的产品开发。这是对运动功能的新认识。新型消费是闲暇时人们自由选择的一种个人消费形式。随着当代社会的不断发展和闲暇时间的不断增加，人们的生活方式逐渐开始发生变化，并开始从锻炼到休闲。这在一定程度上提高了人们的体育消费水平。

（二）体育消费的类型

在一般情况下，体育消费大致可分为以下几种类型：

1. 观赏型消费

人们用钱购买不同的入场券和门票来观看体育比赛，以达到令人身心愉悦的消费行为，这被称为观赏型消费。例如，观看世界杯、超级联赛、世界田径锦标赛等。

2. 实物型消费

人们用钱购买与体育活动相关的不同运动材料，即所谓的实物型消费。例如，购买运动服装、运动护具、运动装备、体育纪念品、体育彩票等都是体育项目的开支。

3. 参与型消费

人们用钱购买参加体育活动的权利并享受相关服务，这就是所谓的体育参与消费。这种类型的消费是体育消费的基本内容，并可以反映体育消费的最佳功能。

在现实生活中，不同类型的体育消费相互交融在一起。在人们的体育消费中，既有参与型和实物型消费，也有观赏型消费。人们通过体育消费丰富他们的精神文化生活，并在一定程度上刺激体育产业的发展。

（三）体育消费的结构

体育消费结构在一定程度上可以反映体育消费的内容、水平和质量。同时，它可以反映人们对体育费用的满意度。

从整个社会或家庭的角度来看，中国体育消费的最基本结构是购买体育服装、体育门票和健身器材的人群的比例。总的来说，居民的体育消费比非体育消费更重要。由于不同地区经济水平的差异，体育消费在东部和南部地区比在西部和北部地区更高。

从客户群体的角度来看，体育消费的结构在很大程度上与大量客户和商业客户之间的关系是成正比的。大众体育的消费者是体育产品的最新用户。消费过程中产生的不同费用是体育市场价值的一部分，而贸易消费主要包括政府机构、赞助商和媒体。商业客户通常不直接参与消费体育产品的过程，而是购买、流通和转换消费体育产品，这是实体市场的另一收入来源。

（四）体育消费的特征

1. 体育特征

体育特征是指客户把体育作为自己的中心，采取各种形式的体育消费，注重运动。人们参与体育消费，尤其是主动地参与体育消费。主动体育消费是一种活跃的体育社会行为，是社会发展的重要标志。

2. 经济学特征

人们参与体育消费主要是通过交换的形式。客户可以通过支付一定数额的现金得到体育产品或某些体育服务。因此，我们可以从经济角度考虑体育消费的特征。由此可以得出结论认为，体育消费具有经济特征。

3. 理性消费特征

人们参与体育消费是一种有意识的、智力的和反复出现的消费行为。

4. 文化特征

人们的体育行为与文化素质密切相关。体育消费者的消费方法反映不同的文化传统。

四、体育资本经营

（一）体育资本经营的概念

在体育经济和社会活动中，旨在增加体育资本价值的经济活动被称为体育资本活动。具体来说，主要是指货币的体育资本和人力资本运动的功能。从某种意义上说，体育资本经营是一种经济资本管理属性的概念，是促进资本运作的体育领域的概念模型的应用。

（二）体育资本经营的特点

与体育的生产经营相比，直接增加体育资本实现体育资本的附加值，就是所谓的体育资本经营。通过优化整合体育资本，有效提高运营效率和盈利能力。所谓体育资本的直接运作是基于体育资本的资本化、体育的人力资本和其他因素，并间接控制体育资产属性层面的各种体育资本要素。原则上，管理层体育资本的基础是证券化的体育资本。它可以基于证券化和分配优化的体育活动，有效提高生产率与资本市场的价值。由此可以推论，体育资本管理的特点主要体现在以下几个方面：

1. 体育资本经营的目的方面

体育资本管理的主要目的是增加体育资本回报。因此，体育资本管理需要相应的体育资产的资本化。体育资本经营不仅表现为体育货币资本、体育虚拟资本彩票、产权凭证三种形式，也将其自身特点的体育的人力资本经营表现了出来。

2. 体育资本经营的对象方面

体育资本管理的目的是证券化运动，体现为资本，而不是物质体育用品，这项运动的物质资本可以被证券化的体育资本操纵。例如，资金可被转换成股票、资本和其他有形或无形资产。总的来说，在体育资本管理中，与体育资产的具体使用相关的生产和销售等商业活动之间没有显著的关系。

3. 体育资本经营的核心方面

体育资本管理的本质是运营效率。具体来说，就是如何优化配置，提高体育用品的运作效率、货币体育运动的效率和人力资本的流动性，从而积极推动体育资本的持续增长。在经营条件下，有两种主要形式：一种表现在体育产权交易的实现，低价值资产的出售，预期资产的购买以及创造连续体育资本的结构，另一种是代表特定体育事业的长期持有，持有俱乐部的股份的全部或部分，制定正确的战略决策。

（三）体育资本经营的内容

与资本相比，体育资本存在很大差异。具体而言，体育资本的内容主要有两方面：一方面，有不同类型的资本市场现金股权；另一方面，它是各种体育市场、技术和人力资本的虚拟资本。更广泛的意义上讲，体育资本的运作突破了资本运作只存在于企业中的局限性，充分体现了以体育赛事为代表的项目运作。

近年来，资本投资和资本项目管理的概念应用到一些体育赛事的经营和管理中。在运营的过程中，展示了银行、保险公司、资本公司和彩票发行商等资本活动的主题，这些主题可以进一步拓宽体育赛事的融资渠道，并帮助将体育活动转变为一个集合不同类型的资本。投融资项目表使体育资本管理效率显著提高，热钱激活。这使得体育资本管理功能具有了无与伦比的生命力。

（四）体育资本经营的作用

1. 可以进一步加快中国体育事业的发展步伐

经过不断的发展，中国体育竞赛取得了令人满意的成绩，规模不断扩大。但是，我们不能忽视中国体育公司存在的一些问题。比如，一些体育俱乐部的利润水平下降并遭受巨大损失；一些与体育结合的公司效率低下，无效甚至负面操作，运行机制不健全。总的来说，造成这些问题的主要原因是缺乏资本概念和资本管理，体育资本管理活动能够积极促进体育人力向资本转换。

2. 有助于体育企业改革和经济增长方式的进一步优化

包括体育资本在内的体育生产要素的组合和利用方式就是所谓的体育经济增长方式。长期以来，在体育领域是实行计划经济体制下的粗放型的增长方式，表现为在体育领域中依靠大量增加体育生产要素以求体育经济增长，形成了一定的结构性矛盾，具体表现为：资产存量大，体育企业规模小，素质不高，小而全，重复分散，等等。对于此，体育资本经营通过促进资产的流动重组来使体育经济增长方式得到改进和优化。由此，可以将体育资本经营的作用大致归纳为两个方面：一方面是体育产权证券化的作用，具体来说，就是体育资本经营要求在证券化了的资本或按证券化操作的资本基础上进行，这就使体育企业的资产在体育资本市场和体育产权市场流动，从而也为体育资产的重组奠定了较好的基础；另一方面是体育资本经营机制的作用，具体来说，体育资本经营的一个核心指标是体育资本的利税率和体育资本的回报率。为此，体育企业经营者必然会自觉地按体育资本经营的规律操作，这样在体育资本经营机制作用下，长期的粗放经营将会被杜绝，大量资产闲置，长期在低效、无效、负效状态中运行。

3. 对推动现代企业管理制度建设具有积极作用

体育资本管理将对体育运动公司的创建和发展产生有益的影响。建立现代企业制度，为实施体育资本管理奠定了良好的基础。换句话说，现代体育企业制度的创立就是要建立适应市场经济要求，产权明晰，权责明确，政企分开的现代企业制度。标准化的公司治理结构和体育企业的制约机制，使俱乐部等体育公司成为体育市场竞争的真正参与者，使以体育为基础的体育公司为核心，增加体育资本的价值和体育资本的效率，实现收入最大化。所以，体育资本的管理对改善体育领域的现代企业制度具有积极的作用，将对体育公司产生积极影响，明确体育公司的投资主体和整个社会的资本市场。

第三节　体育产业的起源与发展

体育产业的起源与发展是与其他行业不断融合，使体育商业化、职业化的一个历程。简单来说，就是从单纯的娱乐活动，到与其他行业（如广告传媒行业）相结合，发展成为能够带动经济发展，促进消费，带来利润的产业。通过分析体育产业起源与发展的过程，从中找出体育产业发展的规律与特点，为我国当前正处于发展上升期的体育产业如何发展提供了宝贵的参考，具有重要的借鉴意义。

一、体育产业的起源

体育产业在真正形成规模庞大、涉及面广的产业之前，首先发展成为一种有利可图的经营项目，作为一种产品，体育运动被纳入了商品经济之中，在这个过程中体育商业化、业余专业化。历史上英国与美国是最早实现这一过程的国家。

体育最早作为一项产业起源于英国，这一观点基本上得到了世界范围内学者们的认可。在文艺复兴结束后的 16、17 世纪，像我们过去有钱人喜欢请艺人到家里来办堂会（请民间艺人如戏班等，来家里单独为自家表演的一种行为）一样，英国的一些贵族和资本家喜欢雇用表演者来表演当时在民间非常盛行的"户外运动"。但与办堂会不同的是，这些贵族和资本家会对外售卖门票。这样，组织体育比赛卖门票使他们得到了利益，同时，因为得到了贵族和资本家的欣赏和赞助，英国的民间体育得到了非常好的发展，并且因为进行表演可以得到酬劳，以体育作为职业的人数越来越多，运动员这一职业的产生开始初见端倪。而在为了得到更多利益，当时的体育比赛也越来越商业化。在 1750 年，发生了一个历史性的事件：一家英国的贵族赞助的赛马俱乐部成立了。当然，只是成立俱乐部并不是多么值得载入史册，但这家俱乐部的经营是所有权和经营权分离的，这开创了现代体育俱乐部法人的管理结构与制度安排方式。并且，这种模式迅速在板球、拳击等当时火热的其他运动项目中得到了广泛的推广和应用。

在这一时期，得到更多的利润成为那些体育比赛组织者的重要目标，为此慢慢出现了国家范围内的体育比赛，后来国际的体育比赛体系开始建立起来，体育明星也应运而生。体育比赛成为人们生活中不可缺少的一部分，与体育比赛相关的新闻报道逐渐增多，甚至赌博都和比赛相关。体育比赛对相关产业的带动作用开始显现，同时，体育比赛表现出越来越大的社会影响力，甚至曾经让整个城市因为举办重大比赛而停止运转。

历史的车轮转到工业革命的时候，英国的体育发展也到了关键的时刻。这时的体育比赛已经不再是国内比一圈，国际比一圈，卖卖门票，做做报道这么简单的经营了。工业革命带来的巨大资本，使体育比赛在体育组织、比赛规则、经营机制等方面都进入了现代资本运作时期，不断朝着更加专业化的方向发展，职业体育俱乐部成立了，职业俱乐部制度后来成了欧洲职业体育的主导模式。

体育产业最早在英国发生与发展，有着十分深刻的历史原因。

首先，前面说到英国体育的发展和资本运作脱不了干系，而资本运作需要有发达的商品经济，这正符合当时建立了资产阶级政权的英国的社会条件。商品经济的发达必将导致体育这一十分挣钱的项目被商业化，将商品市场的交易规则、经营方式和组织结构各个方面都自然而然地应用在了体育运动的经营之中。而体育运动获得的利益又源源不断地吸引资本和人才参与进来。

其次，当时英国工业革命正在进行，各行业产值因为机器大生产而飞速增长，这就意味着经济条件的提升。我国有句古话"饱暖思淫欲"，说的就是温饱不愁后，人们自然就开始追求精神上的娱乐与享受。而对经济富足的英国人来说，体育运动是精神娱乐最好的选择，这为英国体育产业的后续发展打下了重要的物质基础。

再次，由于工业化的迅速推进，人口从村庄迁移到工厂附近。在工业化发展的进程中城市化也同步进行，英国顺理成章地成了世界上最先完成城市化的国家。城市化的实现很高程度上改变了人们工作和生活的方式，由于工作时间缩短，人们有了更多对时间的自由支配能力，这也是体育产业发展的重要前提条件。

最后，当时英国贵族与资本家参与足球、橄榄球、拳击等户外运动成为一种身份的象征、一种风潮。这种现象带动了专为体育运动提供服务的企业和个体的出现，促进了体育俱乐部的产生，刺激了体育产业的形成和发展。

英国的文化习俗以及经济制度等很多方面随着 17、18 世纪英国向全世界不断进行的殖民扩张传播到了世界各地，英国众多的殖民地之一的北美殖民地（现今的美国）在实现独立后仍继续了英国的体育文化。早在 19 世纪初，美国就学习英国创立了商业化的体育俱乐部。但因为美国和英国国情的不同，俱乐部模式并没有在美国成功展开。俱乐部制在英国之所以如此成功，在很大程度上是因为贵族们在早期不计经济利润的赞助投入，这项资金对俱乐部的生存与发展来说至关重要。而在美国是没有英国那样的贵族阶级的，美国的资本家不会无偿地投入大笔资金到没有利润的体育运动里。所以，俱乐部模式在美国发展不下去是必然的，美国人也放弃了照搬英国，转而开创了体育联盟制。1871 年，美国的几支职业棒球队结合在一起创立了全美棒球协会，向顶级球员给付薪水的棒球俱乐部都可以参加协会。这为后来美国体育联盟制的产生打下了基础。五年之后，到了 1876 年，有着"棒球沙皇"之称的 William Herbert 接手了全美棒球协会。他接手后做的第一件事就是改掉了协会的名字，从普通的像爱好者凑在一起组织成的全美棒球协会改成了透着一股权威不可侵犯气质的全美棒球联盟。而且他拟定了联盟的规则制度规范，规划了联盟如何进一步发展与对市场进行开发的计划。"棒球沙皇"带着全美棒球联盟垄断了市场，从中获取了高额的利润，也让参与其中的棒球队得到了相当丰厚的收益。大家见到联盟制度强大的盈利能力所取得的成功之后，纷纷借鉴组织了篮球联盟、美式足球联盟、冰球联盟等，联盟制度在其他各种运动项目中获得了广泛的推行，后来渐渐成了美国体育产业里占主导地位的一种运作模式。

让大众都参与到体育运动之中在体育产业里是非常重要的组成部分之一。但是，在体育产业刚刚开始初见端倪的 17 世纪到 19 世纪，因为当时社会经济发展水平低下，使得体育运动娱乐的消费规模特别小，远不能和现在相比，也尚未形成一个完整的产业。体育、健身、娱乐方面的消费真正地实现了大众化和生活化，可以一直追溯到 20 世纪中叶，当时欧美正处于第二次世界大战之后的经济重新崛起时期，大众体育也在这一时期最终有了相应的产业地位。

总的来说，体育产业的起源有两条主要的基本线索：一条是体育慢慢从自我娱乐的活动变成商业化与职业化的历程；另一条是英国的俱乐部制和美国的联盟制慢慢形成并在各个运动项目中得到推广的经过。俱乐部制和联盟制在后来成了世界所有国家发展体育产业的两大基本模式，对世界体育的发展具有非常深远的影响。英国和美国之所以被称为体育产业的发源地，不仅是因为其创造了许多受人喜爱的运动项目，更是因为体育运动在这两个国家成了商品经济的一部分，发展成了拉动国民经济的重要组成部分。

二、中国当代体育的发展

在我国，当代体育发展并不是一种孤立存在的意识形态，也不是一种平行共生的社会潮流，更不是一种纸上谈兵的运动口号，它是指中国体育事业的现代化，是中国现代化发展的必要组成部分。通过历史学的研究不难看出，体育现代化的兴衰与中国政治的变化高度契合，与中国经济的发展相辅相成，更与中国文化的变迁一脉相传。

研究中国当代体育的历史进程，必须要站在历史的角度，对每一个时期的体育事业发展情况进行宏观的分析掌控，对改变中国体育发展的决定性事件进行深入的挖掘和剖析，对左右中国体育发展的体育文化思想进行准确的概括和归纳。当代体育历史进程的研究不是中国体育史的大事记录表，不是体育事业发展的功劳簿，而是从现代化理论的视角看到的一个高低起伏且并不连贯的体育现代化奋斗征程。在下面的研究中，分别介绍近代体育，然后再介绍当代体育。下面对各个中国体育事业的发展的各个时期分别进行历史的解读。

（一）中国近代体育认识与准备阶段（1860—1910)

自 1860 年洋务运动开始至 1911 年辛亥革命结束的 50 多年间，是中国封建社会走向衰亡并向新生社会艰难转型的历史时期，也是我国最初认识和逐渐接受西方体育的时期。我国的体育现代化也是在这段历史时期踏上历史的征程，在这个时期，一些近代体育制度、体育思想也通过传入我国，改变了中国最初的体育观念。由于急剧的社会变革，以"兵操"为代表的近代西方体育开始登上我国的历史舞台并成为社会发展的主流；列强压境、民族危亡的紧迫感成为军国民体育思想在中国生长的历史土壤，也使得体育强兵、强种、强国的愿望组成了这个特殊历史时期体育的主旋律。这一持续不断的社会发酵过程无疑在传统体育和西方体育的社会地位转换中起到了决定性作用。它不仅建立了中国最初的体育价值观，同时催发了近代中国学校体育的产生。正是由于学校体育在教育体系中地位的最终确立，才保证了中国体育现代化日后长远发展的可持续性。从洋务运动开始之后的数十年是中国体育现代化的认识与准备阶段，也是西方体育文化不断涌入我国的阶段。从中国体育现代化发展的整体历程上看，这个阶段为今后中国体育事业的发展奠定了良好的历史基础。

这一历史过程是中国体育现代化进程的初始过程，更是认识与准备的历史过程。一方面，中国对现代体育的"认识"是从"兵操"开始的。它最初是用洋务派为了训练新军所引用的一种训练方法，随后又被引入学校中，成为中国对西方体育最懵懂的认识，这种认识对中国体育事业发展有较为深远的影响。另一方面，中国对体育现代化的"准备"主要体现在"体育思想观念的转变"和"学校体育制度的确立"两个维度。

总体而言，中国体育现代化的这一个阶段主要表现在"认识"和"准备"两个方面：认识——从"兵操"认识西方近代体育，开启中国体育现代化的先河；准备——准备"强兵"，这是清末政府最朴实和纯粹的现代化意识的真实体现。

1. 洋务救亡：从兵操初识西方近代体育

儒家文化是中国传统文化价值观的核心文化，自汉代董仲舒"独尊儒术"以来，"崇文抑武"的价值判断始终存在，并对中国社会的发展道路有着深刻的影响。乃至宋明之后，抑武风气更甚，竟然在社会上出现了"羞于武夫齿"的文化现象，使文弱之风盛行，手无缚鸡之力的范进之辈成为社会青年的典范，诸多学子纷纷效仿。1840年西方侵略者的炮火才使得中华民族醒来，一直以大国的姿态来俯视诸夷的大清帝国面临着数千年来从未有过的巨大变局。在这种民族危机的驱使下，一批先进的地主资产阶级和知识分子，开始"睁眼看世界"，并提出了"师夷长技以制夷"的口号，主张中国应该主动学习西方。然后一批具有实力的洋务派开始将这种主张转化为具体的行动。他们编练新式军队，开办军事工业，兴办军事学堂。中国现代化的发展道路也在这场轰轰烈烈的洋务运动中拉开了序幕。在这股"西学东进"的思潮中，曾被国人视之为"蛮夷小技"的西方近代体育也开始引起洋务派的注意。他们主张通过西洋体操对新式军队进行大力训练，提出了应立即"停止弓刀步石以武试"。正是在这一基础之上，中国人开始认识西方近代体育，中国体育现代化的进程也从此开始。

中国人最初的近代体育观念来源于洋务派对西洋体操的简单认识，这种认识主要是以强兵为主要目的。体育以"兵操"的形式被引入我国，正是因为它对士兵具有更好的训练效果，属于西方工业革命在军事训练领域的产物。军队中推广西洋兵操，不过是为了练兵的目的；军事学堂中开设体操课，并非仅为了锻炼身体。所有这一切都没有真正从体育的本质来定义。当时的中国并没有真正意义上的"体育"一词，称之为体育者，均以体操冠之。也许是当时的民族危机、而面临的侵略者又如此强悍；也许是中国自古以来对体育的无知，在体育教育中存在严重的空白。洋务思潮影响下的国人在"西学东进"的风暴中，将所有西方的东西一并学习，并没有经过"去伪存真"的甄别过程。"兵式体操"被冠以体育之名，也使得中国人在初始建立的朦胧体育观念上，一开始就打上了浓厚的军事烙印，形成了军国民体育思想的雏形。体育强兵，不知不觉形成了人们对体育的共鸣，并影响着中国体育今后的发展。

2. 维新图存：从强兵到强国的思想变迁

1895 年甲午中日海战中北洋舰队的全军覆没，彻底打破了洋务派通过学习西方实现御侮图强的救亡梦想。中国官僚和知识界的精英们产生了一种前所未有的强烈而持续的危机感，这种挽救国家危亡的民族使命感成为爱国志士主动关心朝政、参与国家变革的时代动力。甲午战败之后，国人开始对洋务运动的弊端进行反思，康有为认为洋务运动只是"变事"而非"变法"，所谓的洋务只是触及枝叶，并未及其根本。同时，中国对日本的观念发生了很大的变化，经历了由鄙夷到赞赏再到主动向日本学习的巨大转变。以康有为、梁启超为代表的维新派人士提出"能变则存，不变则亡，大变则强，小变仍亡"的变法呼声。维新派以日本的明治维新改革作为母本，认为"日本维新，仿效西法，法制甚备，与我相近，最易仿摩"。在维新派的大力倡导下，光绪帝决定在中国实行变法，全面模仿日本的模式，开始从政治模式、经济工商业、文化教育制度等各方面进行改革，称"戊戌变法"。由于维新派的手段过于激进，触及了保守大臣的根本利益，戊戌变法仅从1898 年 6 月开始，9 月就在顽固派的打压下失败了，致使很多改革办法仅停留在理论层面。但是，维新变法点燃了资产阶级民族化的火种，促使封建传统的政治秩序、经济模式、文化教育在激烈的碰撞中有了松动的迹象，对中国未来的发展产生了较为积极的推动作用。

与洋务运动相比，维新运动表现出从重视器物的改革，上升到注重制度的改革，从关心国家军事、国家经济的现代化，升华到关心政治的现代化，关心文化思想的现代化，这种本质上的转变是与日本对中国的影响不可分割的。在体育领域，日本对中国近代乃至当代的体育发展都是有巨大影响的，特别表现在它使中国体育观念上发生了重大的变化。如果说洋务运动中的体育观念能够"强兵"而导致对西方近代体育的引进，那么维新运动在日本明治维新的影响下开始让国人对体育有了更深层次的认识，维新派让国民逐渐明白，体育并不只是军事意义上的强兵，更可以对国家和民族起到强种、强国的作用。从"强兵"到"强兵、强种、强国"的体育观念转变，说明维新运动在一定程度上推动了中国当代体育的进步，体育不再是一种机械化的兵操，中国对体育的认识也更加全面。

3. 清末新政：近代中国学校体育的确立

从 1901 年到 1911 年的清末新政是清政府在继洋务运动和戊戌变法之后所进行的第三次改革。清末改革是在继承维新思潮的基础上，继续效仿日本明治维新进行的全面变革。这次制度的变革在思想领域深受日本的影响，较前两次改革更为深入和彻底，它所带来的影响也是前两次变革所无法比拟的。

辛丑之变使晚清政府蒙受巨大的羞辱，这也是清政府主动迈开现代化步伐最直接的原因。在亡国危机面前，清政府不得不向自身封建体制开刀。清末新政是维新思想的延续，其改革内容也十分广泛，包括政治、军事、文化、教育等领域。1904年，清朝政府颁布实施《奏定学堂章程》，使近代中国学校体育得以确立，是中国体育现代化历史进程中重要的一页。所以有学者认为，在辛亥革命前，全国已经出现了"许多寺庙办的学校，也不能不开设体操课"的状况。《奏定学堂章程》的颁布使学校体育在教育中的地位得以确立，近代中国学校体育的发展道路也从此开启。

通过中国近代史的研究可以发现，清末阶段的中国学校体育思想主要是军国民体育思想，这是我国学校体育最原始的思想形态。在中国体育思想史的研究中，军国民体育思想的确存在着诸多弊端，但是我们不可否认它的是，因为这种思想的存在，使得体育在学校教育中的地位得到了提高；因为这种思想的存在，使得学校体育制度得以确立；也正是因为这种最初的体育意识形态的深远影响，才使得中国后来的体育发展更偏重于竞技和对抗。这种军国民体育思想是"兵操"从军队向学校的一种延续，它为中国体育现代化的发展打上了"强权性"的烙印。

（二）中国体育的探索与发展阶段（1911—1948）

20世纪的上半叶，中国社会经历了前所未有的历史巨变，古老而庞大的东方雄狮在炮火中逐渐苏醒：1911年辛亥革命斩断了延续千年的封建政治制度，为中国开辟了民主主义时代；新文化运动为中国注入了鲜活的血液，使人们逐渐摆脱了封建思想的桎梏；然而，从未间断过的国内外战争粉碎了热血青年们和平崛起的中国梦。

在这样的历史背景下，救亡图存和探索发展一直是20世纪前期中国体育进程的两大主题。经过了近半个世纪的探索，中国体育在曲折中一步一步走向现代化。一方面，通过清末的学制建设和兵操改革，西方近代体育方式逐渐融入中国社会，并在经历了辛亥革命、新文化运动之后，两次在与传统体育思想的斗争中扩大了自己的社会地位，并对中国后来的体育发展造成了积极的影响。另一方面，传统体育不得不面对自身的生存根基受到威胁的历史窘境，在自身问题频发和西方体育扩张的双重压力下，传统体育经历了从抗争到融合的蜕变过程，以求能够在变化的社会环境中得以继续生存和发展。从20世纪30年代开始，两种体育文化形式逐渐融合，共同组成了中国体育发展不可或缺的组成部分，并开始向规范化、科学化、国际化方向发展，中国体育即将踏上现代化发展的快车道。历经炮火洗礼后的人们更加清楚地认识到体育与社会发展的关系，也使得体育的道路愈发艰难。

1. 新文化新体育：从西洋兵操到西方体育

自洋务运动以来，对"科学""民主"及各种西方思想学说的宣传从未间断。新文化运动以《新青年》为起点和主要阵地，以"科学"和"民主"为旗帜，对中国社会的发展产生了深远的影响。在新文化运动的推动下，西方近代体育对我国的影响也逐渐深入，旧有的那种"体育即兵操"的狭隘偏见逐渐被打破，诸多"新体育"内容开始进入中国。在体育领域，中国以一种前所未有的开放姿态学习西方，这种学习不再仅仅是一种强兵、强种、强国的政治军事需求，而是一种包括体育项目、体育制度、体育思想等多方面的学习。在这种学习的过程中，中国开始逐步完善了自己的体育制度，发展了自己的专业教育，并更新了自己的体育观念，为体育现代化在中国后续的发展奠定了坚实的基础。

在新文化运动中，我们从西方引进诸多思想文化主义思潮。其中，流传最广、影响最深的无疑是杜威的进步主义教育思想。1922年，由美国教育家孟禄直接参与的《学校系统改革方案》（壬戌学制）开始实行美国式的"六三三"分段的单轨学制，并一直沿用至今。1922年的"壬戌学制"及1923年的《新学制课程标准纲要》，从法规的形式上把学校体育内的"体操课"都改为"体育课"。体育课内容以田径、普通体操、球类和游戏为主，近代西方体育以多种运动项目的形态被中国学校体育所吸收和接纳。同时，那种以"西洋兵操"代表西方体育的旧有观念被彻底废除，全新的学校体育形式逐渐被推广开来。新学制标志着新的体育课程体系的建立，中国逐渐对西方体育有了全新的认识。在中国早期体育现代化阶段，学校体育的改革发展是中国体育事业发展的重要组成部分，在中国体育现代化建设的道路上迈出了前进的一步。

2. 体育权的回归：从受人统治到自己管理

西方体育文化为中国近代体育的发展做出了一定的贡献。在引进和传播西方体育活动的同时，青年会还向各地的学校介绍西方体育理论和方法，并且举办了体育训练班，为我国体育的发展培养了一批最早的体育专业人才。但是，一直到"五四"运动前，中国的体育竞赛组织和举办较大型的体育活动的管理权几乎全部被西方人所操纵。所以，五四运动爆发之后，随着反帝爱国运动日益高涨和收回教育权运动的深入，在体育界，一场浩浩荡荡的"收回体育主权"运动也随之开展起来。

1923年，中国体育代表团在日本举行的第六届远东运动会上惨败。1924年年初，正值北伐反帝的呼声高涨，第三届全国运动大会遭到了全国大规模的抵制。这次抵制风波在全国产生了一定的积极效应，体育界逐渐开始打破由外国人办中国运动的做法，使"中国的事由中国人办"的思想在体育界得到了广泛的传播。在第三届全国运动会上，除少数外国人担任裁判的项目以外，一切会务均由中国人承担。

1921 年，中国共产党成立初期就对体育权极为重视，明确指出：国民体质状况恶化主要的原因在于工农大众丧失了体育权。也就是说，当时的社会没有给普通大众赋予体育的权利，在三座大山的压迫下，繁重的体力劳动、恶劣的生活条件使得他们的体育权利实际上被剥夺了。在当时的历史环境下，中国共产党就提出的一个重要的口号："要解决国民体质的问题，首先要还工农大众体育权。"倡导为人民群众努力夺回"体育权"成为当时社会革命进程的一部分，共产党人把改善国民体质和推动社会革命结合在一起，使其共同为革命建设服务。因此，让人民群众正确行使自己的体育权也成为中国社会革命中的追求和目标，使国民的身体健康与国家命运紧密结合起来。1978 年，联合国在颁布《世界人权宣言》之后不久，正式颁布《体育教育和体育运动国际宪章》，明确将从事体育训练和体育运动规定为一项基本的人权。

3. 传统体育之争：从文化抗争到文化融合

中国体育历史进程也是一个文化发展的历史进程。作为我国体育文化两大主题的传统体育文化和西方体育文化，在中国体育现代化过程中的争论从未间断。这种纷争的产生是不同文化体系交融时的必然反应，也是文化发展的必经之路。因此，纵向审视中西方体育文化交融的历史流变，梳理不同时期文化碰撞的历史特征，探讨传统体育未来生存发展的可行性道路，是研究体育现代化发展必不可少的组成部分。

五四运动将新文化在中国的传播推向新的历史高潮。在"提倡民主，反对专制；提倡科学，反对愚昧"的运动口号指引下，西方思潮对中国传统的知识与道德体系产生强有力的冲击，并将传统纯正的中国文化视为封建迂腐的代表进行彻底的批判。民族传统体育作为传统文化核心代表，几乎有了临渊之危。因此，在民族文化心理作用的支配下，一部分人开始重新审视中国固有的传统体育形式，并在对"体育真义"进行考究之后，提出用"民族传统体育方式（武术、气功、静坐等）取代西方近代体育的设想"，对极力推崇西方近代体育的文化激进主义，文化保守主义展开了激烈的批判。因此，文化激进主义和文化保守主义，就中国传统体育与西方体育的本末取舍之间，爆发了一场大的争论，史称"新旧体育"之辩。然而，在"新旧体育"热辩正酣之时，"九一八事变"的爆发使中国又陷入另一个历史危机。同时，中国在历届远东运动会上的失利使得体育界不得不审思中国体育未来发展的走向。1932 年，关于体育改革的社评被北平《世界日报》公开发表，也标志着"土洋体育"之争的序幕正式拉开。

体育领域在经历了"新旧体育之辩"和"土洋体育之争"之后，关于体育发展的讨论重点也从逐渐从"何为体育"转向"如何体育"。虽然通过一次次的论争，国内体育思想领域初步达成了"建设民族本位体育"的共识，但在基本的观点上还是希望民族传统体育不能全部被否认，应当在西方体育文化的冲击中找到自己的存在方式。但在理解何为"民族本位体育"及如何对民族体育进行扬弃式的推进发展问题上，各方还存在较大的分歧。

（三）中国体育的波折与异动阶段 (1949—1977)

从 1949 年中华人民共和国成立开始，我国进入当代体育发展的新时期。在这一时期，国民经济水平得到了全面恢复和初步发展，各项事业也有了一定的恢复和提高。中国体育事业的性质和地位也在这个时期发生了本质的变化，和其他事业一样，体育事业也进入一个崭新的历史时期。

1. 中国体育制度的初步建立

中华人民共和国成立之后，中国开始步入新民主主义社会发展时期。由于中国社会性质的改变，新体育也随之具备典型的新民主主义政治色彩，从 1949 年 9 月，中国政协会议通过的《共同纲领》就明确规定"提倡国民体育"，到 1952 年 6 月，毛泽东写了"发展体育运动、增强人们体质"的题词，提出了"健康第一"和"身体好、学习好、工作好"的"三好"要求。这就明确了新中国体育现代化建设任务和指导方针，保证了新中国体育事业沿着正确方向前进。

2. 新体育的组织机构和制度建设

这是实现新体育事业目标的重要保障。在中华人民共和国成立伊始，中共中央就委托青年团着手管理体育工作，建立健全各级体育组织。1949 年 9 月，"中华全国体育总会筹备委员会"成立，由团中央直接领导。1954 年，在国家体委第一次代表大会通过的《中华全国体育总会》章程规定：中央国防体育俱乐部改为"中国人民国防体育协会"，实行协会制。同时，全国体育总会（国际上用"中国奥委会"）"协助政府组织、领导并推进国民体育运动"，实行会员制。到 20 世纪 50 年代末，国家基本上形成了国家体委、地方体委、国家体总及单项运动协会、行业体协、基层体协和国防体协为领导的体育管理体制，为新体育事业未来现代化的发展提供了政策和制度层面的保障，奠定了良好的发展基础。由于种种原因，20 世纪 60 年代初期至 70 年代中期，我国的体育事业并未得到有效的发展，而是进入了止步甚至退化阶段。

（四）中国体育成熟与稳定阶段 (1978 至今)

20 世纪的最后 20 年是中国体育飞跃发展、获得空前成就的 20 年，更是中国当代体育发展迅猛崛起的时期。1978 年 12 月 18 至 22 日，中共中央召开了具有深远历史意义的十一届三中全会。这次全会开创了中国改革开放的新纪元，实现了中国历史上的伟大转折。这次全会的召开也将我国的体育事业带入了一个前所未有的改革发展阶段。

中国体育界同全国各行各业一样，那场历史浩劫的瓦砾劫灰尚在清理之中，元气尚未恢复，然而国际外部环境的急剧变化与中国重返国际奥林匹克大家庭，使中国体育界骤然面对了国内其他行业部门所没有的一种时不我待的巨大挑战与压力。在党中央的领导和支持下，中国的体育界勇敢而坚定地迎接了这一巨大的挑战和压力，迅速调整和制定了自己的发展战略重点，制定了以奥运会为核心的体育发展大战略，为 20 世纪 80 年代以后中国体育的迅速崛起和腾飞奠定了基础。

改革开放后的中国体育事业经历了三次大的战略转移，为中国体育现代化的发展实现了三级跳。这三次大的战略转移不仅摆脱了"文化大革命"所带来的历史阴霾，并且以强有力的发展势头迅速向世界体育强国靠拢。在改革开放后的体育现代化研究中，国家制定的三次重大决策分别是：第一，新体育的复苏：中国体育事业的战略转移——20 世纪 70 年代末 80 年代初奥林匹克战略的制定与实施；第二，新体育的改革：中国体育事业的全面发展——20 世纪 80 年代中期体育社会化战略的制定与实施；第三，新体育的机遇：中国体育事业的历史高度——20 世纪 90 年代初体育市场化改革战略的制定与实施。

十一届三中全会之后的中国体育现代化经历三次发展策略的调整，才逐渐完成了"后发性现代化国家"所必须经历的涅槃，才能渐渐实现自身的成熟和稳定。

当代中国的体育事业虽然经历飞速的发展，但距真正的体育现代化仍有较大的差距，这种阶段性成熟与稳定只是与前期的发展相比的一种较为平衡与和谐的态势，但并不是意味着中国体育现代化在当前不存在矛盾。在未来的发展中，我们应当正视矛盾的存在，并尽可能地解决矛盾，进而更好地实现向中国体育现代化新高度的历史跳跃。

1. 新体育的复苏：中国体育事业的战略转移

从 1978 年十一届三中全会到 1992 年十四大召开前夕是我国全面改革开放和社会主义现代化建设的新时期。在新的历史条件下，体育事业的发展迎来新的契机。十一届三中全会之后，在党和国家工作重心转移的情况下，中国的体育事业也实现了从"集中精力抓政治运动"向"体育业务工作"的战略转移。

1978 年 1 月，在北京召开的全国体育工作会议上正式提出"在 20 世纪内把我国建成世界上体育最发达的国家之一"的奋斗目标。中国的体育现代化在逐渐调整和恢复的基础上，有了新的发展和突破。但是这一阶段的中国体育事业还相当的薄弱，群众体育活动还不够普及，学校体育还面临着重要的改革，多项竞技项目还没有达到世界先进水平。无论是发展规模还是发展水平，我国体育事业与世界上体育发达国家相比，都有相当大的差距。

十一届三中全会召开约两个月后，1979 年 2 月初，根据全会精神及我国恢复奥运代表资格脚步加快的形势，国家体委在北京及时地召开全国体工会议，讨论工作重点转移问题。会议认为，整个体育系统必须及时、果断地将工作重点从政治运动转移到体育工作业务上来，攀登世界体育高峰，以适应实现四个现代化的需要。这次会议确定了"在本世纪内成为世界上体育最发达国家之一"的奋斗目标，并对参加奥运会前瞻性地提出了非常具体的任务和目标：要力争在 1980 年的莫斯科奥运会上进入团体总分前 10 名，获得 15 块左右金牌。为了保证这一目标和任务的完成，这次会议确定了"在 1979 年和 1980 年，国家体委和省一级体委要在普及和提高相结合的前提下，侧重抓提高"的方针。

国家体委在给中共中央的请示报告中提出，将"加速提高我国运动技术的整体水平"作为今后一个时期内体育工作的主要任务。这个报告实际形成了中国改革开放以来第一个体育发展战略，以发展高水平竞技为先导，带动体育事业全面发展。

2. 新体育的改革：中国体育事业的全面发展

1992 年，中共十四大的召开标志着我国改革开放和社会发展进入一个新的历史时期。我国将经济体制改革的目标明确定位在"建设社会主义市场经济体制"上。这一改革目标的确立带动中国的教育、科技、文化等各个领域展开全面而深入的改革，体育领域的改革也因此进入一个新的发展阶段。虽然中国体育与事业在 20 世纪 80 年代取得了一定的成就，但是如何才能保证竞技体育高速发展的 势头并且兼顾日益高涨的群众体育需求，成为摆在 20 世纪 80 年代后期中国体育现代化发展面前的首要问题。

为了缓解由奥运大战略所带来的群众体育与竞技体育之间的矛盾，协调体育管理体制与体育领导体制之间的冲突，改变"竞技成绩好、体育科技差"的怪现象，在总结 20 世纪 80 年代改革经验的基础上，正式确立了"体育工作坚持以开展全民健身活动为基础，实行普及与提高相结合，促进各类体育协调发展""以革命化为灵魂，以社会化和科学化为两翼，实现体育腾飞"的新的战略指导思想和改革目标。这是继 80 年代前后制定奥运战略以来，体育决策层为保持体育发展的势头，进一步推动实施奥运战略而制定的新的发展战略，由此形成了改革开放以来中国体育的第二个战略发展阶段的标志。

随着体育改革各项措施的实施，体育事业改革的成效逐渐凸显出来：群众体育方面，坚持社会化的改革方面，积极推行《全民健身计划纲要》和《国家体育锻炼标准》，群众体育组织体系日渐形成，体育基础条件有较大改善，体育人口数量有所增加；学校体育方面，主要是贯彻落实《学校体育工作条例》，学校体育管理体系基本形成，体育教学改革各具特色，健康教育广泛开展；在竞技体育领域取得新的突破，积极实践《奥运增光计划纲要》，国际、国内各类体育赛事比翼齐飞，奥运、亚运赛场屡创佳绩，竞技体育总体实力进入第一集团；体育产业化初见成效，初步形成体育产业发展体系；体育科技、教育、宣传等事业发展迅速，中国体育事业的现代化发展呈现全面繁荣的景象。

3. 新体育的机遇：中国体育事业的历史高度

1988 年，首尔（原汉城）奥运会失利，1992 年巴塞罗那奥运会上成绩突出，取得了 16 金的好成绩。20 世纪 80 年代中后期到 90 年代初，我们对体育体制改革必要性和必然性的认识不一，体育改革发展方向不明确。然而，随着 1992 年春邓小平视察南方讲话发表，中国的改革开放事业由此掀起了新一轮高潮，促使体育界重新认识和思考体育体制的改革深化问题。在当年 6 月召开的著名的"红山口会议"上，在中央领导同志的亲自干预下，以足球改革为突破口的新一轮改革发展战略开始形成："中国体育一定要转变已不适应新形势要求的现行体育体制和运行机制，探索和走出一条与社会主义市场经济体制相适应的、适合中国国情的体育改革发展道路。"并由此揭开了 20 世纪 90 年代中国体育改革发展的序幕，中国当代体育也随着市场化的战略逐渐走向新的历史高度。诸多事实证明，20 世纪 90 年代以来体育改革的大方向是正确的，以职业化、产业化和市场化为核心的体育发展战略是符合我国改革开放以来由计划经济向社会主义市场经济转变这一大方向的，也是符合现代世界体育发展潮流和规律的。

中国体育事业走市场化的勇气和决断给中国体育现代化的发展指明了一条前进的方向，体育联赛机制的引入、全运会体制的调整、体育服务业的开放等诸多变化为中国体育事业的现代化发展注入了活力。自 2001 年 7 月我国成功获得奥运会的主办权之后，人们对办一届"最出色"的奥运会给予了极大的热情，国家对体育事业的发展给予力度空前的政策支持，对体育基础设施的投入更是逐年增加。国家体育总局审时度势，明确提出了新时期我国体育工作的任务是抓住北京奥运会这一历史机遇，让我国体育事业的发展与奥运会的筹办同行，以备战促发展的战略思路来统筹我国体育事业的发展，中国的体育事业在"奥运战略"的指引下，做到坚持和完善"举国体制"、全国范围内开展"全民健身与奥运同行"的活动，并且利用奥运机遇，初步建成与大众消费水平相适应的体育产业体系，培育体育产业市场。伴随着我国一系列的体育现代化建设，中国的体育事业达到了现代化进程的新高度。

2008 年，当以"绿色奥运、科技奥运、人文奥运"为理念的第 29 届夏季奥运会在北京闭幕之后，中华民族终于实现了百年奥运梦想，书写了中国体育事业的辉煌篇章。北京奥运会的成功举办是中国体育现代化历史进程中绚烂多彩的一笔，具有划时代的历史意义，也为中国体育现代化未来的发展创造了历史的机遇。这种机遇是新中国体育事业发展奋斗的必然，是中华民族自强不息精神在体育事业的真实写照。北京奥运后，中国体育现代化并没有停下发展的步伐，而是借助北京奥运给新中国体育事业带来的历史契机，大踏步地向前迈进。北京奥运会期间，我国的奥运体育产品、奥运体育旅游、奥运体育附加产业为其带来了丰厚的效益，促进了我国体育产业的发展。

2008 年—2018 年，我国的体育比赛事业又历了伦敦奥运会、里约热内卢奥运会，在这十年间，我国的体育产业又上升了一个新台阶。

每一个阶段的体育发展目标尘埃已经落定，我们已无须再用更华丽的辞藻来粉饰体育发展的重要意义，也无须再将奥运为中国体育现代化的发展作用提升到新的高度。面对机遇与挑战并存的当今时代，我们应当将激动的心情抚平，客观冷静地分析中国体育未来发展的走向。我们还必须思考制定的以"职业化、产业化和市场化"为核心的体育发展战略是否仍然适用于中国体育现代化事业在未来的发展。面对新体育的历史机遇和潜在挑战，中国的体育事业应继续审时度势，保证体育现代化未来快速平稳发展。

第二章 体育产业的基本理论

体育产业并不是单一的形式，而是多元化、多形式、多种类的产业链，这种产业链可由产业结构和产业组织构成，体育产业的发展必须遵循制定的策略和方针路线。本章主要研究体育产业的基本理论。

第一节 体育产业结构的基本理论

一、体育产业结构的概念及研究

（一）体育产业结构的概念

产业结构是工业经济的重要研究设施之一，体育产业的结构是这个设施的其中一部分。具体来说，体育产业部门之间的技术经济关系与数量关系之间的关系就是所谓的体育产业机构。从这个概念可以看出，从生产技术的角度来看，运动和服务产品的实物生产部门的所有产品之间存在相互依赖性和局限性之间的联系。除此之外，体育产业总产值的分布和包括体育资源在内的所有经济资源的分配可以体现在体育产业的结构中。

（二）体育产业结构的研究

我国国民经济产业结构的层次见表 2-1。

表2-1 国民经济产业结构层次

层 次	内 容
第一层次	三大产业间的结构比例关系
第二层次	三大产业内部各行业间的结构比例关系
第三层次	某行业内的分支各行业的结构比例

从表 2-1 可以看出，本章节所研究的体育产业的结构属于工业经济结构的第

三个层次。因为体育产业是一个特别复杂的产业，它是由第二产业和第三产业相结合而形成的，所以在研究体育产业的结构时，不要限于第三层面。

在体育产业结构中，几乎所有分支行业都是紧密关联的，而且各个部门之间的关系也非常紧密。这是对各种体育产业的要素、结构、要素和结构之间的联系和作用的明确反映。例如，健身娱乐的发展对体育用品行业的发展产生积极影响。周边体育产业的发展需要本体论体育产业。体育产业的发展是与支持周边体育产业的本体论分不开的。纵观体育产业的产业链，每个环节都将对整个体育产业的发展产生决定性的影响。所以，为了理顺体育产业的结构，有必要全面分析研究体育产业结构的各个组成部分和环节，并结合这些要素和环节进行综合研究。研究每个元素和环节从两方面来进行：定性和定量。在这个过程中，我们还应该注意不同元素、不同结构、元素和不同结构之间的相关性分析。

二、体育产业的基本结构形态

（一）体育产业的投资结构

各行业体育产业投资总额的分布称为体育产业投资结构。体育产业投资结构具体包括两种：股票结构和不断增长的投资结构。向上投资结构的固化状态是股票结构。在研究体育产业结构的过程中，投资结构的研究必然是不可避免的。调整投资结构是规范体育产业结构的起点。投资结构中两种结构类型的调控对体育产业的整体结构产生了不同的效果，具体分析如下。

一方面，对存量结构进行调整是优化体育产业结构的基本内容，具体是指将体育产业内部低效率行业的存量降低，并促进低效率行业向高效率行业流动和重组的实现。另一方面，对增量投资结构进行调整，就会对未来一定时期内体育产业的生产和消费关系、地区分布状况、内部各行业之间此消彼长的关系等情况产生影响，甚至是决定性的影响。不可否认的是，调整增量投资结构是实现存量结构调整的基本手段。

（二）体育产业的产值结构

体育产业的产值结构包括两种类型：内部结构和外部结构。体育产业的发展程度可以从体育产业的外部结构反映出来，而体育产业内各产业的相对地位则通过其内部结构来体现。

1. 体育产业产值的外部结构

运动制造业在国内生产总值的总价值的百分比是体育产业输出值的外部结构。体育服务可以满足人们对高品质生活、时尚和个性的需求。人们的需求层次与经济发展成正比，需求水平随着经济的发展而逐渐增加。随着体育产业发展水平的提高，其在国民经济中的地位越发重要。

2. 体育产业产值的内部结构

体育产业生产总值与国内分支机构的比例是体育产业产值的内部结构。在衡量体育产业内部结构时，体育产业产值的内部结构是应该引用的指标。一个国家或地区的体育产业特性可通过体育产业产值的内部结构得到体现。

体育产业和体育是一个有机的整体。应基于本体论产业发展体育产业的整个开发。具体来说，只有健身娱乐行业得到发展，对体育运动服装、器材的需求量才会逐步增加，体育用品行业才能得到一定的发展；只有当竞技体育行业广泛开展，逐步提高体育竞技水平，才能激发人们对体育的热情，越来越多的体育人才会成长和发展经纪体育、媒体、广告、游戏、赞助商等相关行业。此外，周边产业的发展也将带动体育本体的开发。

（三）体育产业的需求结构

1. 国内需求和国外需求

按照体育市场形成的区域，体育需求可以分为内需和外需。在当今经济全球化背景下，体育产业的发展必须走出国门，走向全球化。这是一个长期发展的方向和趋势。体育产业国际化的趋势可以反映在世界杯、NBA 和奥运会等大型体育赛事中。

2. 中间需求和最终需求

（1）中间需求。由体育用品（货物或实物服务）作为中间投入物而产生的投资需求是所谓的中间需求，可称为"生产和消费需求"。例如，健身房购买运动器材是运动的中间需求。

（2）最终需求。最新的体育需求是消费过程中体育产品的最终消费，也可称为"生活消费需求"。例如，健康俱乐部的成员支付金钱参加俱乐部活动是一项明确的体育要求。

3. 政府需求和私人需求

根据体育要求的各个主题，体育需求可以分为两类：政府需求和私人需求。

（1）政府需求。目前，在大多数国家，政府鼓励体育设施建设，鼓励体育事业的发展。在这种情况下，政府对体育用品的需求正在逐步形成。例如，组织体育比赛和体育队伍的建立是政府需要的体现。

（2）私人需求。如果体育市场发展成熟，私人需求是体育需求的重要组成部分。体育需求结构分析是体育发展战略的重要条件，适应体育产业结构，促进体育产业的快速发展。

（四）体育产业的就业结构

在所有行业中，全体员工的分布是所谓的产业就业结构。外部和内部就业结构是体育产业就业结构的两种类型。外部就业结构指的是在总就业量中，体育产业吸纳的就业人数所占的比例，而内部就业结构指的是不同行业在体育产业中所吸纳就业的结构比重。一方面，体育产业的发展离不开最重要的经济资源之一，也就是劳动力。任何行业都需要足够数量的高素质的人才，在缺乏劳动力的行业，发展将不可避免地受到影响。另一方面，体育产业本身的需求和技术也会影响体育产业的就业结构。如果公司对体育产业的需求增加，体育产业的就业需求将相应增加。但是，在体育产业的技术发展水平很高的情况下，所需工作量就会减少，并且对劳动力质量的要求也会提高。

三、体育产业结构的特征

（一）整体性

对于系统角度而言，系统的结构指的是系统的不同元件之间的联系，如果这些元素分离，那么这种联系就不可能存在，实际上，系统结构和系统元素是不可分割的。我们不能简单地将系统的结构视为一组简单的元素或元素的融合品。系统结构基本上是不同元素之间关系的总和（如互惠关系、交互等）。系统结构及其运动的本质也是在不同元素的互相影响中形成的。在体系结构的诸多要素中，无法探寻此种体系结构的属性以及运动规律。相对来讲，每个因素的性质和运动取决于系统总体结构的属性和运动规律，其会发挥出限制性的和主导性的功用。

体育产业是集体的，组成这个集体的因素有两个部分。一部分是公众体育活动和体育服务，其余都涉及以下活动：在体育产业的各种活动之间的密切联系。不同活动之间的相关性非常强，关系更加复杂。如果体育产业由不同的部分组成，就不会产生很多效果。正因为体育产业是简单元素的集合，其集体效果是非常强的，所以我们可以看到体育产业的巨大集体效应是其结构的内在属性。

只有充分整合体育产业结构的要素和环节，全面分析，才能对体育产业结构有一个全面的把握。在整个体育产业结构中，每个要素的生存和发展都依赖其他因素。生成一个元素可能是另一个元素的投入，一个元素的引入也可能是另一个元素的行业目标。从总的角度来看，任何单独的因素都不具备体育经济发展的总体效果。体育产业的整体效应不只是各要素功能的总和，它比每个部分的功能总和要大得多。

（二）自发性

发展和优化产业结构需要保持系统结构的完整性，同时进行有效的转换生成，这就要求产业机构实现自律，这是体育产业机构的自发性特征。

体育产业结构的自我调控指的是通过体育产业经济体制的内在机制，可以对体育产业的结构进行自发的建设，并促进体育产业结构的完善。体育产业处于不断变化的状态中，这主要体现在其结构、内部要素和外部环境等方面。体育产业经济体系中的每个子系统都在不断自我组织和适应，似乎有操纵这些子系统的"看不见的手"。另外，"看不见的手"主要是由于各子系统之间的协同作用和竞争而产生的。

（三）转换性

事实上，系统结构的"转换"正是生成系统结构的过程。系统结构的构成或加工功能是系统在其规律的控制下，不断对新材料的加工和管理，以反映出其自身新结构的能力。基本上，体育产业的结构问题是资源配置问题。我们可以从资源转换的角度来分析体育产业的结构。换句话说，体育产业通过产业结构的有效运作，不断从外界引进材料、能源和信息，以及在不断地生产和创造各种体育产品方面，处于一定资源之下以取得成效，满足社会群体的不同社会需求。体育产业的结构转换是重新调整体育产业内的资源，调整不同部门之间的资源比例，尤其是调整劳动力、资金等行业内不理想的其他子行业运动。相关产业结构变量促进了产业发展，促进了体育产业结构的整体优化。

（四）层次性

一般来说，不管是哪一种系统，都可以分解成多个子系统。而且，任何系统都可以与其他系统组合成为一个更大的系统。体育产业体系也是如此，大型系统包括小型系统，小型系统可以细分为更小的系统。

体育产业的结构是在各种因素综合作用下形成的，许多因素都会限制体育产业结构的形成。因此，体育产业发展的各个阶段都会出现不同程度的产业结构。从体育产业结构层面分析，体育产业结构体系的特征可以从不同的角度发现，这对我们深入研究和认识体育产业的发展现状和结构方向具有重要意义。体育产业水平的结构反映了体育产业结构的优化，这主要是通过分析体育产业结构的属性和质量来实现的。

第二节　体育产业组织的基本理论

体育产业组织是指市场经济条件下市场形成和体现的国内体育产业公司之间的利益关系，主要包括交换关系、竞争垄断关系、市场占有关系、资源占用关系等。体育产业组织理论是分析体育产业运行过程中的这些复杂关系，发现体育产业内企业关系变化的规律以及对企业经营业绩的影响。产业组织理论是一个由市场结构、市场行为和市场绩效组成的理论体系。作为产业组织理论的体育产业组织理论，还有必要研究内部市场结构、市场行为和体育产业市场表现之间的逻辑关系。

一、体育市场结构

所谓结构是指构成系统的要素与其特征之间的内在联系。体育市场结构是指体育产业内部市场关系的特征和形式。通常在体育行业内，存在着卖方（企业）之间、买方（企业或消费者）之间、买卖双方之间以及市场已有的买卖方与正在进入或可能进入该市场的买卖方之间在数量、规模、市场份额、利益分配等方面的关系。体育市场中不同市场参与者的地位、作用和比例以及市场上商品交易的特征构成了体育产业市场的结构。上述体育市场中各种市场参与者之间的关系主要集中在竞争和垄断关系上。

（一）体育市场结构类型

西方经济学通常将市场结构分为四种基本类型：完全竞争、完全垄断、寡头垄断、垄断竞争。其中，完全竞争又称为纯粹竞争。产业集中度在完全竞争的市场结构中极其低，大量的买家和卖家集聚于市场上，每个买家和卖家参与交易的商品数量是市场商品交易总量中的一个极小部分，每个买家和卖家的市场交易行为都不足以影响市场价格，他们都是既定价格的接受者，而非决定者或影响者。完全竞争市场上产品的同一性很高，产品具有完全的可替代性，所以任何卖家都不会主动降低价格以增加销售量。在完全竞争市场上不存在任何进入和退出壁垒的问题，资源流动程度很高。完全竞争的市场信息非常完整。经济学家普遍认为，完全竞争的市场只是一种理想的市场。在现实社会中，只有农产品等一些作物接近这种类型的市场。

完全垄断的市场结构是与完全竞争相对的另一种极端的市场结构类型。在完全垄断的市场上存在百分百的产业绝对集中度，也就是说，所有产品都是由一家企业提供的。完全垄断厂商所提供的产品没有直接的替代品。由于存在最低资本规模、技术独占、专利和版权等法律上的特许经营权以及完全垄断企业所采取的防守性策略等方面的壁垒，使得任何一家别的厂商都无法进入这类产品的生产和销售中来。完全垄断市场同样是一种少见的市场类型。

市场寡头垄断是由少数大企业共同控制着大部分某种产品的生产和销售的市场结构。在寡头垄断市场上，由于大部分产品的生产和销售是由少数几家大企业控制的，每一家企业的产品都有很高的市场份额，所以产业集中度很高。寡头垄断企业所生产的产品有两种情况：产品具有较高的同质性，寡头企业之间存在战略依存关系；产品有较大的差异，彼此相关程度较低。由于产业内的少数大厂商在资金、技术、生产和销售规模、产品知名度和社会影响力、销售渠道等方面占有绝对优势，所以新厂商很难进入这个行业的生产和销售中来。当然，由于投资规模和生产规模巨大，要从这个市场中退出也很困难。寡头垄断是一种现代市场经济中比较普遍的市场结构类型。

垄断竞争的市场结构是另一种在现代市场经济中普遍存在的市场结构类型，也是一种比较接近现实的市场结构。垄断竞争的市场结构中企业数量比较多，每一家企业的市场份额比寡头垄断的企业要小得多，因而单独一家企业很难对整个市场产生实质性影响。与完全竞争的企业不同，垄断竞争市场的企业生产的是差别产品。由于垄断竞争市场企业的规模都比较小，所需的投资规模自然也比较小，而且技术门槛比较低，所以企业进入和退出壁垒都比较容易。

当体育逐步市场化以后，体育作为一种产业必将与其他产业一样，按照产业发展的内在规律运行。首先，体育企业要以利润最大化作为企业经营的基本目标。除了各级政府提供的公共体育产品以外，所有由企业提供的体育产品都属于商业体育产品。生产商业体育产品的企业，追求利润最大化是其根本性的利益动力机制。如果一家体育企业不能通过经营体育产业而获得最大化的利润，该企业理性的选择将是退出体育产业，把所拥有的资本和劳动转移到有利可图的产业中去。既然体育企业以利润最大化作为企业经营的基本目标，自然会根据市场供给和需求的关系确定产量和价格，不断进行技术创新和成本优化以保证在激烈的市场竞争中处于有利地位。其次，体育产业内部的企业基于企业内外部条件总是处于不同的市场结构之中。由于体育器材、设施、服装制造业同时属于其他不同的产业门类，我们暂时可以不做讨论。那么，体育企业的典型形态就主要是各种职业俱乐部、商业俱乐部及休闲健身中心、不同层次赛事组织者等。这些企业分别属于不同的市场结构，所提供的体育产品的同一程度也各不相同，进入不同市场结构的困难程度也不一样。而且，所有体育企业都试图通过提高产品差异化程度来维持一定程度的垄断，也试图提高投资率、拥有先进的设备和技术、实施一些战略障碍等来阻碍其他竞争者进入。从国内外体育产业发展来看，体育产业市场结构分为三种：垄断竞争型市场结构、完全垄断型市场结构和寡头垄断的市场结构。

1. 垄断竞争型市场结构

垄断竞争型市场结构是一种低度垄断的、相对竞争的市场结构，这种类型的市场结构在体育产业中比较常见。在垄断竞争型市场结构中，企业的主体是大量小企业，包括各类商务会所和社区体育组织。商业俱乐部是私人投资公司，它们的目标是最大化参与大多数体育消费者提供的体育活动的利润。各类型的商业俱乐部在每一个城市都有比较广泛的分布，它们所提供的体育消费项目既有差别产品，也有无差别产品，它们为拥有更多的体育消费者而展开激烈的市场竞争。例如，它们可能运用各种标准化、优质化服务以及专家讲座、会员联谊、业余比赛、附加消费等方式不断培养出忠实的体育消费者，扩大市场的范围，提高企业盈利能力。它们也通过政府部门的行政权力获得一些特许权、运用广告投入等方式构筑策略性壁垒、不断提高产品的差异化水平等措施来形成市场进入壁垒。但由于这些企业规模小、产品技术含量低、企业能力有限，因此进入和退出这些市场的障碍不仅很低，而且维护时间很短。所以，在一般条件下，新体育公司可以轻松进入这些市场，并与现有竞争者有效竞争。

对任何一个国家来说，体育产业发展的目的是多样化。最根本的目的是为了提高人民的身体素质和幸福感。在现代社会中，政府的职能是有限的。政府可以依靠资金，以确保所有的公民享有一定量的体育产品和服务，但不能满足体育人的不同需求。垄断竞争型市场结构中的体育企业尽管主观愿望和经营目的是追求最大化的利润，但它们必须通过为居民提供高质量的、多样化的体育产品和服务来实现其经营目的，客观上为提高国民素质和增进国民福利做出了贡献。由于商业俱乐部的性质是私人的或混合的，其业务受到严格的市场限制，提供的体育产品应根据市场需求组织，因此比政府机构更有效率。从国内外情况看，在具有高的国家健康指数和高国民福利的国家，不同类型的商务会所很发达，人民的参与程度也会很高。商业俱乐部实际上承担了政府应该承担但又无力承担的职能。商业俱乐部的广泛发展在发达国家真正实现了政府、商业俱乐部、居民个人之间的三赢：政府方面，国民的身体素质得到提高，国民福利水平有所增加，同时，体育产业成为国家经济发展的新增长点和发动机；企业方面，从事了一个有远大发展前途的朝阳产业，实现了其利润最大化的经营目的；居民个人方面，满足了其多样化的体育需求，身体更加健康，精力更加充沛，精神更加愉悦，福利水平得到显著提高。

由具有共同爱好、兴趣的人们以缴纳会费和接受赞助的方式组建起来的一种非营利组织就是所谓的会员制的社区体育组织。社区体育组织的管理者通常是专业人士或志愿者，成员的数量具有相对严格的限制。社区体育组织也有一定程度的垄断和竞争的特点，能否筹办高质量的体育活动并形成品牌，决定着其能否拥有高水平的会员和能否得到更多的资金支持，当然也决定着其发展的前景。不同社区体育组织之间会因吸引高水平会员的加入和筹措足够的活动资金而展开竞争。但是，社区体育组织在市场经济方面不是体育产业组织的主要形式，而是一种对商业型体育俱乐部等主导形态的有利补充。

2. 完全垄断型市场结构

体育市场结构的垄断是市场的一个非常现实的结构，在现代体育产业发展的过程中，体育组织在特定地区完全支配体育消费品的生产和销售的情况很多。例如，国际奥委会已经完全垄断了奥运会的所有权利，包括项目和规模的设置、地点和时间的选择、各项收益的处置等。国际专业体育组织国际足球联合会、国际排球联合会、国际田径联合会等完全垄断了各种各样的国际体育赛事。一些在世界上非常著名的体育赛事，如德甲、意甲、英超、美国的篮球赛事 NBA 以及中国足球超级联赛等，同样被本国的特定体育组织所垄断。

由唯一体育组织垄断某一个单项体育赛事，形成完全的市场进入与退出壁垒，排除一切可能的竞争者，保证高额的垄断收益，是完全垄断型市场结构最为典型的特征。《奥林匹克宪章》是一部关于奥林匹克运动行为规范的国际体育法规。它对现代奥运的诞生、奥林匹克主义和奥林匹克运动的概念、宗旨、目的、任务和活动内容及其相关事项做了原则规定，内容涉及国际奥委会的权力、职能、成员、会议和奥林匹克活动中的有关周期、产权、标志、会旗、会歌、格言、徽记和火炬等方面的规定，明确规定了国际奥委会拥有关于奥运会的一切权利。例如，它规定，国际奥委会可以使用奥运权利进行业务操作，这将给国际奥委会带来巨大的垄断利润。单单悉尼奥运会，国际奥委会就通过出售电视转播权获利 13 亿美元。国际奥委会收入的 48% 是通过出售电视转播权获得的。国际奥委会从 1985 年开始实施一项吸引世界知名企业赞助奥林匹克运动的 TOP 计划，这个计划规定，要从全球各类产业中分别挑出一家最知名的且出资超过 0.4 亿美元的企业作为国际奥委会的全球赞助商。目前，通过这项计划的实施所获得的赞助收入已经达到国际奥委会全部收入的 35% 以上。国际奥委会还明确规定，任何希望在其产品或商业活动中使用"五环"标志的公司必须购买该标志的使用权，否则，这是严格禁止的。通过销售标志"五环"，国际奥委会已获利总收入的 8% 左右。

在完全垄断的体育市场，体育组织在不同的领域都是独一无二的、完全排他的。无论是规模最大的奥运会赛事，还是足球世界杯赛、各个单项的国际赛事、洲际赛事以及各个国家的职业体育赛事，都毫不例外是属于唯一的体育组织指导和管理的，没有其他组织或个人可以干涉相关事务。访问和发布这些活动也有非常严格的规则和程序，否则将予以严惩。

3. 寡头垄断的市场结构

寡头垄断的市场结构同样是一种广泛存在的体育市场结构类型。从主要业务主体的角度来看，体育产业可分为竞技体育、体育广告、体育彩票、体育娱乐、体育建筑、体育旅游和体育用品。其中，体育用品业、体育广告业、竞技体育经营业最具有寡头垄断特征。竞技体育经营业在美国收入最高的是拳击、橄榄球、棒球、篮球等，其赛事基本上也是由为数不多的几家公司垄断经营。在体育广告业中，大型赛事的广告经营主要由四五家大型广告公司所控制。

提供体育服务产品的竞争性行业，其寡头垄断的特征是非常明显的。首先，虽然个别体育竞赛市场是由一个完全垄断的体育组织控制的，也有不同的垄断组织，并保持在同一地区之间的市场竞争。在同一个地区，属于不一样的垄断组织控制的体育赛事可能在大致相同的时间举办，现场观众、电视观众、电视转播组织、赞助商、赛场广告发布申请人都有着充分的选择权。为了就相关问题形成协议，垄断组织之间就竞争时间、电视广播的时间和频率以及场地广告等问题进行谈判。由于寡头们的竞争在许多时候是恶性的、有巨大破坏力的，因此为了避免双方的损失，寡头们经常坐下来讨论与比赛时间、电视广播的时间和频率以及体育场的广告有关的问题，从而形成关于此事的沉默协议或协议。例如，属于同类比赛的欧洲的西甲、英超、德甲、荷甲、意甲等，属于不同比赛项目的美国的橄榄球、篮球、网球、棒球等职业赛事，都存在以上方面的竞争问题。其次，每个体育垄断组织都对其控制的体育赛事拥有高度垄断权。比如，他们必须制定竞争规则，确定赞助条款和赞助的费用，以确定电视转播权价格和发行权竞争收入以及标志产品和特殊产品等特定项目的实施。他们还专门设立比赛纪律处分机构，对违反规定的参赛者按一定程序采取取消资格、禁赛、罚款等各种不同程度的措施进行处罚和制裁。他们也建立专门的仲裁机构对比赛过程中发生的争议或争端进行仲裁。经过不断的探索和调整，每个体育专卖组织都创造了一个非常完善的运作机制，形成了一个非常独立的体育王国。寡头垄断市场有一定的进入和退出壁垒，基本的寡头垄断市场形成后，任何组织或个人都很难进入或着手现有的体育组织。例如，1998年，米兰媒体合作公司与英格兰利物浦队、意大利尤文图斯队、AC米兰队酝酿组织欧洲足球超级联赛，试图摆脱由欧洲足联主办的冠军杯、优胜者杯、联盟杯三大赛事，受到国际足联、欧洲足联等方面的强烈反对而中途夭折。这个案例说明，一旦创建了一个寡头垄断的市场，几乎不可能允许其他组织和个人进入。当然，新的体育公司要进入这个市场，主要取决于已有寡头垄断组织力量是否强大和试图进入的新的体育公司是否有足够的组织实力。

（二）决定体育市场结构的因素

工业经济认为，市场集中度、产品差异化、进入和退出壁垒、市场价格的需求弹性、市场需求的增长速度和短期的成本结构共同决定了市场结构。市场集中度、产品差异化和进出障碍是影响市场结构的最重要因素。在讨论决定体育市场结构的因素时，我们也主要关注这三个方面。

1. 市场集中度

市场集中度是用来表示一个特定的行业或市场结构和相对比例卖方或买方的数量指标。由于市场集中度可以反映垄断和集中在特定的行业或市场的程度，产业组织理论认为，市场集中度是影响市场结构的主要因素。买方集中现象通常只发生在某些特定行业。因此，当人们研究市场结构时，主要研究零售商的集中度。

市场集中程度取决于许多复杂因素，如公司规模、市场容量规模、行业壁垒高度以及横向并购的自由度。通常人们认为，公司的规模和市场容量是决定市场集中度的主要因素。首先，如果一个行业的市场容量保持不变，一些公司的比例越高，市场集中度就越高。总的来说，扩张公司有内在的冲动。为了实现规模经济，公司尝试降低单位产品的销售成本，扩大生产规模，增加市场份额，在行业中形成一定的垄断力量，从而为获取垄断利润创造条件。公司规模的扩大经常被公众看作企业家能力的标志，扩大公司规模将成为企业家的积极追求。技术进步是企业规模扩大的重要推动力。技术进步的突出表现是新的机器设备、新的生产工艺的使用，这使得生产效率大大提高，企业规模也因此而迅速扩大。特别是，在一定的时间期限内独家技术进步很可能使公司的规模扩大，加快公司的成长。尽管为了保持经济的活力，许多国家都会制定反垄断法规，对大规模的企业联合和兼并行为进行限制。但是，经济全球化使每一个国家的企业都要面临不同国家同类企业的竞争，为了提高国内企业的国际竞争力，政府应该放松对企业并购的限制，甚至采取措施建立具有较强竞争力的巨型跨国公司。其次，市场容量的变化会影响相反方向的市场集中度。通常情况下，当市场容量减少或没有改变时，大公司会试图加强并购以获得更大的市场垄断力量来取得更多的收益。相反，市场容量增长将有助于降低市场集中度。当然，当市场容量扩大，大企业都处于竞争的优势地位时往往会获得扩张的最有利时机。如果市场容量的增长速度比大企业高，那么市场集中度可能会减少。这导致市场容量的变化在很大程度上取决于经济发展的步伐、居民收入水平和消费结构的变化以及国家的宏观经济政策。

运用市场集中度原则对体育市场结构进行分析，会发现体育市场集中度呈现两个主要特征：一是竞技体育经营业、体育用品业、体育广告业市场集中度高于大多数产业部门的市场集中度。竞技体育经营业基本形成了完全垄断的市场结构和寡头垄断的市场结构，在大部分赛事组织上是由一家赛事组织机构完全控制或在区域范围内由几家赛事组织机构分别控制，因而市场集中度可以达到100%。体育用品业市场集中度也非常高。从美国商务部的有关资料来看，美国体育用品市场70%以上的份额是由四家最大的体育用品企业所控制。而在其他产业部门，除了极个别部门外，绝大多数部门四家最大的企业所控制的市场份额都低于70%。即使垄断程度很高的石油部门，四家最大的企业所控制的市场份额也不足40%。而体育广告业中大型赛事的广告经营主要由四五家公司控制。二是体育、休闲和健身市场的集中度非常低。运动休闲市场的典型特征是，客户的要求多样且复杂。少数公司很难满足具有不同需求偏好的大量体育消费者的需求。在这样的市场中，企业只能进行严肃的市场细分，结合体育人口的空间分布，选择最有利的商业方向，并确定操作和企业的位置的最佳水平，否则难以生存和发展。体育休闲健身市场的特点也决定了大资本不可能进入这一领域，其结果是，这个市场的集中度在一个非常低的水平。

2. 产品差别化

市场集中度可能不能完全反映垄断与行业组织的竞争程度。因为产品差异化程度是非常重要的，即使市场集中度较高，也会显示激烈竞争的特征。

产品差异意味着，当公司向消费者提供产品时，通过各种方法创造出引发消费者偏好的特异性，以便消费者能够有效地将其与其他竞争性公司提供的类似产品区分开来，从而在激烈的市场竞争中取得优势。通过对产品差异化战略的实施，影响消费者的购买行为，并创建消费偏好和忠诚这些产品。产品差异化形成的途径特别多，主要包括加大研发力度以便及时优化产品的结构、功能和质量，设计产品的独特外观，提供更具体、高质量的服务，利用不同的分销渠道或新的独特的广告和促销活动。产品差异化的核心就是形成可区别性和不可替代性，市场结构将逐渐向垄断竞争的市场结构发展。最终，这也会导致寡头垄断和垄断市场结构。产品差异化的市场结构的直接影响主要有两个方面：一是公司可以维持或提高公司的市场份额和市场集中度，扩大产品差异化的规模，上位企业的垄断程度得以维持或提高，即使规模较小的下位企业也会因此改变自己在整个行业中的地位；二是现有企业产品差异化战略的实施可以培养消费者的偏好和对公司产品的忠诚度。这实际上给新公司试图进入市场制造了一定的障碍。

体育产业作为一个重要的产业门类，同样存在着产品差别性问题，并且有着自己的特点，这就是体育产业的特殊性。从竞技体育经营业来看，不同赛事组织者提供的体育服务产品是有差别的，如足球世界杯与奥运会就在内容和形式上有着许多不同而形成差别，但这类赛事有相当程度的替代性关系。所以，国际奥委会与国际足联通过协商把比赛时间和比赛地点进行调整，避免双方对体育消费者的争夺。欧洲三大足球赛事之间尽管存在差别，但同样存在较高程度的替代性关系。此外，处于同一联赛的俱乐部，为了争夺观众和电视转播权的销售，会采取多种多样的产品差异化策略，如引进超一流体育明星加盟、组建表演水平很高的啦啦队、赛场环境个性独特和热烈的气氛营造、提供消费者的附加消费等，保证更多特色性的产品，从而使产品的差别程度和市场的集中度提高。

相对于竞技体育经营业市场来说，体育休闲健身市场的产品差别性程度要高很多。原因是体育休闲健身产业所面对的消费者特点是，数量庞大，并且消费者的兴趣各不相同，居住不集中，喜欢就近消费。这就必须满足不同消费者多样化的需求，提供不同的体育休闲健身产品。例如，我国东部发达地区的体育休闲健身企业提供的体育休闲健身项目要达到20种以上，而且每年都会有一些新的项目被开发出来，以供消费者消费。

3. 市场进入壁垒与退出壁垒

根据产业经济学的分析，市场进入壁垒和退出壁垒考察了新企业与原产业企业之间的竞争关系，以及新企业进入市场后市场结构的调整和变化。市场进入壁垒和退出壁垒反映了特定市场潜在的、动态的竞争和垄断程度。所谓进入壁垒，指的是在和之前的企业进行竞争的过程中，新的或潜在的企业遭遇到对其不利的因素。这些因素主要包括组织进入、政策法律制度、产品差异化、规模经济、绝对成本优势。绝对成本优势指的是基于固定产量，相较于新的或潜在的企业来讲，当前既有企业可以用较低的成本生产出相同的产品。因为原企业成本低，新企业进入市场后，与原有企业相比，处于竞争劣势。原企业的绝对成本优势主要来源于对优良生产技术的控制，优先获取先进的稀缺资源的能力，包括管理能力以及从供应商获得更优惠价格的原料等投入要素的能力。规模经济壁垒使新企业在竞争中处于劣势地位，比原有企业生产成本要高很多，原因是新企业进入某一产业初期时很难形成规模经济。在产品差别化程度较高的行业中，构成进入壁垒的一个更为重要的因素就是产品差别。经过长期努力的原有企业已经形成有较高知名度和美誉度的品牌，拥有具有很高忠诚度的消费者群，新企业要突破产品差别化壁垒，从原有企业那里争取消费者，要付出很高的销售成本。政府的政策与法律同样会构筑新企业进入的壁垒，如政府给予原有企业的进出口许可证，差别性的专利制度和税收壁垒以及政府制定的产业规模控制政策都会成为新企业进入的壁垒。另外，阻止新企业进入的还有在寡头垄断行业中寡头们所实施的利润率控制措施，以及针对新企业制定的歧视性价格等方式和行为。

退出壁垒是指企业难以退出某一产业部门的情况，无论是主动还是被动。退出壁垒主要有资产的专用性和沉没成本、解雇费用和政府政策法规限制。一般情况下，资产的专用性越强，沉没成本就越大，而企业就越难以退出；企业如果要退出某一产业部门，就必须解雇工人，所以必须支付数额很大的退职金、解雇工资，即使继续留用工人，也要支付相当数量的转岗培训费用。为了阻止其退出，一些公用事业部门、特许经营部门会被政府制定特殊政策法规。

体育市场的进入壁垒和退出壁垒有两种极端的情况存在。体育赛事市场是进入壁垒和退出壁垒都很高的市场，而体育休闲健身市场则是进入壁垒和退出壁垒很低的市场。体育赛事市场的寡头垄断市场结构特征和完全垄断的市场结构特征主要是通过很高的市场进入壁垒和退出壁垒体现出来。详细的章程和各种规则是所有的具有重要影响的赛事组织机构必不可少的，并制定了严格限制进入和退出体育赛事市场的规定。所有的成员组织和运动员必须严格遵守这些章程和规则的要求，否则将会受到严厉的惩处。对成员单位而言，如果违背了有关规定，将会受到取消会员资格、停止各种活动、断绝经费支持、处以巨额罚款等多种形式的惩处。运动员如果违背了有关规定，也会受到停赛、禁赛、终身禁赛、罚款等形式的处罚，一旦想退出的话十分困难，坚决退出则会面临很高的风险。体育休闲健身市场跟其他大众服务业相似，企业数量多、规模小，企业自身难以设置进入壁垒，政府的产业政策往往又是持鼓励态度。所以，这类市场的进入壁垒和退出壁垒非常低。

（三）市场结构的测量

1. 单个企业垄断势力的测量

勒纳指数和贝恩指数是测量单个企业垄断势力大小的主要方法。

勒纳指数是美国学者阿贝·勒纳提出的，他为我们提供了一种以垄断势力为基础的测量市场结构的方法，该方法避免了必须从大量销售资料中推断垄断势力的问题。其计算公式为：$L = (P - MC) / P$。其中，L——勒纳指数；P——价格；MC——边际成本。

很显然，价格对边际成本的偏离程度是勒纳指数所测量的。勒纳指数越大，从边际成本价格来说就会有更大的偏差，一家公司的垄断力量就越强。但是，勒纳指数在实际的垄断势力测量中存在着比较严重的缺陷。首先，勒纳的垄断势力指数在实际的测量中要求人们能够测量边际成本，这是一件非常不容易的事情，同时使问题更为复杂化的是价格必须有可比性的要求。其次，它不考虑公司潜在的垄断行为,而是衡量企业的实际行为。此外,这种方法是建立在比较静态的价格理论之上的,它无法告诉我们目前的边际成本和价格之间的差额是否理所当然地由过去行为引起。事实上,造成这种差额的原因很多,而不仅仅是垄断。

贝恩指数是通过考察利润来测量市场结构的指标,是由现代产业组织理论的先驱之一贝恩提出的。他的理由是,在一个市场中若持续存在超额利润,说明就存在着垄断因素。其计算公式为:$I_B = (P-AC)/P$。

贝恩指数是用企业所获取的超额利润来测量垄断势力的大小。超额利润越大,贝恩指数越高,说明垄断势力越强。贝恩指数比勒纳指数用于计算更容易,因为贝恩是利用平均成本指数。但是,垄断并不是超额利润产生的唯一原因,技术进步和经营水平的提高都会产生超额利润。而且,即使没有超额利润,也并不是没有垄断势力。所以,贝恩指数告诉我们的是可能的垄断势力,而不是对垄断势力的直接计量。此外,与勒纳指数一样,贝恩指数也是建立在比较静态的价格理论之上的。

2. 产业垄断和竞争程度的衡量

对产业垄断和竞争程度的衡量,人们通常运用产业集中度、洛伦茨曲线、基尼系数、赫芬达尔指数、交叉弹性指数等指标。

产业集中度是最常用、最简单的测量产业竞争性和垄断性的指标。产业集中度一般是整个市场或行业中用某一产业内规模最大的前几位企业的有关数值(产值、产量、销售额、职工人数、资产总额等)所占的份额来反映该产业的集中程度。其计算公式为:

$$CR_n = \sum_{i=1}^{n} X_i / \sum_{i=1}^{N} X_i$$

在这个公式中,CR_n 是指由 N 家企业组成的某一产业部门中最大规模的几家企业的产业集中度,通常人们计算的是四家或八家企业的产业集中度。产业集中度指标测算比较容易,也能较好地反映产业内的生产集中程度以及竞争和垄断的情况。产业集中度指标也存在一些短处,如这一指标忽略了其他企业的规模分布情况,只反映了最大的几家企业的总体规模,无法反映最大企业之间的相对关系,至于该产业部门的产品差异情况和市场份额的变化也得不到反映。此外,在计算产业集中度指标时,要根据同一产业部门或不同产业部门不同时期的特点,选择不同的数值作为计算的基础数据。否则,会出现高估或低估产业集中度情况的问题。

为了反映整个产业的集中度,也可以用洛伦茨曲线和基尼系数弥补工业集中指数的不足。洛伦茨曲线反映了中小企业的累计数量与规模份额的累计比例之间的关系。基尼系数能把非均匀系数用定量指标反映出来。

由于上述三个指标都不同程度存在一定缺陷，研究产业组织的学者们引进了赫芬达尔指数，赫芬达尔指数是一种测量产业集中度的综合指数。它是指一个行业中各市场竞争主体所占行业总收入或总资产有分比的平方和。计算公式如下：

$$I_H = \sum_{i=1}^{n} \left(\frac{X_i}{T} \right)$$

在这个公式中，X/T 是指该产业部门中第 i 家企业的规模占整个产业规模的比重。相对于其他指标，赫芬达尔指数在产业集中度测定时兼有绝对集中度和相对集中度指标的优点，而且不受企业数量和规模分布的影响，能够较好地测定产业集中度变化。

不同产品之间的交叉弹性主要反映了有关产业或产业之间的替代性和互补性。一般来说，交叉弹性越大，说明不同产品之间的替代性越强，企业之间的竞争性也就越强。所以，对不同产品之间的交叉弹性的测定，可以反映出生产这些产品的企业之间的垄断与竞争关系。

熵指数是借用信息理论中熵的概念，具有平均信息量的含义。其计算公式为：

$$I_H = \sum_{i=1}^{n} S_i \cdot \log \frac{1}{S_i}$$

公式中 S_i 为第 i 个企业的市场份额。熵指数与赫芬达尔指数一样，也是一个反映市场中所有企业竞争和垄断的情况的综合指数，不同的是分配给各个企业市场份额的权数不同。

二、体育市场行为

体育市场行为是指体育企业和体育组织为了实现最大的利润目标或者更高的市场份额而采取的适应市场供求关系变化的战略决策行动。体育市场结构的现状和特点将制约体育市场的行为，而体育市场的行为将影响和改变体育市场结构的状态和特征。一般来说，寡头垄断市场的竞争行为是体育市场竞争行为的主要研究对象。

（一）体育市场的竞争行为

体育市场的竞争行为主要有定价行为、广告行为和兼并行为。

1. 定价行为

体育组织或体育企业的市场定价行为由于其目标的不同所采用的定价方式也会有较大差异。如果体育组织或体育企业的目标主要是实现最大化的利润，可能主要采取成本加利润的定价模式、价格领先制定价模式；如果体育组织或体育企业的目标主要是追求更高的市场占有率，则主要采取降价策略为主的竞争性定价模式。

在体育市场上，如果市场竞争程度不高，许多企业都会采取最为简单的成本加利润定价模式。成本加利润定价法就是在平均成本的基础上加上一个预期利润水平的定价方法。这种定价方法计算非常简单，如果市场竞争不够激烈，市场供求关系又比较稳定，通过实施成本加利润定价法，企业就能够获得预期的利润水平。但是，这种方法又是一种单边的主观定价行为，在激烈竞争的市场环境中，有可能完全失效。例如，体育休闲健身市场在许多地方一旦发展起来，由于企业提供的产品具有较高程度的替代性，为获取更大市场范围所进行的市场竞争就会非常激烈，其中价格竞争是最主要的竞争手段之一，成本加利润的定价方法就很难适应这种市场环境。从国内外的经验来看，在竞争比较充分的市场上，企业更多采用的是习惯定价法、按竞争性产品价格定价法、按生产能力定价法、比较定价法、区域定价法等。

价格领先制定价模式是寡头垄断的市场主要的定价方式。在体育市场上，价格领先制的实施主要是由一家体育企业或组织首先调节价格，其他体育企业或组织则跟随领先企业或组织相应采取行动。价格领先制也有多种具体的定价模式，如主导企业定价模式、串谋领导定价模式、晴雨表型领导定价模式等。主导企业定价模式一般是由规模最大、市场份额最高或社会影响力最高的企业首先确定价格，其他企业自愿跟随或者被迫跟随确定自己的价格。例如，国际奥委会和国际足联由于其所拥有的绝对权威和广泛的社会影响力，使其所确定的比赛门票、赞助费门槛等就能对相应的洲际比赛、各个国家的大型比赛的比赛门票、赞助费门槛产生决定性的影响。串谋领导定价模式是几家规模很大、实力和社会影响力相当的企业通过串谋共同确定价格，其他企业跟随确定价格的模式。例如，国际奥委会、国际足联等国际体育组织之间都会采取串谋的方式确定比赛时间、门票价位、赞助费门槛等。采取晴雨表型定价模式的情况主要出现在市场集中度比较低、竞争相对充分的市场上。在这种情况下，首先是由对市场条件变化更具有敏感性和预测能力的领导企业对价格进行调整，其他企业以其对领导企业的信任程度为基础，对自己的产品价格做出相应调整。由于企业规模比较接近，所以企业之间的行动协调比较困难，这就使得这种模式具有不稳定性。

以追求更高市场占有率为目标的竞争性定价模式，根本方法是降低价格，但因具体目的不同又有掠夺性定价、限制性定价两种方法。

掠夺性定价也叫做驱逐对手定价，是指某一企业为了把对手挤出市场或逼退潜在的竞争对手所采取的降低价格的策略。在体育产业成长过程中，特别是竞技体育经营业以外的体育产业门类，一些具有较强实力的企业为了提高自己在特定区域市场中的产业集中度，逐步形成垄断地位，往往会采用这一策略性的定价行为。掠夺性定价策略有三个主要特征：一是掠夺性定价策略具有暂时性。一旦竞争对手被驱逐出市场，企业会很快恢复较高的价格。因为任何企业都不会在承担亏损的情况下向市场提供产品。只要竞争对手退出市场竞争，企业就会立即把价格提高到足以获得经济利润的水平以上。二是掠夺性定价策略的实际目的是缩减供给量而不是增加需求量，只有把竞争对手挤出市场，企业才能实现较高的产业集中度，才能确定具有垄断性的产量和价格，并保证企业获得最大化的利润。三是采取掠夺性定价策略的企业都是具有实力的大企业。在差别很大的大企业和小企业之间容易发生掠夺性定价行为，因为实行这一策略大企业也要在短期内蒙受一定的损失，所以大企业更愿意通过兼并来消灭竞争对手。除非兼并成本过高，或者小企业愿意鱼死网破地对抗时，大企业才采取这一措施。

限制性定价也叫做组织进入价格，是指企业把价格定在获取经济利润同时不会引起新企业进入的水平上。对潜在企业而言，当面对这一价格时会认为进入这一市场只能引起价格下降而失去利润空间，所以投资于该领域没有实际意义。企业采取限制性定价策略的直接目的是阻止新企业的进入，实质上是一种牺牲部分短期利益以追求长期利润最大化的行为。因此，限制性定价策略与掠夺性定价策略一样，都不是企业长期定价的策略行为。不同的是，采取限制性定价策略的企业在短期内仍然有一定的利润，而采取掠夺性定价策略的企业要在短期内承担一定程度的亏损。限制性定价策略所定价格的高低要受到市场进入壁垒的程度和规模经济的影响。一般来讲，市场进入壁垒的程度越高，限制性定价策略所确定的价格就会越高，因为市场进入壁垒已经在很大程度上阻止了新企业的进入，这时就没有必要用很低的价格来强化进入壁垒。反之，如果市场进入壁垒的程度很低，要阻止新企业的进入必须按平均的甚至更低的利润水平定价。当规模经济成为主要的市场进入壁垒时，企业在制定价格时一要考虑让没有达到一定规模的企业无利可图，被迫退出市场，二要适当增加产出，尽可能减少新企业能够得到的市场份额，使新企业因市场份额不足而无法进行规模经营，导致成本上升，最终退出市场。

除了上述价格策略以外，体育组织或企业还会实施价格歧视策略，以达到提高市场占有率、获取更高利润的目的。

价格歧视也称为差别价格，是指企业针对不同的消费者制定不同的价格。价格歧视可分为一级价格歧视、二级价格歧视、三级价格歧视三种类型。一级价格歧视也称为完全价格歧视，是指企业对其所销售的每一单位产品都向消费者索要最高的可能价格。一级价格歧视对企业来讲应该是最为理想的情况，但只有在销售者与消费者进行单独的一对一销售谈判中才能实施，对体育组织或者体育企业来讲是根本无法实现的。二级价格歧视就是企业按照消费者购买商品的数量来确定价格。这种情况比较普遍。体育组织和企业也可能实行二级价格歧视，如健身俱乐部实行的会员价格和非会员价格的区分，一些大型联赛实行的全赛季票价和单场票价的区分，都是典型的二级价格歧视。三级价格歧视是指企业把市场分成两个或多个不同的子市场，同一种商品在不同的子市场按不同的价格进行销售。三级价格歧视的条件一是市场分割，二是需求弹性不同。对体育市场而言，这也是一种常用的价格策略。例如，NBA 联盟在不同国家推广 NBA 时，对发达国家和不发达国家就执行不同的票价。一些体育休闲企业在其他城市建立分支机构并进行市场推广时，也可能根据这些城市居民的收入水平采取低于原有城市价格水平的市场价格，以吸引更多的体育消费者进行消费。

2. 广告行为

广告行为是企业普遍采用的非价格竞争行为：向消费者提供产品信息，引入产品功能，引导消费者购买。广告分为信息性广告和劝说性广告。信息性广告主要是为消费者提供产品的价格信息、产品的功能和特点、销售的地点和方式、售后服务等。劝说性广告主要是为了使消费者建立起产品差别性认识并形成对产品的良好感觉，从而影响潜在消费者的消费决策。劝说性广告在一些情况下有可能掩盖信息，迷惑消费者，把无差别产品当作差别产品。

企业的广告行为能够对市场结构产生普遍的影响。首先，企业的广告行为能够促进消费者对企业所提供产品差异性的认知。广告是企业向消费者传递产品差异性信息的最重要的手段和途径，企业可以通过广告中的有效诉求，让消费者切实认知其所提供产品的与众不同，以便把这些产品与其他企业提供的竞争性产品区分开来。其次，企业的广告行为可以增强进入壁垒。消费者的主观喜好和对自己所提供产品的忠诚度能够被企业大量的广告投入所影响，从而提高企业本身和其所提供产品品牌的知名度。当一家企业通过比较系统、持续的广告运作，使企业和特定产品成为一种在一定区域范围内文化、质量、消费档次的象征时，企业广告投入实际上就成为一笔巨大的无形资产，潜在的市场进入者要在这种情况下进入这个市场，从原有企业手中分得一部分市场份额，必须投入更多的广告费用以克服原有企业已经形成的商誉，这无疑使其在竞争中处于劣势地位。由此来看，企业的广告行为是产业内部不同企业之间市场份额差距扩大和市场结构发生变迁的重要原因。

在体育市场上，企业的广告行为既具有所有企业广告行为的一般特征，也具有自己的特殊性。除了竞技体育经营业以外，其他体育产业部门的广告行为符合企业广告行为的一般特征，只是这些体育产业部门的广告能够更多地利用名人效应和赛事效应。例如，体育服装鞋帽制造企业或者签约一些国际级别的受到人们普遍喜爱的体育巨星作为代言人，或者作为赞助商在一些重大的国际比赛赛场、世界著名的联赛赛场进行产品推广，从而极大地增加了产品品牌的知名度和产品销售量。

体育市场上比较复杂的是竞技体育经营业的广告行为。一是大型体育赛事既需要通过广告进行广泛的宣传，又是其他企业广告宣传的载体。这个特征是生产物质产品企业的经营活动根本无法具备的。大型体育赛事的组织者为了吸引更多的体育消费者观赏体育比赛，必须对赛事进行广泛宣传以取得最大化的利润。体育比赛一旦举行，马上会成为现场体育观众和电视观众关注的焦点，所以许多大型企业为了获得赛场广告权，宁可重金资助体育赛事。对电视观众来说，精彩、激烈的体育赛事有着巨大的吸引力，这又是电视台插播广告的最好机会，所以为了电视转播权，电视台会不惜重金购买赛事的转播权。因此，竞技体育经营业的广告行为实际上是在与广告媒体的商业合作中实现的，而不需要投入巨额的广告费用。体育赛事组织机构最重要的工作是提供最为精彩的赛事并对媒体企业进行销售推广。二是大型体育赛事往往会得到政府的高度重视和支持。大型体育赛事被许多国家或者城市当作宣传自己国家或城市的一个重要平台和名片，甚至会当作拉动相关产业发展的重要动力，所以政府也会利用自己的宣传工具和手段为这些赛事进行广泛的宣传。这就大量节省了赛事组织机构的广告成本。三是大型赛事一旦被广大体育消费者所认可并形成在全社会有广泛影响力的品牌，每一个体育消费者事实上也就成为一个广告宣传者，这也就降低了大规模广告宣传的必要性。尽管如此，任何体育赛事也都需要体育赛事组织机构运用多种广告形式进行赛事推广，这还是要支付一定的费用的。

3. 兼并行为

企业兼并行为是指两个以上的企业在自愿基础上依据法律规定通过订立契约而结合成为一个新的企业的组织调整行为。由于企业兼并行为使市场集中度得到较大幅度的提高，市场进入壁垒的程度有所增加，所以兼并后的企业能够获得更为强大的市场支配力量并导致垄断的出现。所以，人们一般认为以企业兼并为主的企业组织调整行为是对市场关系影响最大的市场行为。

企业兼并行为有横向兼并、纵向兼并、混合兼并三种类型。

横向兼并也叫做水平兼并，实行兼并的企业属于一种产业、生产一类产品或处于一种加工工艺阶段。在体育产业内部横向兼并经常发生，如许多著名的体育用品生产企业都是在不断兼并生产同类产品的其他企业的基础上逐步成长起来的。在竞技体育经营业中横向兼并相对要少一些，但也时有发生，如 NBA 联盟中的许多球队就兼并过低一层次的球队。2007 年，我国足球界申花俱乐部与联城俱乐部的合并就属于这种类型。

纵向兼并也叫做垂直兼并，实行兼并的企业之间存在前向或后向的联系，分别处于生产和流通的不同阶段。这种兼并方式在竞技体育经营业中比较普遍，一些体育用品或体育设施制造企业对职业俱乐部的兼并、一些著名的职业俱乐部对体育用品零售企业的兼并都属于这种类型。

混合兼并也叫做复合兼并，是指属于不同产业、生产工艺上没有联系、产品完全不同的企业之间的兼并。例如，英国著名的胶片生产公司 API 公司对美国 DC 联队的收购，英国投资公司对苏格兰、意大利、捷克、希腊、法国等国家足球俱乐部的收购，都属于这种类型。

现实的体育市场上的企业兼并行为在许多情况下是难以区分属于哪一种类型的，20 世纪 90 年代以来体育市场上掀起的企业兼并浪潮，也说明了体育市场上的企业兼并行为同样具有高度的复杂化特征。

有一家著名的产值达一百亿美元的巨型跨国公司叫做 Interpublic 集团。1997 年，该公司成立了 Octagon 体育经销公司，Octagon 公司是一家在十五个国家拥有分支机构的跨国公司，主要经营媒介和广告服务。公司下有三个广告公司、一个世界上规模最大的媒介经营公司、一个公共关系机构。公司的业务范围涉及体育赛事广告经营、电视转播权的经营、英联邦运动会和板球世界杯赛的经营、一些著名运动员的代理、世界特技自行车系列赛的经营等多个领域。在全世界拥有 780 家公司、200 家报纸、一家出版社的默多克公司，从 1992 年开始涉足足球市场，通过经营英超联赛的电视转播权，取得商业上的巨大成功。埃托尼克公司为了保持在美国国内市场的竞争力并进一步向国际市场进军，2007 年看中了意大利乐途体育用品公司，并实现合并。乐途意大利体育用品是欧洲领先的足球鞋和网球鞋制造商，其销售网络覆盖全球 80 个国家。合并后，该公司的产品清单可涵盖高尔夫球鞋、跑鞋、步行鞋和保龄球鞋，并有机会在美国市场销售该公司的产品。

（二）体育市场的协调行为

体育市场的协调行为是指体育市场上的体育企业或组织为了某些共同的目的而采用互相调节的市场行为。在体育市场上，有两种最基本的市场关系：竞争和合作。在很多情况下，体育组织之间、体育企业之间因各自的利益而展开激烈的竞争，但为了避免由于过于激烈的竞争导致两败俱伤的局面，它又不得不相互妥协以达到对各方都有利的目标。体育市场的协调行为并不是体育组织之间或企业之间通过艰苦的谈判达成协定或契约来实现的，一般采取的是共谋的形式。这主要是因为除了竞技体育经营业以外的其他产业领域在许多国家都要受到反垄断法规的约束。体育市场的协调行为主要有价格协调和非价格协调两种形式。

体育市场上的价格协调行为是指体育组织之间或体育企业之间就其所提供的产品的价格决定问题相互协商并采取共同行动。体育市场上的价格协调行为通常有卡特尔和价格领先制两种形式。在存在寡头垄断市场结构的体育市场上，任何体育组织或企业的收益不但取决于其自身的决策和行动，而且要受到其他体育组织或企业决策和行动的影响。卡特尔就是以限制竞争、控制市场、谋求最大化的利益为目的的体育组织或企业通过共谋或串谋的形式进行的一种价格协调行为。例如，国际奥委会与其他国际体育组织之间就电视转播权、赛事标志使用权等无形资产的价格进行磋商并形成默契，实际上就是组成了卡特尔。区域性的体育垄断组织或企业也会以卡特尔的形式就赛事门票的价格、服务的价格、设施使用的价格、电视转播权和标志使用权的价格等进行磋商和串谋并达成一致性的意见。卡特尔具有不稳定特征，如果出现私自背离默契或协议的情况，将会导致卡特尔的解体。

体育市场上的非价格协调行为与卡特尔非常类似，同样是通过共谋或串谋的形式实现的，只不过共谋或串谋的内容不是产品的价格而是产品供给的时间、地点、规则等方面的问题。例如，国际奥委会与其他国际体育组织就通过共谋的形式来决定奥运会与各种国际体育专业赛事的比赛时间、间隔时间、比赛地点、比赛规则，以避免因赛事冲突造成赛事之间的直接替代，运动员在不同赛事参与上分流使得比赛质量下降，体育消费者在不同赛事观赏上分流使得收益下降等问题。

三、体育市场绩效

所谓体育市场绩效，是指基于特定体育市场结构，采取特定的市场行为促使体育产业在诸多方面获得市场经济效益，这些方面囊括技术进步与产品质量、成本与价格、品种与产量以及利润等。从本质来讲，体育市场绩效一定程度上体现了体育市场运作效率以及资源配置的好与坏。

产业组织理论在研究市场绩效时是基于社会的角度来考虑的，认为如果以效率为标准，从抽象的分析来判断，最有效率的经济就是完全竞争的经济。而使经济偏离完全竞争的经济状态的原因是垄断，会造成效率的损失。市场绩效本身包含着价值判断问题，因而具有高度的复杂性。经济学家通常采用的方法是在假定企业的唯一目标是追求利润最大化的情况下讨论抽象的企业经济效率，主要是判断产业的效率在多大程度上接近完全竞争状态。一是利润率的高低。通常衡量市场绩效的指标是利润率。因为在完全竞争的市场上，资源配置最优，社会效率最高，企业只能获得正常利润，并且企业利润率趋向平均化。所以，企业利润率的高低和是否存在平均利润率就体现出产业组织的市场绩效。二是价格成本差。价格成本差实际上就是勒纳指数和贝恩指数。这两个指数分别从不同角度反映了市场集中的程度和垄断势力的强弱，从而能够体现这种市场结构对完全竞争的市场结构的偏离程度。三是托宾 Q 值。托宾 Q 值是指企业资产的市场价值与企业资产重置成本之比。如果 Q 值大于1，则表明股票和债券所测得的市场价值大于目前市价重置的资产成本，表明企业可以在市场上获得垄断利润。Q 值越大，企业获得的垄断利润越大，社会福利赤字越大，市场绩效越低。

因为市场结构和市场行为综合反映了市场绩效，所以仅仅停留在上述层面的评价是远远不够的。市场绩效评价只有充分考虑相互矛盾、相互影响的资源配置效率、技术进步、社会福利水平、社会公平等多个因素，密切结合市场的真实情况，综合评估资源配置效率、产业的规模结构效率、技术进步程度三个方面，才能对市场绩效进行有效评价。对体育市场绩效的评价同样必须基于这三个方面。

（一）体育市场的资源配置效率

经济学的基本原理告诉我们，资源配置效率的主要体现是社会总效用或者社会总剩余的最大化，也就是社会福利的最大化。在对资源配置效率进行评价时，经济学家一般用消费者剩余、生产者剩余和社会总剩余来衡量资源配置效率的状况。消费者剩余是指消费者按照一定价格从所购买的某一商品中获得的效用减去为此所支付的价格之后的净得利益；生产者剩余是指企业的销售收入与生产费用的差额；社会总剩余是消费者剩余和生产者剩余之和。经济学家认为，如果市场机制运转良好，市场竞争充分，资源配置的效率就比较高；反之，如果市场竞争不够充分，市场垄断程度比较高，资源配置的效率就比较低。经济学分析表明，与完全竞争的市场相比较，垄断企业通常以较高的价格和较低的产量供给产品，从而攫取了相当部分的消费者剩余，导致了社会福利水平的下降。此外，垄断企业为了谋取和维持其垄断地位还会采取诸如大量的广告、提高进入壁垒的程度、特殊的产品差异化策略等措施，并为此支付巨额的费用，这种不是产品生产和销售所必需的开支，客观上会加重消费者的负担，同样是社会资源的浪费。

在体育产业发展的过程中，体育组织和体育企业作为市场经济条件下的一种特殊的企业类型，与其他企业一样是硬的预算约束下的市场主体，把追求利润最大化作为企业经营的基本目标，所以衡量体育市场的资源配置效率，必须以社会福利的最大化作为最根本的尺度，也就是要考察体育资源的配置是否能够或者最大限度地实现有限的体育资源的最佳配置，是否能够使生产者实现利润最大化，是否能够使消费者实现剩余最大化或者最大限度的效用满足。考察体育市场的资源配置效率，要从四方面入手。一是要考察产业的利润率。体育市场的竞争越是充分，体育资源在企业间自由流动越容易，企业平均利润率越低，平均化程度越高，体育消费者能够获得的福利也就越是趋于最大化。事实上，考查体育产业的利润率，在一定水平上能够明确地推断体育市场对完全竞争市场的远离程度，进而就会知道体育消费者所获的利益与最大化利益之间的差异。二是要考察进入壁垒的程度和市场集中度，进而推断市场竞争是不是充分。三是要考察政府对市场的干预程度，进而推断市场机制是不是被扭曲，是不是存在市场失灵的状况。四是要考察消费者对体育产品的需求情况，进而推断体育产业给消费者带来的效用或利益有多大。

（二）体育产业的规模结构效率

产业的规模结构效率也叫做产业组织的技术效率。因为规模经济的存在，体育资源的利用效率被各种体育资源在体育产业内部的分配状况所影响。体育产业的规模结构效率是指体育资源的利用状况，是从体育产业内部规模经济的实现程度的角度来考虑的，主要包括三个方面。一是实现经济规模的程度。在现实经济生活中，没有一个产业的所有企业都完全符合规模经济的要求。根据贝恩对美国二十个产业的调查研究，即使美国这样经济高度发达的国家的大多数产业中，仍然有 10%~30% 的产品产量来自非规模经济的企业。这些企业利润率比较低，有的尽管长期亏损，但仍不退出市场，继续进行生产。同时，在部分产业中存在超经济规模的过度集中，有一些大企业经营成本明显高于规模较小的企业。体育产业中的许多经营领域同样存在未达到经济规模的产品生产和供给者，特别是体育休闲健身业这种情况十分普遍，许多虽然企业规模很小，但是运营成本很高，这就影响了体育资源配置的效率。体育场馆经营业中经营供过于求的问题在体育产业中相对比较严重，如我国许多城市的体育场馆能够充分利用的不足 50%，在大多数时间存在比较严重的设施闲置。二是经济的合理垂直结合及实现程度。体育产业发展过程中，各个具体产业门类之间存在一定程度的连续流程性质的先后向关联，这些产业部门之间必须有一个合适的比例，包括体育产业规模结构效率或内部结构的合理化。一般来说，用垂直产出占生产的各个阶段产出的比例来表示经济规模的垂直程度。三是企业规模能力的运用。主要有两种情况：一些企业市场集中度低，缺乏规模经济，并有各种程度的设施搁置和利润率低；一些企业已达到规模经济水平，但设施仍然没有得到充分利用。

（三）技术进步的程度

广义层面的产业技术进步囊括摒除劳动投入、资本投入之外的全部有利于经济发展的因素；狭义上的产业技术进步则是指产业之中的创新、创造以及技术转移。在产业组织的生产行为和结构的诸多层面都能够体现出技术进步，产业的技术特性与产品具有紧密的联系，大容量、高效率的技术发展与必要的资本壁垒和经济规模相关，技术进步的类型、程度和条件都与企业的兼并和产业集群化发展存在密切的关系。技术进步程度主要反映经济效率的动态性，是衡量市场绩效的重要标准。

体育产业由于其所具有的高度竞争性和所提供服务的消费者直接感受的特征，从一开始就与技术进步和创新紧密关联在一起。竞技体育的训练水平、比赛成绩、场馆设施、运动装备无不充分体现着技术进步和创新，也正是不断的技术进步和创新活动，使竞技体育的观赏性大大提高，体育消费者获得极大的满足。体育休闲健身产业源于不断的技术进步和创新，使广大的参与性体育消费者获得了内容更为丰富、方式更为多样、效果更为明显的休闲健身消费。其他体育产业门类更是与技术进步和创新活动密切相关。从总体来看，体育产业的技术进步程度主要通过体育产业的增长和体育消费者所获的福利增长体现出来。

第三节 体育产业政策的基本理论

一、产业政策及产业政策体系

（一）产业政策的概念

20 世纪 70 年代后，产业政策开始渐渐引起各国的高度重视并被各国采用。产业政策理论基础和实践基础的研究作为只有三十多年历史的较新的经济调控手段，相对于经济学来说还处于摸索阶段。因此，各国经济学界对产业政策的理解和解释也有很多不同，以至英语中到现在还没有一个与产业政策完全相对应的词汇。英文的 industry 一词指工业，其他类似的词汇还有结构政策（structural policy）、积极调整政策（positive adjustment policy）、产业战略（industrial strategy）等。因此，还没有一个人们公认的一致的产业政策的观念。如今比较典型的有下面几种：

1. 从宏观经济政策方面研究

产业政策是有关政府产业的所有政策的整合。例如，产业政策是与产业有关的所有国家的法律和政策；产业政策是有特定产业指向政策的总的概括，目的是为了实现某种经济和社会目标而制定的。

2. 基于供给管理政策方面的研究

产业政策作为一种政策举措，旨在促使供给结构能最大限度地同需求结构的要求相符合。比如，产业政策可以理解为在社会供给层面，国家推动或调节经济增长的方法和措施的总称。

3. 基于市场和政府二者间的关系层面研究

产业政策即为对市场漏洞的填补，换句话说，在市场调整出现不利因素的情况下，政府采取诸多弥补的政策方式，如产业政策可以理解为政府采取的旨在对不同产业内部营利性企业的特定经营活动或者产业间的资源分配进行改变的政策。

4. 从国际竞争力政策方面研究

就是政府选择发展或控制某些产业及其有关活动的政策的总的概括，目的是为了提高本国产业的国际竞争力。比如，产业政策是政府计划在国内发展或控制各种产业的有关活动的总和，以此来取得在全球的竞争能力。产业政策作为一个政策体系，是经济政策三角形的第三条边，它是对货币政策和财政政策的填充。

5. 从产业赶超政策方面研究

从这方面来看，产业政策就是工业后发国选择的政策的总的概括，目的是为了超越工业先进国。例如，产业政策就是"当其他国家的产业都领先于一国产业，或者是其他国家领先于本国时，为增强本国产业所采用的各种策略"。

6. 从规划的方面研究

有一种说法是，产业政策是一个计划，是政府改变未来产业结构目标的行动。工业政策是一种更先进的国家干预或干预经济的形式。这是一个以全国统筹发展为基础的更加完整细致的政策体系，而不仅仅是某一个或两个行业的地方政策。

结合上述因素和各种概念，可以认为产业政策是根据政府的需要、国民经济发展的现状和发展以及在一定时期内国内行业的发展趋势，通过对资源的有效配置和产业结构的高效率增加行业的供给强度。一系列的战略政策是为了鼓励生产力的进步和工业的增长，修复市场壁垒，提升国内产业的竞争力，保证动态比较优势。

（二）产业政策的基本体系

产业政策是一个内容涉及产业各个方面的体系，长期以来引起了世界各国的重视，但大多数国家尚未能形成完整的产业政策体系。产业政策是从产业经济的角度考察国民经济发展的政策体系。产业政策体系的完整性，按照其内容来讲，起码囊括了三方面：产业发展政策（构成要素主要包括产业全球化政策、产业投融资政策）、产业运行政策（构成要素主要包括产业组织政策、产业技术政策）以及产业关系政策（构成要素主要包括产业布局政策、产业结构政策）。

1. 产业关系政策

产业关系政策是调节同一区域和区域产业关系关联的政策。关系政策主要包含产业结构政策和产业布局政策。产业结构政策通常是指政府的政策，包括产业结构的发展，在不同时期各行业的变化趋势，通过判断行业的比例、相互关系和产业发展序列，以实现产业结构的调解和高度，从而促进国民经济的增长。产业发展规律的优先性是产业结构政策的主题。其政策的关键在于确定结构和政策的方向、产业的采用、支柱产业的兴起、产业的维持、赞助和支持，以规划产业发展的基本结构，完成产业结构的协调。无论是发展工业还是发展二次产业，经济增长和结构转型都有特殊期限。因此，每一个政策时期都会有不同的选择。产业布局政策通常是由政府的产业区位原则和国民经济条件以及不同时期的区域经济发展状况所决定的。它是在产业空间布局和区域经济协调发展的基础上设计和实施的，旨在实现世界产业政策。区域发展中心的选择和产业融合发展政策的制定是产业布局政策的内容。产业布局政策包括两个方面：国家产业结构和区域产业结构。

2. 产业经营政策

各行业的有效运作是劳资关系协调和升级的坚实基础。产业经营政策主要包含产业组织政策和产业技术政策。产业组织政策一般是指政府按照不同时期的特殊对象制定和采用市场结构，协调市场活动的政策。其目的是优化行业内部资源配置，管理行业内企业之间的关系。其本质是调解竞争与规模经济的冲突，维护市场规范，监督有效竞争。政府是产业组织政策的实施主体，协调行业内部关系结构和企业之间的关系，并重点包括垄断的遏制，不正当竞争和不正当交易的防范，企业的并购政策和中小企业政策。产业技术政策通常是指根据经济发展状况和不同时期的预测，指导、选择、鼓励和掌握工业技术发展的政府规则的一般性概述。它的直接政策目标是工业技术，它是确保工业技术有效发展的主要途径。

3. 产业发展政策

产业发展政策是对产业发展的一系列具体政策的概括总结，是实现产业全球化和产业现代化的目的。产业投融资政策是产业发展的根本。产业全球化是指全球范围内产业的升级和行为，以及世界范围内产业结构的演进和升级。经济全球化是产业全球化的主题。为了在全球化浪潮中获得更多的利益，有必要在全球化的背景下实时调整各种产业政策，使我国的产业发展符合世界的需要和时代的需要。产业全球化政策是对经济全球化背景下实现产业结构优化升级和实现产业国际竞争力的国家政策的概括。

二、产业政策的主要理论依据

(一) 政府失灵理论

基于其他国家多年的经济发展层面而言，政府调节机制自身具有不足，即政府失灵。通常来讲，导致政府失灵的主要因素包括不完善的公共决策和控制的市场反应、信息的不丰富以及官僚主义等。所以，推动市场经济的学者指出，在加强经济效率层面，政府所发挥的功用存在局限性，倘若政府可以发挥主动功用，也仅是集中于再分配社会财富这一范畴。在行业发展中，政府发挥了其应有的功用，尤其是在对市场不足进行完善、推进后起国家经济增长以及扶持青年产业发展等层面具有显著的成效。然而，作为政府主导的经济政策，产业政策同样不可避免地存在政府失灵的问题，我们应该清晰地意识到，基于市场经济体制，是市场，而不是政府的产业政策，在资源配置中起着基础性的作用。工业政策的滞后可能会带来不良的副作用，或者工业政策凌驾于经济政策之上，或者工业政策的扩展是不受限制的。

（二）市场失灵理论

市场失灵是指市场机制无法有效地配置资源或者最优配置资源要素。对国内外不同专家和学者的观点进行总结和分析，可以得知信息的不对称性、外部效应的存留、公共产品的供给、规模经济的形成以及市场竞争的不完全性等诸多方面是市场失灵、政府干预的关键因素。其原因在于不能实现帕累托最优状态，即不能达到资源的有效配置。市场失灵在一定程度上为当代产业政策形成提供了具有合理性的经济凭借，然而，在绝大多数的发展中国家，市场还有待健全，所以它不是一个完全由市场失灵或市场不足所涵盖的问题。为此，经济学家针对发展中国家，从多方位的视角拓展了形成产业政策的理论基础。

（三）后发优势理论

比较优势论由李嘉图提出，其认为基于不同行业、不同国家产生的费用有所区别，每个国家需要将具有最大优势的产业进行优先发展。但李斯特（德国经济学家）指出，一个国家倘若工业起步不早，可以通过国家产业政策的维护与扶持，将新的优势产业发展起来，后起国家只有参与这一主导产业的国际分工，才能发挥国际分工的优势，利用国际分工和先进的生产结构，此即为"培育优势说"。基于上述两个理论，日本经济学家指出，因为后起国家能够对先进国家的技术进行直接的吸纳与引进，其技术成本要相对较低，同时在技术成本、资源和资金相同的情况下，其还存在低廉劳动力成本的优势，在国家维护和培育下，如果实现规模经济，就会加大新优势产业发展的可能性，就能够同发达国家在传统资本和技术密集型分工等层面进行竞争，此即为"后发优势理论"。

（四）结构转换理论

结构转换理论也能够理解为一种先进的产业结构理论。基本宗旨为一国的产业结构应该持续地、适时地由低级转变到高级，如此一来，方可从根本上达到赶超的目的，使其处于领先地位。历史上一些发达国家相对没落的关键原因就是由于产业结构不及时转变。针对产业结构在经济发展过程中的变化规律的研究，主要包括库兹涅茨（美国）、霍夫曼（德国）以及克拉克（英国）等学者，相对应的学说是库兹涅茨增长理论（产业结构在国家经济增长过程中是持续改变的，即要想赶上且处于领先地位，就需要适时地、不断地从低级转换到高级）、霍夫曼比率（资本资料下降的净产值和消费资料下降的净产值之比在工业化进程中是持续减小的）以及配第—克拉克定理（第一产业的就业比重伴随经济的增长而继续下降，第二产业和第三产业的比重会持续上升）。基于对欧洲和美国的经济学家的经济结构转型的理论的研究，日本经济学者指出了执行国家的产业政策的理论根据主要包括三个层面：一是作为一个极其关键的利益再分配过程，结构转换离不开政府产业政策的介入；二是结构转换的完成应该具有主动性，而不应具有被动性；三是在转换过程中，注意和非经济目标之间的关系进行协调。

（五）规模经济理论

在西方经济学中，规模经济理论基础内涵可以理解为鉴于受到可变成本与固定成本的组成、市场开发进程等方面的影响，从客观层面而言，产业发展具有最优经济规模的生产成本最低化，本单位生产成本下降之前未达到最佳规模而处在不断下降的进程，继续扩大这一进程的规模是有益的。规模经济理论被日本经济学者最大限度地予以运用并且得到了深层次的发展，阐述出新的观点，主要体现在以下三方面：第一，客观层面上，产业内部具有企业与工厂规模的差异，竞争秩序取决于企业规模，生产成本取决于工厂规模，当企业规模和工厂规模在经济追赶时期出现冲突，国家需要运用产业政策，首要确保工厂规模实现最优，必要时不惜牺牲竞争活力以及容许寡头垄断现象的出现，方可确保产业加速发展；第二，在外资企业垄断某一产业的国际或国内市场的情况下，存在"先行者利益"时，国内企业实现特定规模需要一个发展过程，方可打破加入壁垒，旨在抵消国家对外国企业的长远利益，政府需要借助产业支持政策，对振兴这些企业产生的费用予以承担；第三，在具有较高最优规模的产业中（运输、通信等），因为实现最优规模前的社会效益要比企业的利润率高很多，在一定阶段内，政府直接组织国有企业或者直接投资是极为必要的。

三、体育产业政策的定义与影响

（一）体育产业政策的定义

所谓体育产业政策，是指为了实现社会经济的高速发展与国家发展目标的顺利实现，政府和体育主管部门进行有计划的干预和引导，通过一系列的政策工具和经济方法，影响体育产业的形成和发展的经济政策。

（二）体育产业政策对体育产业发展的影响

1. 对合理地发展体育产业结构具有推动作用

在体育产业结构变化中，体育产业政策发挥着极其关键的作用。政府可以基于整个宏观经济的层面，制定并实施基于越来越多的趋势不断变化的供应和市场需求的体育产业的科学决策，并通过经济形势调整体育产业不同部门间资源的合理分配和相关行政法律。

2. 可以弥补市场失灵和为体育产业分配资源

历史经验表明，在不同国家，产业政策最常见的功用是对市场失灵予以抵消。市场机制不具有万能性，对于提供公共产品的企业和部门，在不完全竞争、垄断和对外经济方面，价格机制不能有效地划分各自的资源。这是市场机制的局限性。科学合理的体育产业政策和市场机制相结合可以最大限度地减少工业效益造成的市场失灵，促进体育产业的发展。

3. 实现体育产业的超常规发展，缩短领先时间

经济落后国家要在较短时期内发展体育产业和技术体系的竞争力，如果依靠自由市场调节，就需要长期的资本积累过程，短期内无法满足产业快速发展的要求。政府可以在市场机制基础上实施更多的"赶超策略"，促进体育产业的快速发展。

4. 强化国内体育产业的国际竞争力

体育产业全球化基于经济全球化已成必然，借助体育产业全球化政策的制定，体育行政部门推动国内体育产业进一步取得国际竞争优势。

四、体育产业政策的内容

（一）体育产业组织政策

产业组织政策是指政府制定的产业政策，以实现理想的市场效应，干扰市场结构和市场行为，并规范企业之间的关系。政府之所以要制定并实施产业组织政策，主要原因如下：在市场经济条件下，市场力量本身无法避免自发的过度竞争，也不能阻止大公司根据其地位通过卡特尔和价格歧视等不公平的优势获得高额垄断利润，并由此引起经济活力丧失、资源配置效率低下等问题。在这种情况下，政府通过立法制定市场规则，规范企业市场行为，能够在一定程度上协调竞争与规模经济之间的冲突，调整企业之间的关系，维护正常的市场秩序，促进有效竞争和优化资源配置。

体育产业组织政策是产业组织政策在体育产业领域的具体运用，是由政府制定和批准，协调体育产业与规模经济的冲突，调整体育企业之间的关系，促进体育产业健康发展的一系列经济政策的总和。

从内容上看，体育组织的体育政策主要包括反垄断政策和限制过度竞争政策。反垄断政策是政府干预产业政策的典型政策，也是产业组织政策的重点。通常，政府通过立法来解决竞争与规模经济之间的矛盾，制定有关反垄断和反不正当竞争的法律法规，通过协调企业之间的关系，有效遏制市场垄断。反垄断政策和反不正当竞争政策主要有两方面作用。一是预防垄断性市场结构的形成。通过制定扶持中小企业发展的政策和限制企业合并的政策，有效保护中小企业生存和发展，防止生产过度集中从而形成新的市场垄断势力，营造公平竞争、充满活力的市场环境。二是停止并限制竞争对手的参与和不公平的价格歧视。通过对商业欺诈、独家交易、搭配销售、商业贿赂、非法的价格歧视等不正当竞争方式的打击和处置，保护有效竞争。由于美国是体育产业最早得到发展并且最为成熟的国家，因此美国也最早使用产业组织政策对体育产业发展进行规范和调控。美国的产业组织政策主要体现在联邦政府所制定的一系列反托拉斯法规上。美国第一部反垄断法是 1890 年出台的《谢尔曼反托拉斯法》（下文称《谢尔曼法》），这个法规作为保护贸易和商业免受非法限制和垄断之害的法案被通过。这部法规的出台，构成了美国反托拉斯法的基础。《谢尔曼法》有两个关键条款，其基本规定如下：任何以托拉斯或其他形式做出的契约、联合或共谋，如果用于限制州际贸易或对外贸易或商业，都是违法的；任何垄断者或企图垄断者，与他人联合或共谋垄断州际或与外国间的贸易或商业之任何一部分者，都被视为刑事犯罪。《谢尔曼法》第一次明确公布了美国对垄断的公共政策。为了强化反垄断法的落实，1914 年美国出台了《联邦贸易委员会法》，根据这一法规的授权，组建了联邦贸易委员会，从而为反垄断法规的执行建立起一个强有力的组织机构。同年，美国出台了《克莱顿反托拉斯法》（下文称《克莱顿法》）。作为对《谢尔曼法》的替代性法规，有关条款更为明确和详尽，对有些原则性条款还进行了修改，如《谢尔曼法》宣布为违法的行为必须证明是损害了竞争，但《克莱顿法》认为违法的行为并不一定发生实际的损害。1936 年出台的《鲁滨逊——帕特曼法》则扩大了上述法规中有关价格歧视条款的适用范围，并对此做出更为具体的规定。

美国的反垄断法规在体育产业领域的运用总体上是以有利于体育产业发展为基本原则的。例如，美国最高法院在对美国全国大学生体育运动联合会（NCAA）的电视转播权案的审理中，就根据有关反垄断法规判定 NCAA 对橄榄球电视转播权的垄断是非法的，各个大学可以自行谈判转播合同。又如，根据美国的反垄断法规，所有的垄断组织都是不利于竞争和导致消费者甚至整个社会福利损失的，因此，应通过分割和解散的方式加以限制。但是，在现实的经济生活中，许多垄断组织是自然垄断性质的，具有不可分性；有些垄断组织事实上无法实施垄断权力；有些垄断组织是基于规模经济而建立起来的，其收益和资源配置效率本身就高于分散经营。反垄断法规的基本条款大都是原则性的，在不断完善的过程中，通过补充一些豁免条款和制定一些例外法，有效解决了这些问题。此外，在电视转播领域，体育运动也获取了有限的豁免。1961 年，美国国会通过了《体育反托拉斯转播法案》，该法案允许橄榄球、冰球、篮球可以整个联盟的名义获得电视收入。而根据 1957 年的拉多维奇判例，对于没有反垄断例外的实体，与电视媒体签订统一合同是非法的。可见，反垄断法规在体育产业领域的运用具有很强的灵活性，其根本的原则是有利于体育产业的健康成长。

限制过度竞争政策主要是针对自然垄断性质产业类型，其目的是为了防止由于投资重复和过度竞争导致资源配置效率低下，以确保合理使用资源、可持续的产品供应、公平的收入分配、价格稳定和行业健康发展。限制过度竞争政策的实施是通过政府以其法律所赋予的权力，采用行政许可和法律认可等手段，对企业的有关市场行为加以限制。限制过度竞争政策的主要内容包括进入限制、数量限制、质量限制、设备限制、价格限制和退出限制。 进入限制是限制过度竞争政策的基本内容，即通过对申请人资格的筛选和批准程序，严格控制特定垄断行业的行使权。其目的是限制过度竞争并提供规模经济和范围经济效益。数量限制是为了避免过度或非常小的投资带来的工业限制，由于生产过剩或稀缺造成价格过度波动、过度竞争和资源损失。它主要通过投资限制和产量限制两方面政策来实现。质量限制是为防止自然垄断产品和服务质量出现下降趋势，并避免对合法消费者权益的限制，它主要是通过制定和实施产品与服务质量标准来实现的。设备限制是对自然垄断行业关键设备的规格、技术性能、安全性能和环保标准的直接限制，以消除自然垄断阻碍设备更新，满足质量标准和环境保护，推动行业技术进步。价格限制是对自然垄断行业产品和服务的价格水平和价格方法的限制，从而协调企业利润最大化目标与消费者利益之间的矛盾，有效保护消费者利益。退出限制是政府不允许自然垄断行业管理者退出初始生产和服务领域以确保可持续供应公共产品和服务，以避免广大消费者的生活受到比较严重的影响。由于限制过度竞争的政策直接影响着企业的生产和经营，同时赋予政府部门较大的权力，稍有不慎，就可能发生政府官员滥用职权和腐败的情况，所以必须高度重视行政的公正、廉洁和高效。

在体育产业发展过程中，反垄断政策主要适用于体育产业发展到较高阶段的国家。在体育产业发展的初级阶段，体育公司的规模经济没有得到充分体现。 组织体育产业的主要任务是限制过度竞争，通过制定一系列强有力的措施，如体育产业的市场进入标准、产品质量标准等，以维护体育产业发展的良好市场环境。

但是，由于现阶段体育产业仍是全国工业体系中的弱势产业，行业市场竞争非常差，体育产业组织政策不仅仅在于改变无序的市场竞争状况，更重要的是促进体育产业快速发展。所以，体育产业组织政策应优先支持体育产业发展，在发展前提下规范市场竞争秩序，否则会陷入收收放放、一收就死、一放就乱的怪圈。

（二）体育产业结构政策

体育产业的发展一方面体现为体育产业对国民经济贡献率的提高，包括产值贡献、就业贡献等；另一方面体现了体育产业内部结构的不断优化和先进水平。体育产业在国民经济中的贡献率实际上是一个总量问题，但总量问题总是与结构紧密联系，相互制约、相互促进。没有总量的增长，就谈不上结构的优化和高级化；没有结构的优化和高级化，也难以支撑整个体育产业的快速发展，自然就不可能对国民经济有一个较高的贡献率。体育产业结构政策的根本任务是通过一系列政策驱动，不断推动体育产业内部结构的合理化，为体育产业的发展提供有力保障。体育产业结构政策主要包括以下几个方面：

1. 选择领先的行业部门

体育产业中的主要工业部门是那些正在进行体育发展并且具有较强的产业关联效应，对体育产业内部其他产业部门的发展具有广泛的影响力，能够带动其他产业部门快速发展的产业部门。体育产业内部的主导产业部门选择通常应考虑四方面条件。一是这些产业部门在某地域要具有先发优势。例如，与其他城市相比较，该地域的这些产业部门的产品已经具有较大的市场覆盖率，或者产品质量较高、技术上存在一定的垄断、属于知名或著名品牌，或者该城市有这些产业部门发展的历史传统等。二是要具有这些产业部门发展的资源优势，包括生产特定产品原材料、特有技术。三是所选产业部门要具有高成长性。高成长性就是指该产业部门在更大的市场范围内还未得到充分发展，但是市场需求潜力巨大，并且具有很高的投资回报率。四是这些产业部门的产品具有较高的收入弹性和较高的直接消耗系数，对纵向联系部门有比较显著的带动效应。由于不同区域体育产业发展的程度不同，体育产业各部的发展也是多样化的，不同地区体育产业发展的基础也不同。因此，不同地区主导产业的选择和地区体育产业的发展应该有所不同。

2. 分析并确定制约体育产业发展的瓶颈产业部门

产业发展过程中往往存在某些产业部门，它们给其前向关联产业部门提供的投入品数量远远大于这些产业部门的最大生产能力，导致这些产业部门的前向关联部门投入品数量严重不足、规模经济效益无法发挥、产业发展受到极其严格的供给约束的情况。这些制约前向关联产业部门发展的产业部门就是瓶颈产业部门。

瓶颈产业部门通常是无法通过进口方式来弥补供给不足的，只有依靠有效的产业政策加以解决。在体育产业发展过程中，瓶颈产业部门可能是体育休闲健身业，如果休闲健身业发展发育不够充分，就不能培养成千上万成熟的体育消费者，就不能及时发现拥有良好运动天赋和巨大潜力的专业体育人才，从而会制约竞技体育经营业、体育用品制造业和体育场馆经营业的发展。体育产业发展的瓶颈产业部门也可能是体育科研部门和体育训练部门，体育科研的水平直接影响着竞技体育经营业的技术创新，而体育训练部门能否以科学的手段进行体育专业人才的培养和训练，则决定着能否快出人才、出高水平人才。体育经纪业和体育彩票业也有可能成为体育产业发展的瓶颈产业部门，这是因为体育经纪业对盘活体育专业人才资源、形成完善的体育专业人员的市场具有非常重要的作用。体育彩票业具有明显的资金筹措功能，在加大体育产业各部门的投资规模、扶持支柱产业部门发展方面能够起到关键作用。

3. 确定体育产业各部门优先发展的序列

从总体上来讲，体育产业的发展要以建立完善的体育市场机制为根本任务，促进体育产业各部门协调发展。所有的体育产业结构政策必须服从于这一根本任务，不能使产业结构政策扭曲了市场机制，推迟了体育产业的发展。但在加快体育产业发展的过程中，体育产业的结构性政策应以体育产业各部门的不平衡发展为基础，根据主导产业部门的辐射带动效应不突出、支柱产业部门对整个体育产业发展的支撑作用不强、瓶颈产业部门依然制约着体育产业发展的进程的实际情况，通过对主导产业部门、支柱产业部门、瓶颈产业部门、一般产业部门发展序列的安排以及相关结构政策的制定与实施，把资本的增量调整和存量调整有机结合起来，使体育产业的内部结构逐步合理化和高级化，实现体育资源的合理配置和产业的健康、快速发展。

4. 明确不同体育产业部门、不同时期、不同地区的体育产业结构政策导向

对主导产业部门应该采取积极的保护和扶持政策，加速产业的成长步伐，不断强化产业的波及效应和辐射作用。对瓶颈产业部门要优先发展，使其尽快适应其他产业部门发展的要求，能够有力地支持主导产业部门的发展，弱化其对其他产业部门发展的制约作用。对处于衰退期并且没有发展前途的某些产业部门要采取限制发展的政策，积极进行结构调整和优化。例如，要根据特定时期、特定地区的经济社会发展实际和不同地区的资源情况，确定主导产业部门，明确瓶颈产业部门，形成合理的产业结构政策框架和政策导向。对具有良好的发展前景，存在技术和资源上的比较优势，市场关联度高，盈利前景良好的产业部门和企业，要采用财政援助、税收优惠、金融支持、征地优先等方面的措施给予扶持。对于

科技含量较高的体育器材制造和装备生产部门，应在技术创新的基础上，积极消化和吸收国外先进的生产技术，逐步缩小与国际著名品牌的差距，力争走向国际市场。对无法引进的但又是重点发展的体育产业部门所必需的投入品，应通过加大投入或科研攻关等方式加以克服。体育产业结构政策还要充分考虑地区结构。要按照统筹兼顾、因地制宜、分工合作、协同发展的原则，选择适合不同地区条件的地区体育产业内部结构，避免不同地区之间产业结构的过度趋同化。

（三）体育产业发展的其他政策

1. 财政政策

财政政策包括财政支出政策和税收政策，是国家扶持或限制产业发展的主要手段之一。财政支出政策主要是通过政府财政预算投资，包括分产业部门的不同折旧制度在内的特殊金融体系，政府采取财政补贴等措施支持或限制某些行业的发展。税收政策主要通过实施行业、部门或产品的差别税率，以及特定时期的特殊税收调整和关税保护等措施来支持或限制某些行业的发展。对于体育产业来说，国家可以运用财政政策工具，通过权力参与经济收入和支出流动，促进体育产业的发展，达到发展体育产业的目标。

从发达国家的经验来看，财政政策始终被作为扶持体育产业发展的重要工具。例如，德国就是利用财政政策扶持体育产业发展最为典型的发达国家。1990年，德国颁布了《体育俱乐部提供援助法》，根据这个法令，体育俱乐部的税收负担得以大大减轻。此外，德国的有关税收政策还对体育俱乐部经营提供税收优惠，如果体育俱乐部所开展的某项经营活动出现亏损，可以用另一项经营活动的收入加以弥补，体育俱乐部的经营收入若低于6万马克，则享受免税优惠。西班牙、澳大利亚、韩国也都对体育赞助实施免税优惠，以保证体育产业有足够的资金投入，促进体育产业发展。西班牙法律规定，其他公司作为礼品馈赠给各单项体育协会的产品，可以不列入应缴纳的公司收入税总额，也不需要任何赞助协议。赞助单位无论是提供给运动员个人还是提供给其所在的组织的赞助款均免征公司所得税。澳大利亚1986年成立的体育基金会经政府特许，可以向捐赠人出具一种特种收据，凭这种收据可以减免收入税。韩国政府也规定对体育赞助都免交所得税。

2. 投融资政策

任何产业的发展，都需要一个健全、高效的投融资体系作为保证。体育产业是一种新兴的、具有高成长性的产业类型，确保足够的资金投入，是其健康发展的最为基本的条件。

从发达国家体育产业投融资体系来看，主要有政府投资、社会融资、政府投资和社会融资结合三种类型。单纯的政府投入型投融资体制实际上是一种体育没有完全商业化之前的投融资形式，只有政府把体育事业作为纯粹的公益事业时，政府才可能包揽所有的资金投入义务。在这种体育事业发展模式下，体育训练及设施、体育竞技与表演等方面普遍采取举国体制，体育健身也仅仅是一种覆盖范围很小而且档次很低的公共服务而已。采取这种投融资体制的国家，体育事业发展所需资金主要来源于社会公共消费基金，由国家财政在公共事业费中和各个系统的体育事业费中列支。社会筹措型投融资体制则是一种过度市场化的投融资形式，体育产业发展所需要的资金完全靠社会方式筹措，或者由企业采取市场化方式运作来筹措，所组建起来的企业也采取商业化经营，或者采取社会赞助方式，包括公益事业赞助和商业赞助，但所能够筹措到的资金十分有限。而且，这种投融资体制在很大程度上会弱化体育的公益性质，无法满足体育产业发展的需要。美国、意大利等国家曾经很长时间采用这种体制。从目前的情况来看，比较成功的投融资体制是将上述两种投融资体制结合起来的类型，即政府投入和社会筹措结合型。这一类型的优点是既保证了体育事业的公益性特征，扩大了居民参与休闲健身运动的覆盖面，有利于提高全体公民的身体素质，又能够为体育产业发展提供强大的资金保障。采取政府投入与社会筹措结合型投融资体制的投入结构，政府的财政支付是体育产业发展的基本资金来源，体育企业的资金积累是体育产业发展的主要资金来源，社会赞助是体育产业发展所需资金的重要补充。例如，法国政府每年向各个单项体育协会给予的财政补贴总额为 4 亿法郎，其中向 25 个奥运项目协会的补贴达到 3 亿法郎。又如，德国体育联合会的收入结构中，会员费约占 40%，广告赞助和经营性收入约占 25%，各级政府的拨款约占 25%，其他收入约占 10%。进入 20 世纪 80 年代以后，原来采取前两种体制的国家都逐步转换为第三种体制，只是政府拨款所占的比重在不同国家有所不同而已。

采取发行体育彩票和建立体育基金会的方式来筹措体育产业发展所需资金，是目前国际上普遍使用的融资方式。目前，全球已有 100 多个国家发行体育彩票，30 多个国家加入国际彩票体育联合会。发行体育彩票已成为筹集体育产业发展资金的重要手段之一。日本的自行车投注历史悠久，其专业自行车凯林赛拥有相当可观的收入。保加利亚通过发行体育彩票所获得的收入占到了这个国家体育事业费的一半左右，有效解决了举办体育事业的资金问题。体育彩票的发行必须有健全的法律法规来规范彩票市场的运行。例如，西班牙在《西班牙体育法》中就对体育彩票发行的有关方面问题做出非常明确的规定，意大利则把体育彩票的发行纳入《公共博彩业管理法》和《博彩活动规范》两个法规的管理范围。西方国家还普遍出台一些专门的政策扶持体育彩票业的发展，如对体育彩票发行提供税收优惠，其他有关部门要对体育彩票的发行提供各种方便，等等。

建立体育基金会也是发达国家筹措体育发展资金的重要方式。法国 1976 年建立了"发展竞技体育国家基金"，美国 1984 年建立了"美国奥林匹克基金"，澳大利亚 1989 年建立了"澳大利亚竞技体育基金"，俄罗斯 1992 年建立了"国家体育运动基金"，其他许多国家也建立起类似的体育发展基金。

各种体育基金会从管理体制上一般是通过建立由政府机构、体育管理部门、国家奥委会等多个方面代表组成的理事会来行使对基金的管理权，在这些人员中还包括运动员代表以及财务和金融专家。基金理事会不仅要通过建立严格的管理制度对现有资金进行管理，还要通过多种方式筹措资金。例如，接受各种类型的捐赠、发行各种形式的纪念品、发行体育彩票、举办各种表演、从事一定范围的商品经营等，甚至有些国家的体育基金会还会进行证券市场的投资以获取收入。以 1967 年建立的德国"援助德国竞技体育基金"为例，近年来，在各项收入中，各类捐赠收入占 12%—15%，奥运系列特色邮票收入占 50%—55%，彩票收入占 17%—20%，各类型演出收入占 5%—7%，印刷品和纪念币的销售额占收入的 3%—5%。

第三章 体育产业发展的市场化研究

近年来，中国体育产业在政策层面进一步明确"十年5万亿、五年3万亿"产业规模的发展目标下，各路资本加速布局体育产业资产，在海内外展开投资并购。在第二届中国体育产业论坛上，业内人士表示，体育产业的核心是赛事。从产业角度来看，体育教育、市场化进程都应加速发展。本章分别从体育用品、传媒业、广告业、彩票业、旅游五个方面分析体育产业在不同市场中的发展以及表现。

第一节 体育用品业的发展

一、体育用品业概述

体育用品是用于开展体育活动并且具有一定体育特性的各种物品的总称，其与人们体育活动的开展有密切关系。体育用品制造业在我国20世纪50年代开始兴起。改革开放以来，中国经济社会发展迅速，人民体育需求不断增长，体育用品生产持续扩大。

狭义地说，体育用品是指以运动训练实际需要为基础制造出来的，服务于运动竞赛和训练的消费品。体育用品有严格的质量要求，需要达到运动规则规定的标准，并且有相关质监部门和体育运动机构对其进行检验、认证。广义而言，体育用品是指用于体育活动并符合体育活动要求的生活消费品的总称。其不仅包括狭义上的体育用品，还包括体育健身和休闲等体育活动中所使用的体育用品。

体育用品制造产业是生产承接体育用品的、相互竞争的企业的集合。我国国家统计局、国家体育总局共同制定了《体育及相关产业分类（试行）》，该标准对我国的体育用品进行了分类。体育用品制造业分类如表3-1所示。

表3-1 体育用品制造业分类

类别名称	层次名称
体育用品制造	球类制造
	体育器材及配件制造
	训练健身器材制造
	运动防护用具制造
	其他体育用品制造
体育服装及鞋帽制造	纺织服装制造
	制帽
体育服装及鞋帽制造	橡胶鞋制造
	塑料鞋制造
	皮鞋制造
体育相关产品制造	游艺用品及室内游艺器材制造
	绳、索、缆的制造
	皮箱、包装制造
	茶饮料及其他软饮料制造
	武器弹药制造
	机械化农业及园艺机具制造
	汽车车身、挂车制造
	脚踏自行车及残疾人座车制造
	车辆专用照明及电气信号设备装置制造

二、体育用品业的发展现状

（一）体育用品业的行业现状

近年来，中国体育用品业保持增长势头，但是与发达国家相比，我国的体育用品行业增加值占 GDP 的比例相对较低。我国体育用品行业整体规模不断扩大，具有较大的市场发展潜力。

目前，我国体育用品业主要集中在东部沿海发达地区，我国大部分体育用品都由广东、福建、江苏、浙江和上海等省市生产。2014年的统计资料显示，我国的体育用品企业有近千家。2014年以来，中国体育用品和从业职工人数呈下降趋势。这表明中国体育用品行业正处于调整和发展时期。在所有体育用品行业中，运动鞋和运动服饰企业呈现下降趋势，而球和健身器材呈现快速增长态势。

（二）我国体育用品业市场格局分析

1. 我国的 GDP 总量及其对体育用品市场的影响分析

多年以来，我国的 GDP 增速一直处在较高的增长水平，经济发展总体趋势良好，发展速度较为稳定。我国经济的良好发展态势缓解了世界经济整体发展疲软的现状对我国造成的冲击。体育用品行业属于第三产业，我国近年来第三产业保持着较高的增长率。体育用品业的发展在很大程度上取决于第三产业的发展。中国第三产业发展很好，体育比赛和健身活动水平不断提高，刺激了人们对体育用品需求。

2. 我国体育用品行业进出口情况分析

近年来，虽然我国的进出口贸易波动较大，但是仍然保持着增长的势头，增速相对较慢。我国的体育用品品牌的国际影响力相对较小，在这一现状下，不利于我国体育用品品牌的国际化拓展。很多国际品牌涌入我国，增加了国内体育用品市场的竞争。

3. 我国体育用品业的行业竞争结构分析

2010年以前，中国体育用品行业发展迅速。但是，2010年以后，行业成本上升，增速放缓，同时行业间的竞争加剧，使得市场集中度逐步提高。经过一段的发展时期，中国各种品牌的体育用品创造了完善的生产和销售网络，知名品牌的市场占有额不断上升，而小企业的生存空间越来越小。现阶段，我国体育用品的新行业集群效应明显。调查显示，国内的运动鞋企业主要集中在福建晋江、广东东莞、浙江慈溪、江苏昆山，体育运动服饰产业主要在福建石狮、广东中山、浙江海宁，运动器材主要分布在浙江富阳、苍南以及江苏泰州、河北沧州，排球、篮球和足球用品主要集中在上海、天津、浙江奉化以及福建的永林和长泰。

（三）我国体育用品行业面临的市场前景分析

受2008年北京奥运会的影响，我国体育用品业在21世纪的头十年实现了快速增长。但在快速增长之后，经历了发展的衰退期。随着2022年冬奥会的临近，以及我国全民健身运动的开展，将给我国的体育用品产业带来新的发展机遇。

1. 我国体育用品业面临的优势

（1）经济环境优势。近年来，我国的金融环境不断发展成熟，这为民营企业的发展提供了良好的融资环境。国内大多数体育用品公司都是私营企业，我国的一些知名品牌的体育用品企业都相继在各地上市。

（2）潜在的市场需求优势。体育用品行业的发展受市场需求变化的影响。我国人口众多，并且居民人均收入和人均消费支出都在增长。另外，人们的健康意识也在发展，体育消费不断增多。在城市化发展过程中，体育场馆和体育设施不断增加。总而言之，我国体育用品市场需求将不断增加，这无疑促进了我国体育用品市场的快速发展。

（3）产业基础优势。我国体育用品业的发展与欧美国家相比具有较大的差距，但是我国体育用品业也有自身的产业基础，并具有多方面的发展优势。近年来，我国体育产业集群已初步形成，形成了一些国家级的体育产业基地，包括广东深圳国家体育产业基地、成都温江国家体育产业基地、福建晋江国家体育产业基地、北京龙潭湖国家体育产业基地、浙江富阳国家体育产业基地、山东乐陵国家体育产业基地和江苏昆山国家体育产业基地。良好的产业基础优势为我国体育用品业的发展提供了便利的条件。

2. 我国体育用品业面临的劣势

（1）技术劣势。现阶段，我国体育用品业的技术劣势逐渐凸显，这与国外体育用品企业具有较大的差距。高科技含量的体育用品在市场中更加具有竞争力。近年来，我国各大体育用品企业不断增加科研方面的投入，但是其投入占营业收入的比例仍然较低，由于技术含量的劣势，使我国的体育用行业的发展受到了一定程度的阻碍。

（2）人才劣势。现代市场竞争即为技术和人才的竞争。体育用品行业也不例外。各项技术的开发离不开人才的努力。现阶段，我国高素质的专业人才相对较为缺乏。

3. 体育用品业面临的机遇和挑战

（1）赛事全球化带来的机遇。体育赛事的全球化在一定程度上促进了我国体育产业的发展。人们在观看相应的体育比赛时，赛事方面的消费支出就会增多，对体育用品的需求也会增长。一些大型赛事中，赛事特许冠名、经营商品的迅速增加，促进了体育用品行业的快速发展。

（2）企业国际化发展带来的机遇。目前，中国体育用品出口超过世界一半以上的国家，并且保持在相对较为稳定的范围内。目前，我国体育用品企业主要通过在国外设立分公司、邀请国外知名明星代言、赞助国外体育赛事等方式促进体育用品的国际化发展。例如，李宁、匹克、安踏等品牌都曾与 NBA 篮球运动员签约，通过明星代言增加自身的知名度。

（3）劳动力比较优势带来的挑战。近年来，随着国家经济社会的不断发展，劳动力成本稳步上升。这导致中国体育用品代工制造业逐渐减少了优势，一些国外的企业不得不将生产工厂转移至劳动力成本更低的国家。近年来，我国体育用品业的贸易竞争指数呈现出了下降的趋势，表明了我国体育用品业的优势正在逐渐降低。

（4）全球化发展带来的挑战。近年来，随着我国市场的不断开放，大量国外的体育用品品牌占领了我国的体育用品消费市场。长期以来，国外的耐克和阿迪达斯体育用品公司一直占据着中国高中端的体育用品商品市场，而我国的体育用品企业长期在中低端市场发展。我国体育用品业发展时间相对较短，在与国际知名品牌竞争过程中处于不利地位。要想更好地应对国际企业的挑战，应加大自身的科研和技术创新，促进专业人才的培养。

三、体育用品业的发展策略

（一）积极打造体育用品的品牌

近年来，人们逐渐认识到了品牌的重要性，通过不断打造国际知名品牌，更好地促进产品的销售和推广。通过打造优秀的体育用品品牌，树立自身的品牌文化，这样能够在竞争中树立品牌优势，从而更容易获得消费者的认可。

在这个阶段，中国体育处于较高的发展水平，但体育用品和品牌文化没有很好地发挥优势。为了提升体育用品的竞争力，应注重品牌的打造，管理者应树立良好的品牌意识，创建属于自身的品牌文化。

（二）体育用品的个性化发展

现代社会注重个性的发展，人们在各方面注重自身的独特性，张扬个性是现代人的重要特点。在体育用品方面，人们也在追求个性化。在体育用品企业推出新产品时，应注重消费者的积极参与，尤其是商品的设计和创意方面，应注重消费者参与其中。体育用品的个性化发展是体育用品发展的必然趋势，企业应充分注重消费者的需求，适应消费者的购买心理。

（三）体育用品企业营销手段的网络化

现代社会被称为"网络社会"，网络将世界各地的人逐渐联结在一起。体育用品企业在进行营销时，应注重手段的网络化。大数据、云计算等是网络时代出现的重要思维和手段，能够对消费者的偏好进行分析，从而为消费者提供更好的商品和服务。利用现代化的营销手段，能够拉近与消费者之间的距离，开展精确营销，从而提高营销效率。

（四）体育用品产业结构的优化对策

1. 政府加大支持力度

我国体育用品行业起步较晚，随着我国改革开放的不断深入，一些国际品牌涌入我国，使国内的一些品牌遭受了较大的冲击。为了推动体育用品业的发展，我国应积极营造良好的外部政策环境，为企业的发展创建良好的金融和财政政策环境，促进我国企业自主发展能力的培养。

我国确立了社会主义市场经济体制，在此基础上积极完善和规范市场环境，促进市场竞争的有序开展。应推动市场在产业结构调整和资源配置中的基础作用，推动我国企业积极开展现代企业改革，不断提升自身的竞争力。

2. 提升专业化水平

体育用品企业在发展过程中应积极转变自身的经营管理思想观念，推动自身运用管理的科学化发展。中小企业应积极壮大自身，加快专业化分工，积极推动技术创新。中小企业灵活性较强，能够开展弹性经营，对于市场需求具有较强的适应性。

中小企业应围绕体育用品业的产业链条形成高度专业化的分工、协作，充分发挥自身的专业技术、原材料等方面的优势，促进生产效率的提高。

3. 加强技术创新

中小企业应积极进行技术创新，多采用新的工艺和新材料。应促进体育用品向着技术密集型和资本密集型方向转变，增强自身在市场中的竞争力。

4. 加强合作

面对日益激烈的竞争，中小企业应加强合作，促进品牌优势和资源优势的合理配置，增强相互之间的合作，从而营造规模效应。

第二节　体育传媒业的发展

一、体育传媒业概述

（一）体育传播的特点

在人类发展过程中，信息的沟通与交流促进了人类的不断发展。随着人类社会的发展，信息传播的手段也在不断丰富，并逐渐产生了各种形式的大众媒介，如报纸、广播、电视、网络等。

媒介是文化传播的重要载体，体育传媒业则是媒介产业中的重要分支，包括"体育媒介"本体，以及在此基础上形成的产业分支。体育媒介是很早就形成的一种概念，这主要是指将体育专业人员、体育新闻等体育产业相关的内容（如体育器材、产品、服务）以及类似的辅助性研究（如体育心理学、康复、保健）作为媒体的主要内容进行专业报道。现代体育传媒业具有全景式、全覆盖、全天候等特点。

1. 全景式

现代体育传播具有全景式特点，这主要得益于传播媒介的发展。多种形式的传播媒介共同发挥相应的特点，从而使体育文化的传播具有形象性特点。在体育运动发展过程中，传播媒介起到了积极的促进作用。

在 20 世纪初期，人们如果要了解相应的体育活动信息，就只能通过阅读文字和图片等方式。随着媒体技术的发展，人们逐渐能够通过声音、录像欣赏体育活动，甚至能够参与到体育赛事的传播互动之中。现代多种媒介传播形式使体育活动的报道更加深入、全面、形象，能够更好地满足人们各方面的体育需求。在现代传播媒体的帮助下，人们可以足不出户就观看高水平的体育竞赛，并且花费成本较低，大大促进了体育文化的传播。

2. 全覆盖

随着现代大众媒介的传播，体育传播的手段更加丰富多样，并且大大促进了体育活动的传播范围。随着体育传媒业的发展，人们能够在家中看到欧洲高水平的足球竞赛，也能看到美国高水平的 NBA 篮球竞赛。传播媒介的发展使信息的传播跨越了空间的限制，使体育信息能够在更广泛的范围内传播。加拿大传播学者麦克卢汉曾经预言"地球村"的出现，而如今这一预言成了现实。

现代各种体育活动能够在全世界范围内产生深远的影响力，正是得益于现代传播媒介的发展，在体育传播媒介的影响下，体育文化得到了快速的传播，人们的体育欣赏能力也得到了较快的提升。

3. 全天候

在电视传播时代，电视体育活动传播具有一定的局限性，具有时间限制，由于时区的不同，很多人并不能欣赏到精彩的比赛。随着网络计算机和媒体的发展，人们可以存储关于体育活动的信息，以便方便的时候观看。在现代社会，计算机网络和技术大大提高了向记者和体育爱好者分发体育信息的速度和效率，使采编的方式发生了多方面的变革。

体育传播媒介的全天候发展对体育活动的开展具有重要的意义，为体育活动的传播培养了众多的观众。在大众传播媒介的作用下，体育活动实现了娱乐化、社会化、全球化发展。全天候的体育传播使人们无论何时何地都能够了解到相应的体育信息，其已经成为体育活动发展的重要推动力。

（二）体育运动与传播媒介之间的关系

1. 体育运动的发展离不开传媒的支持

（1）媒体缩小了人与体育之间的距离。随着社会的发展，人们对体育的关注不断增长，与体育的关系日益密切。媒体是两者之间的重要桥梁。公众通过媒体获得各种体育信息，以更多地了解体育运动和更多参与体育运动。

（2）媒体加速了体育信息的传播。媒体提高了信息传递的速度，使许多无法观看该领域的人能够看到该领域的实时情况，感受比赛氛围并享受比赛乐趣。媒体大大扩宽了这项运动的覆盖面。

（3）媒体推动了体育产业的发展。在媒体的帮助下，特别是将电视权转让给重大活动，在体育竞赛中引入广告已成为体育赛事资金的重要来源。没有媒体，现代竞技体育将难以生存和发展。因此，现代体育媒体是竞技体育发展的重要支柱。

（4）媒体增加了运动的曝光度，为体育运动创造了形象。在媒体的帮助下，将宣传、报道、包装和炒作运用到体育运动中，显著提高了体育运动的知名度和关注度。在这个过程中，运动员和教练的影响力与知名度也有所提高。

2. 传媒自身的发展也离不开体育

（1）体育是一个重要的媒体内容。体育宣传和报道是许多媒体吸引广告赞助和观众的法宝。随着人们生活水平的不断提高，人们对文化娱乐生活的需求也在不断增长，体育已成为人们喜欢的休闲娱乐方式和重要组成部分。人们认为，没有体育内容的媒体是枯燥乏味的。因此，媒体不可能停止跟踪和报道这项运动。

体育是各种媒体进行新闻战的主要内容。新闻报道集中在正确的时间，体育竞赛的竞争以及其比赛结果的不确定性使体育新闻成为媒体报道的焦点。

（2）体育运动增加了传媒的趣味性。体育运动的有趣特征和竞争结果的不可预测性，使体育相关报道具有相应的特征。体育运动特别是竞技体育，其过程精彩出色，而比赛结果往往是不可预测的。因此，观看体育运动可以使人们摆脱生活压力，缓解紧张情绪。这也是人们喜欢体育新闻和各类体育比赛的最根本原因。

（3）体育增加了媒体观众和受众范围。体育相关文章覆盖了广泛的观众群体，这是其他内容无法比拟的。喜欢运动的人不分国家、种族、性别或年龄。当人们喜欢运动时，这一偏好往往会持续多个人生阶段。

现代体育运动已经实现了在全世界范围内的传播与发展，虽然语言和文字不同，但是人们体育运动形式大都相同。这使人们对体育运动比赛的欣赏脱离了国家、文化等方面的限制。这使媒体在进行体育信息传播时，能够面向全世界的受众进行传播。

二、体育传媒业的发展现状与趋势

（一）体育传媒业发展现状与问题

1. 体育传媒业发展现状

体育传播媒介是人们了解体育信息的重要途径，其发展现状表现在以下几方面：

（1）体育传媒向专业化、多元化发展。近年来，我国体育传媒业发展较快，在体育信息传播的过程中，产生了相应的产业链条，使得体育传媒产业不断发展壮大，成为体育产业的重要组成部分。体育传媒产业实现了体育信息的传递，同时创造了相应的经济收益。目前，随着我国网络媒体的兴起，国家对体育传媒的控制正在逐步放宽，很多体育运动比赛的直播不再限于中央电视台的几个频道。体育传播媒介正在向着多元化、专业化的方向发展，并且传播的内容和形式逐渐丰富多样。

（2）体育传媒市场化程度较高。随着社会经济的发展，人们的体育需求不断增高，体育市场逐渐繁荣。如今，体育已经成为人们日常生活的重要组成部分，人们可通过多种渠道观看体育比赛，了解相应的体育信息。体育传媒业利用先进的设备和技术，更好地向观众传播体育赛事，促进体育事业的发展。随着人们对运动需求的不断提高，人们对体育媒体的需求也在不断增长。在技术方面，更便捷、更清晰的要求越来越强烈；在媒体人方面，对于其专业素养的要求也在不断提高。

（3）体育传媒业传播渠道多。体育传媒市场广阔，吸引着众多的媒体参与。在各大门户网站，都有相应的体育版块。体育传播媒体之间竞争激烈，而体育传播媒体之间的竞争促进了传播媒体的多样化，丰富了人们了解体育信息的渠道，促进了体育传播媒体的发展。体育传播媒体在进行体育信息的传播时，会进行立体的信息传播，直播、图片、文字等同步传播，电视、网络、App、微博等立体开展，在这一过程中受众还能够与媒体进行互动。

2.我国体育传媒业存在的主要问题

（1）综合性、平衡性难以实现。现阶段，体育传媒业的发展存在一定的不平衡性特点。具体表现为，在进行体育信息的传播时，一些特色项目和优势项目得到了更多的传播机会，而一些其他项目的比赛不能得到有效的传播。这种不平衡性在一定程度上是由于市场需求的发展决定的，但也反映了我国体育传媒业市场开发过于集中的问题。这使一些传播媒体对其他形式的体育运动项目很少传播，从而在一定程度上损失了一些潜在的受众。

（2）体育新闻相关人才的缺失。现阶段，我国的体育新闻与编辑人才相对较为缺乏，在新媒体不断壮大的同时，这一问题更加凸显。一些优秀的体育媒体人相对较少，而各种形式的体育传播媒介缺乏专业的新闻传播方面的人才。这使我国体育传媒业对高素质人才的需求更为强烈。

（3）客观、真实性难以保障。我国体育传播相关行业的从业人员的专业素养普遍不高，这导致在进行体育相关信息的传播时很容易出现内容不严谨，甚至错误百出的现象，体育相关信息的客观性和真实性难以得到保障。人们在阅读相关的体育信息时，会看到一些不实报道，这对体育新闻业的发展是极为不利的。在对一些国外的新闻信息进行翻译时，根本不会对其真实性进行辨别，这是造成不真实的体育新闻的重要原因之一。另外，很多体育传媒的从业人员缺乏体育方面的素养，从而导致报道出现错误。因此，加强体育传播从业人员的新闻传播素养和体育素养是尤为必要的。

（二）全球化的机遇与挑战

1. 全球化给体育传媒所带来的机遇

（1）文化震惊效应。不同文化的群体在进行接触时，会在思想和心理方面产生一定的混乱和压力。在文化的互动与交流过程中，普遍存在着文化震惊效应。在体育文化的全球化发展过程中，国际体育传播媒介对我国传播媒介会形成一定的文化震惊效应。在中外体育传媒业的交流与沟通过程中，必然会促进我国体育传媒业向着更好的方向发展。例如，当美国 NBA 篮球比赛传入我国时，对我国篮球传播媒体的影响是巨大的。20 世纪 90 年代，随着 NBA 传入我国，我国的篮球热快速兴起，各大媒体竞相报道篮球方面的信息。

（2）内容的扩展以及受众的增加。在全球化发展过程中，我国的体育传播媒体对世界相关体育赛事的报道逐渐增多，并且报道的内容开始涉及诸多方面，从而使体育媒体的受众不断增加。我国人口众多，为体育传媒业的发展提供了大量的潜在受众。在全球化进程中，中国传媒业的质量和规模将继续扩大。

（3）体育产业的升级。随着经济社会的不断发展，人们的体育需求也在不断增长，从而在一定程度上促进了体育产业的发展。因此，作为体育产业重要组成部分的体育传媒业也将不断发展壮大。在全球化发展背景下，传媒业不仅要实现区域、国家内的信息传播，还要注重国际体育信息的传播。因此，随着体育产业的不断发展，我国体育传媒官办的现状在市场经济环境下将发生适应性的变革，体育产业的优化升级面临着良好的发展机遇。

2. 全球化中国外媒体所带来的挑战

全球化对经济社会的发展既是机遇，又是挑战。与西方发达国家相比，国外媒体对我国传媒业具有较大的挑战。具体而言，其主要表现在以下几方面：

（1）产业化方面的差距。与我国相比，西方发达国家的传媒业发展水平相对较高。其传播媒体积极推行市场化运作，具有高度的专业化水平，并且在国民经济发展中发挥了重要的作用。我国长期以来，对传媒业的要求较为严格，传统的传媒业注重新闻信息的传播，注重社会效益的实现，产业化、商业化和专业化程度相对较低。因此，在全球化发展过程中，国外体育传播媒体对我国体育传播媒体具有较大的冲击。

（2）经营管理技术的差距。西方的传播媒体在发展过程中形成了网上的企业管理制度，管理规范，经验丰富，技术先进。而我国的传播媒体的发展相对较为落后，管理运作模式与西方国家具有较大的差距。在市场经济发展过程中，我国传统媒体面临着较大的挑战。

（3）人才发展和培养方面的差距。西方社会的发展水平相对较高，以行业的分工相对较为细致，人才的专业化水平较高，其体育传媒业有良好的人才结构。因此，其市场竞争能力相对较强。与之相比，我国传媒业存在着人才结构不合理的现象，专业体育传媒方面的人才较为匮乏，并且外语人才、管理经营方面的人才也相对不足。这都在一定程度上限制了我国体育传播业的发展。

三、我国体育传媒业的发展对策

（一）加强国际之间的合作交流

世界传媒巨头都不会满足于在一国之内开展相应的传播业务，会涉及全球化业务运作。通过不断扩大规模，获得更好的发展空间。在全球化发展过程中，我国应注重全球化发展的趋势，积极与其他国际体育传媒机构展开交流与合作，加强自身的实力，在全球化发展过程中不断实现自身的发展。

（二）新理念的树立、高素质人才的培养

1. 学习先进的管理理念和经营方法

我国体育传媒业发展过程中，应积极学习和借鉴现代化的管理理念和经营方法，以更高的效率开展业务。学习和借鉴发达国家的经验，能够为我国体育传媒业的发展提供一定的思路和方向，避免走弯路。需要注意的是，借鉴先进理念和管理方法的同时，应充分考虑我国的基本国情。我国体育传媒业具有自身的特殊性，应立足于我国的实际，结合我国的具体国情开展相应的经营管理方面的创新。

2. 加快高素质传媒人才的培养

现代多方面的竞争归根到底是人才的竞争，体育传播业的竞争也同样如此。鉴于我国体育传播业从业人员素质相对较低的问题，在体育传媒业发展过程中，应积极注重高素质体育传播人才的培养，提升体育传播从业人员的整体素质，这对我国体育传媒业的发展具有积极的意义。

我国应对社会需要进行分析，培养社会需要的体育传播人才。体育传播人才不仅要具备良好的新闻素养，还要掌握多方面传播技能，同时对体育方面的理论和知识也应深入掌握。除此之外，还应注重体育传播方面外语人才的培养，以及相关管理人才的培养。通过多种手段建立完善的体育传媒人才培养体系，促进体育传媒业的长远发展。

（三）体育传媒的集约化发展与综合化

1. 集团化发展

现阶段，我国的平面媒体、电视媒体与网络媒体之间并没有形成有效的整合，相互之间没有建立有效的联系，经常是独立运营和发展的。随着全球一体化的发展，对规模经营的要求不断增加，体育传媒需要不断扩大规模，实现整体效益。

体育传媒在发展过程中，通过多方面的合作，能够实现资源的合理配置，促进资源的利用，提高经营的规模。国内的传播媒体实现集团化发展对体育传媒业具有巨大的作用与深刻的影响。

在体育传媒业发展过程中，应积极拓展体育传媒业的发展空间，探索传媒业与体育产业两者结合的更好方式，推动体育传媒业的规模化发展。

2. 跨媒体资源的优化整合

在传媒业发展过程中，只有积极整合相应的资源，充分利用资源的全部效益，才能取得更好的发展。媒体资源的结合是未来体育传媒产业的重要发展方向。在体育媒体行业的发展中，媒体组合的实现可以通过两种方式完成：一是平面媒体可开展相应的电视节目、电台节目以及相应的网络节目；二是电视台、网络媒体应拓展自身发展空间，积极开展多方面媒体渠道的传播。

但在媒体整合的过程中，人们必须继续保持核心优先，不断完善，不能忽视媒体本身的核心业务。只有了解本质，加强合作，才能获得更多的市场份额，增加体育传媒业的兴趣，让利益最大化。

（四）体育传媒业运作模式的改变

我国体育传媒业受到行政手段的影响相对较少，随着经济社会的发展，更是快速兴起。2008 年北京奥运会的举办使我国的体育传媒业得到了较大的发展。在体育传媒业发展过程中，我国应树立长远的发展目标，积极塑造传媒品牌，促进市场的开拓。同时，应根据市场需要开发新的传媒产品，赢得受众的信赖。

（五）加强与资本市场的接轨

要想使体育传媒业在激烈的竞争中获得更好的发展，应实现集团化发展，增进相互之间的合作，实现资源的优化配置。我国体育传媒业规模扩大、提高效益，最便捷的道路无疑是与资本市场进行合作。长期以来，我国传媒业与资本市场的接轨相对缓慢，并且存在一定的风险。但是，传媒业与资本市场的接轨是必然的发展趋势。我国应积极促进传媒与资本市场的合作，同时制定相应的规避风险的措施，确保传媒业的健康发展。

（六）重视理论的研究以及传媒业相关的规律建设

现代传播学是一种新兴学科，还有很多有待发展和完善之处，体育传播学更是如此。因此，我国应积极注重体育传播方面理论的研究，在实践发展的同时积极注重理论的创新，掌握体育传播的基本规律，并应用于体育传播业的发展。高校、科研机构和相应的传播媒体应注重体育传播理论的研究，掌握体育传播的前言理论动态。

第三节　体育广告业的发展

一、体育广告业概述

（一）体育广告的含义

通俗意义上来讲，广告活动即为"广而告之"。将相应的商品信息传达给消费者，这即为广义上的广告活动。广告首先是一种宣传活动。这是一项交流活动，为媒体中的某些对象执行相应的商品信息，以实现某些商业宣传、传播的目的。美国市场营销协会对广告的定义如下：广告是以广告商明确支付的形式，采用一种非人际的传播（主要是媒介），以达到对商品引入和推广创意、介绍服务的目的。

广告主可以是个人或相应的组织，其在开展广告活动时，需要向媒体支付相应的费用。不同的媒体具有不同的特点，其通过相应的形式将企业、商品的信息传递给消费者。

从广义上来看，包含运动元素的广告可以称为运动广告。从狭义上讲，体育广告是指广告主通过与体育相关的媒介形式，将产品和企业信息传递给消费者的一种信息传播活动。

（二）体育广告的要素

1. 体育广告的主体——广告主

当人们研究广告时，先需要说清楚"谁在做广告"，即谁是想要做出明确的广告的广告商。广告商是指愿意承担相关广告费用，并发布商品或服务以及其他信息的法人实体、其他经济组织或个人。

由此可见，要成为一则广告的广告主，应该具备相应的条件：第一，具有独立的民事主体地位，能够承担相应的民事责任；第二，具有明确的广告目的，如销售商品、服务、创造企业或产品形象、宣传特定的想法等；第三，愿意承担、提供或支付相关的研究、设计、生产、代理、广告费用。作为广告信息的发布者和领导者，广告商既是广告赢家，也是广告费用的支付者。因此，广告商处于广告活动的主要地位，人们称之为广告的主体。同时，在此要说明的是"广告主"与人们通常听到的"广告客户"实质是同一所指，只是因为参照物不同，所以称呼不同。"广告主"是以整个广告活动为参照，因其在整个广告活动中起着主导作用而称之为"广告主"。相对于广告的经营者、发布者而言，"广告主"就是他们的"广告客户"。

2. 体育广告的中介——广告代理商

广告主是广告的发起人，企业作为广告主，一般有两种方式做广告：一是自己干，委托本企业的专人或专门机构经办，自行设计、制作和发布，这需要有相应的设计人员、设备及发布的场所和条件；二是使用专门性的服务，由广告公司等专业机构制作、发布和代理，它们就是广告的代理经营者。在多元化的时代，随着职业分工的细化，由专业的广告公司进行广告具体事务操作的情况比较多。

广告代理是商品经济发展到一定程度的产物。作为广告中介服务机构，广告公司和广告媒体占据了中间位置。它们是广告商和广告媒体之间的桥梁，一个是需要做广告的客户，另一个是可以提供广告传播的媒体单元。广告代理商可以将广告活动中的供求双方连接起来，具有双向服务、双重代理的性质。

作为该机构的广告商要进行规划、宣传和制作广告的工作，包括市场调研、广告计划设计、广告设计和制作、媒体选择以规范发布和传播、反馈信息或测定效果。现代广告需要各种专业人才，要用群体力量才能执行广告计划。但是，一般企业的广告工作都具有季节性、间歇性的特点，如果企业自己雇用专职人员，易造成人才浪费。企业要想花较少钱而又得到多种服务，最好的办法就是选择独立于客户和媒介的广告代理商。其有多方面的人才，可利用全面技能和经验；职责集中，可简化协调和管理程序；可以进行整体策划，将广告创作与营销直接结合；在创意上有较大自由，易产生灵感；在媒介使用上，较少偏向性，而更具客观性。同时，广告主选择广告代理商也有较大余地，产品种类多的企业可选择一家或多家代理商为其服务，如果代理服务不佳也可以及时更换。在多数工业发达的国家里，广告主一般都选择一家或几家广告公司做代理。世界上许多著名的、成功的广告无一不是广告代理商做出的贡献。例如，李奥贝纳创作的西部牛仔形象，为万宝路香烟打开销路；奇亚特·戴为苹果电脑开拓了微机市场；艾尔使七喜汽水定位为无咖啡因饮料，敢与可乐比高低等。世界上最大的广告主——P&C公司，将广告代理商视为"具有创造力的营销伙伴"，常将尚未命名的产品交由广告代理商提供新的创意。该公司各类产品的广告都委托各个不同的广告代理经办，同时广告主管参与广告工作的全过程，以创造出优秀的广告。另外，广告代理商还代理传播媒介寻求客户，销售版面或时间，扩展广告业务量，承揽广告业务。广告代理商能满足媒介对广告业务的需求，增加媒介的广告收入；能减少媒介单位具体的广告准备工作；能精简媒介单位的人员，节省开支；能使广告设计制作水平提高；能帮助媒介单位承担经济风险和法律责任。

需要说明的是，广告代理商与广告主结成"伴侣"是相互选择的过程。目前，我国的体育产业还是朝阳产业，大多数时候停留在广告商采取主动的"求爱"行动，找客户"拉"广告。广告代理是广告现代化的标志，随着市场经济的建立和体育事业的蓬勃发展，更多的应该是广告主主动出击找广告代理商。

3. 体育广告的途径——广告媒介

体育广告在广告的对象、内容和目的上，与一般广告差别不大，但在广告的媒介上差别却十分明显，有自己的特色。除了拥有与所有广告相同的广告媒介之外，还有很多体育活动所特有的广告媒介。比如，比赛冠名权、比赛场地广告、专利产品广告、体育俱乐部赞助、运动员代言等，这些都可以称之为体育广告的媒介。

4. 体育广告的内容——广告信息

广告信息是广告的最基本内容，商家或企业以体育活动为中介与广告的受众发生联系，其主要目的就是传播商品或服务信息。因此，广告信息是广告所要倡导的有关商品、劳务、观念、意识的信息，是广告传播中的主体内容。从信息性质上分类，人们可以把信息分为商品信息、服务信息、社会信息、形象信息和观念信息五大类。比如，有关体育产品的直接销售的广告信息就是商品信息，NBA广告传播的信息就是一种篮球运动的观念信息。

5. 体育广告的客体——广告受众

广告的创意追求最完善的传播效果。在广告的创意设计中，每个广告都应该有一个明确的目标"适合任何人"。换句话说，在创意设计中，先要发现目标受众。广告是针对购买和听到购买的人。这个"买家"包括真正的消费者和广告公众的潜在客户。一般广告不是所有客户的目标。相反，它通过关注企业营销和产品市场定位确定目标市场，然后将目标市场客户作为主要广告目标。

作为广告信息的接收者，受众对象具有被动性，只能接受广告商做的广告。同时，作为对广告信息的理解，宣传对象具有主观和积极的方面，可以给予选择性的关注、接受甚至拒绝广告信息。

（三）体育广告的特点

传播媒介是信息传播的重要载体，在信息传播过程中，体育活动的各方面要素也是重要的传播媒介，发挥着相应的信息传播的功能。

体育广告与其他形式广告的区别是，其广告媒体性质的差异。体育广告使用体育场馆、体育比赛、运动员和体育出版物等信息传播信息，而这些都是体育广告的媒体。在奥运会开展时，很多企业都会借助奥运会开展广告活动，很多企业都会冠名一些体育赛事、球队，从而提升自身的知名度。

体育广告能够使广告主将相应的商品信息传递给可能的消费者，从而实现生产与消费之前的沟通。一些体育广告能够激起人们对商品的购买兴趣，激发人们的消费需求。通过开展体育广告活动，还能够促进企业形象的树立，扩大企业和产品的知名度。

二、《广告法》下的体育广告业的发展

（一）修订的《广告法》的影响

2015 年，我国修订了《广告法》，并在 2015 年 9 月 1 日开始施行。新修订的《广告法》对我国的广告行为进行了进一步规范，对广告违法的惩罚力度有所加强，对我国体育广告业也产生了相应的影响。《广告法》的修订对市场秩序的维护具有重要的意义。

1. 给体育明星代言广告敲响警钟

著名的体育明星、教练员影响力较大，往往是广告商的关注对象。以前一些体育明星代言的广告出现了问题，或为虚假广告，或夸大了商品效果。新的《广告法》对广告代言人进行了约束，体育明星在广告代言方面的违法成本将会大大增加，主要表现在三方面。

（1）广告代言人不应该推荐或认证他们未收到和未使用的商品或服务，否则将会由相关部门予以没收违法所得，并处违法所得 1 倍以上 2 倍以下的罚款。

（2）如果代言了相关商品并造成了对消费者的损害，或出现明知广告虚假而仍然推荐的证明，在民事上要和广告主承担连带责任，在行政责任方面要由相关部门没收违法所得，处违法所得 1 倍以上 2 倍以下罚款，并且 3 年内不得再担任广告代言人。

（3）规定医疗、药、医疗器械和保健食品等商品或服务不能用广告代言人做推荐、证明。

2. 对体育赛事植入式广告加以规范

体育赛事关注度高，传播范围广，是进行品牌传播的良好平台。体育赛事广告中有很多植入广告，将商品品牌、标示等呈现在比赛过程中。我国以前的广告法规对赛事植入广告缺乏监管。新修订的《广告法》对植入式广告做出了明确的规定：广告必须是可识别的，并使消费者能够将其识别为广告；大众媒体不应以新闻报道的形式变相地发布广告。

3. 对体育场馆户外广告管理问题没有彻底解决

户外广告形式多样，体育场馆的户外广告存在监管不善的问题。而新修订的

《广告法》并没有彻底解决户外广告存在的问题。新修订的《广告法》与之前的相比，其明确了广告监督管理部门为工商行政管理部门，并要求在体育比赛场馆中禁止发布户外烟草广告。由此可见，新的《广告法》虽然有了较多的变化，但是并没有彻底解决体育场馆户外广告的监管问题。

4. 对体育媒体机构广告业务监督更加严厉

广告的发布需要借助相应的传播媒体，因此对媒体结构的监管尤为重要。现阶段，很多媒体都是自己进行创收，而媒体的收入很大部分来源于广告收入，一些媒体监管不严格而导致很多虚假广告层出不穷。新的《广告法》对广告媒体和平台进行了严格的规定，对虚假广告增加了处罚的力度。

（二）如何适应新《广告法》

1. 全方位加强体育明星代言广告的监管和执法

新修订的《广告法》规定，广告客户不应对尚未收到的未使用产品或服务提出推荐、证明。如果进行虚假广告代言，应当与广告主承担连带责任。体育明显具有较强的影响力，加强对其代言广告的监管，应做到明星自身、监管部门和立法部门共同协作。

2. 法律道德双管齐下

现阶段，在大型体育赛事上投放广告是品牌营销的重要途径。然而，在监督广告投放体育赛事和其他广告形式时存在问题，应该加强对广告投放的监督。具体来说，应该注意两个方面。一是法律和法规规范广告体育赛事的运作。将其归纳到商业广告的范围，并受到广告法规的管制和约束。二是用商业活动中的约定俗成和道德规范对赛事植入广告进行约束。企业的各项商业行为必须符合社会伦理道德，受到商业道德的约束。

3. 立法机关加大户外广告的管理立法力度

户外广告业立法和管理相对较为落后，导致很多执法不严的现象产生，因此应加大户外广告管理的立法力度。具体而言，应从以下三方面入手：一是明确广告产权归属，为产权纠纷的解决确立必要的法律依据；二是明确各政府部门的职责，避免各部门相互推脱责任；三是明确户外广告的执法权，避免多部门混乱管理。

4. 体育媒体机构应加大对广告发布的管理力度

体育媒体机构应将创作合法合规的广告作为承担社会责任的重要举措，对广告发展严格把关，杜绝虚假广告和违法广告的出现。具体而言，应注意以下两方面：一是建立完善的广告监管机制；二是完善内部管理制度。

第四节　体育彩票业的发展

一、体育彩票业概述

（一）体育彩票的含义

体育彩票也称体奖券，是指以募集体育资金的名义发行的，以数字、图案或文字印刷的，供人们自愿购买，并可证明买方有根据规则获得奖金的权利的有价凭证。从基本意义上讲，体育彩票是市场经济的产物。它本质上是一种商品，是一种具有特殊价值并满足特定需求的商品。

2002 年，财政部颁布的《彩票发行与销售管理暂行规定》给了彩票新的定义。彩票是国家为支持社会公益事业而特许专门机构垄断发行，供人们自愿选择和购买，并按照一定的规则取得中奖权利的有价凭证。目前，这是最权威的彩票定义，表明了发行彩票的目的、发行方式和彩票的性质。

（二）体育彩票的类型

1. 传统型彩票

传统的彩票是指通过彩票抽奖的方式确定赢家的彩票。如果买方持有的彩票号码与提款号码相同，则可以授予中奖彩票。传统的彩票是固定号码，买方不能选择号码，中奖规则提前设置，彩票集中开奖在销售彩票后的 15 天到 30 天。

2. 即开型彩票

彩票即开型也被称为"即开即兑型彩票"，这是一种彩票形式，是购票者在销售点完成购买和兑奖的过程。彩票即开型可用于了解彩票购买后是否赢得奖品。随着即开彩票的不断更新，形成了揭开式、撕开式、刮开式三种不同的具体形式。

3. 结合型彩票

结合型彩票的类型是指将传统彩票和即时两种类型的形式相结合的彩票。这种类型的彩票可能有不止一次的彩票机会，这对人们更有吸引力。

4. 乐透型彩票

乐透型彩票的英文是"Lotto"，它是从意大利语音译过来的。它的本义是"幸运""吉祥"和"分享"。乐透型彩票的形式非常有趣。这是由购买者自己选择数字。通常，在一些数字字段中选择一些数字以形成一注彩票。奖金水平根据彩票号码确定。目前，世界上有 30 多种乐透彩票类型，但其玩法类似。例如，中国颁布的"36

选 7+1"和"四花选 4"等体育彩票现在属于这一类。彩票和电脑、网络、电视机等结合,完善了彩票业的运作机制。

5. 数字型彩票

数字彩票是一种投注形式,其中买方根据所需的位数选择数字,并且以不同的组合方法确定奖金的数量。这种形式通常是每日抽奖。数字彩票的发展和扩展基于技术支持。彩票形式与电脑网络密不可分。最有效和最全面的自动处理系统,将是最流行的数字彩票。

6. 竞猜型彩票

这种类型的彩票是针对体育比赛结果的问答类型的彩票。最出名的是足球彩票和赛马彩票。也有地区选择棒球、篮球、橄榄球和自行车作为彩票内容。对于足球彩票,有很多玩法。你可以考虑谁是赢家,哪个球队是最先进的球员,结果是什么。彩票的类型更具有主动性,买方可以根据自己的主观意愿完全购买。这是一款智力游戏,因此受到彩票爱好者的喜爱。

二、体育彩票业的发展现状

体育彩票具有良好的社会价值,为中国体育发展提供了大量资金。但现阶段体育彩票行业仍存在一些问题,这不利于中国体育彩票业的发展。

现阶段,我国体育彩票发行的法律法规有待进一步完善,管理体系需要进一步规范。体育彩票的组织结构比较复杂,导致大量的资本消耗。

我国体育彩票的发行数量不断增多,但是体育彩票玩法种类缺乏新颖性和趣味性,导致体育彩票的吸引力不足。体育彩票的发行宣传方面的工作也不到位,甚至存在误导性宣传,让很多人将购买体育彩票当成发财致富的捷径,这与我国设立和发行体育彩票的初衷是相违背的。

中国体育彩票销售站点分布趋于合理化,运营趋于标准化,但是存在软件与其不协调的现象,以及硬件和软件销售工具未能达到符合标准的问题。现阶段,我国体育彩票业的软硬件存在一定的劣势,员工业务水平较低。在管理部门,公益金的使用不透明、分配不合理,这在一定程度上影响了人们购买彩票的热情。

2016 年,我国《体育产业发展"十三五"规划》中将体育彩票业作为体育产业八大重点发展行业之一。该规划提出了完善体彩运营机制,加快创新,提升体彩市场规模等方面的要求。

在具体操作创新方面,明确了中国足球联赛进入体彩。《体育产业发展"十三五"规划》还提出要对公益金的使用进一步强化管理监督。相信我国体彩业在未来几年将会得到更好的发展。

三、体育彩票业的未来发展对策

（一）加强法制建设，完成国家对彩票的立法

体育彩票的合法性和公正性是其长久存在的重要原因。合法性与法律保护是分不开的。彩票业在世界各国一直是一个有争议的行业。正因为如此，应该实施立法以保护彩票行业和经营彩票业务的合法性。目前，全球有120多个国家发行彩票，其中大多数已经完成了国家博彩立法。立法涵盖的主要内容包括三个方面：执行政府控制的形式和程序；对市场保持统一和规范的态度；对集中资金使用的方向和范围。只有所有的发行和销售都根据法律进行管理和运营，博彩业才可以健康有序地发展。

1. 彩票管理部门的职责与权限

彩票管理部门作为政府授权的彩票管理机构，将有权发布有关彩票的具体规定和指示，以及维护国家彩票法律法规的义务。授权管理部门根据市场变化及时制定相关博弈规则和管理办法，以执行中国《彩票法》，真正解决问题。

2. 彩票公益金的使用、分配与监管

发行彩票的主要作用就是筹集公益金为我国体育、福利和社会公益事业做贡献。而对彩票公益金的使用、分配与监管正是人们关心的焦点问题。公众彩票福利基金的使用是发行彩票意向的一个体现。《彩票法》对此必须做出明确的规定，严格审查制度和程序，才能有助于彩票事业被广大群众接受和被社会认可。

公众彩票福利基金的使用是发行彩票意向的体现。如何使用这笔钱对促进体育、社会福利和福利服务具有重要意义。因此，严格的财务制度和加强监督和审计是维护这一事业健康发展的基本保障。

3. 必要的保护条款

彩票之所以有争议，是因为它具有消极的一面，在经营中应尽可能地扬长避短。法律应对没有行为责任能力者购买彩票做出必要的禁止性规定，减少其带来的消极影响。例如，关于未成年人，现规定未满18周岁者不能购买彩票，但实践中很难操作和实现。由于彩票是公益事业，是一种为体育、社会福利事业集资的活动，从这点上讲，每个人都有权利购买彩票。但是，从保护未成年人身心健康角度出发，体育彩票管理部门不提倡未成年人购买彩票。如果发现有人一次性投注太大的话，彩票销售人员也要对其进行劝阻。故对这类问题，《彩票法》中也应该有明确的规定。

（二）建立科学有效的彩票管理体制

科学有效的管理体制是体育彩票健康发展的基础。从世界许多国家彩票发展

的历史经验看，发行机构的独占垄断是世界上最常见的利用市场结构的形式。只是授权的部门各国略有差异，但实质均是以独家垄断为前提，由政府授权独家发行彩票，而彩票的玩法或种类多种多样。可以对我国彩票管理体制进行以下设计：

1. 加强对彩票的监管

我国应设立国家彩票管理局或中国证监会、中国保险监督管理委员会和行业协会等类似机构，对中国彩票行业实行统一监管。上述组织的成立包括以下方案：

第一种方案是创立国务院直属的彩票办事处。这种方案符合世界上一些国家的做法，使募集到的资金没有部门化的倾向，可以由国家整体组织并适当分配，但容易淡化彩票特有的社会形象，容易让人产生这仅是一种"筹钱"的普通机构。

第二种方案是成立类似中国证监会和保监会这样的组织机构。这种机构应该具备以下条件：一是超权威性，最大限度地利用现有彩票发行网络体系达到规模经济性。对全国的彩票进行统一发行、统一印制、统一管理、统一销售渠道、统一使用分配、统一监督。二是为确保其经营目标和经营成果体现出最高程度的公益性，避免发行管理费用的结余被非政府的利益集团所获，从而避免动摇人们对彩票公正性、公益性的信念。它由国家管理，由舆论监督。三是为避免"一套机构，两块牌子"，彻底实现政企分开。它必须与政府部门完全脱钩，实行行政机构进行管理加企业公司具体运作的模式，这是彩票业发展的必然趋势，也是中国彩票业与国际接轨的重要标志。四是对于彩票资金的筹集与使用，为实行统一管理，必须要打破部门界限。为彩票业长远发展全面考虑，不必再另外成立跨部门的委员会，可以借鉴监证会和保监会的成功经验，有助于在各部委办中协调，且不涉及其他部委办的矛盾，这是目前最可行的方案。但是，目前彩票业相较金融业、保险业份额在国民经济中所占比重还有相当大的距离，设置这个机构决策的前提是有没有决心把博彩业做大。

第三种方案是成立中国彩票业协会。设置这种机构的前提是，只有授权中国彩票业协会这种类型的机构相应的特殊权利和责任，才有可能使其担负起主管的使命。

无论采取哪种机构的监管方案，都要从彩票业自身的特殊性考虑，必须实行独家垄断经营和政府管制。

2. 构建高度垄断的国有独资彩票总公司或彩票集团公司

所谓国有独资公司，按我国《公司法》规定，是指国家授权投资的机构或部门单独投资设立的有限责任公司。这是一种特殊的企业组织形式，适合某些独特的行业，这些独特的行业包括生产经营不直接以盈利为目的，而以社会效益为主，兼顾经济效益的行业，彩票正属于这一行业。

3. 对彩票的发行类型不再加以限制

我国彩票的类型近年来已有很大的改观，从传统型、即开型发展到了现在的乐透型和足球彩票。传统观念认为，乐透型或主动型彩票就是赌博，这是一种错误的认识。人们应该加快发展步伐，进一步放开彩票的发行种类。目前，由于种种原因，我国在此方面还有一些限制，这样不利于彩票市场的健康、快速发展。对于彩票业中的具体玩法，应依靠市场解决，而不是政策上的人为限制。

（三）创新营销模式、前途光明的即开型彩票

1. 为即开型彩票加大宣传力度，开启其"生命线"

即开型彩票规模销售作为一种局部地区的定期市场行为，宣传方式的应用是重中之重，也就是通俗讲的"广告"。如何在有效的时间内让最大的目标人群获取信息，并且乐意参加购彩活动，以达到广而告之的目的，应注意考虑以下几个方面：

（1）即开型彩票规模销售和各个地区的经济发展水平有很大关联，因此地区经济分析是必不可少的，城市的经济总量、发达程度，以及外来打工者所在地区的比重都是重要的指标。这些数据的获得，对彩票宣传方法的使用、宣传投入等具有决定性作用，可以控制宣传投入的总量。

（2）即开型彩票市场的定位。这里的市场定位主要是指针对购彩人群进行有选择的宣传。分析各个地区的即开型彩票主要购买人群，以及主要购买人群的聚集地区，使宣传做到有的放矢。

（3）宣传方法的选择。这是一个很重要的方面。有些即开型彩票规模销售组织者为了图省事，简单地利用报纸、电视、广播等媒体进行宣传，忽视了即开型彩票的主要购买人群采集信息的渠道，往往效果落得事倍功半。宣传方法要出新，群众喜闻乐见的方法是必不可少的，切合地区实际情况的宣传才是好的宣传方法，不能使主要购彩群众无法及时接触信息。

（4）宣传的到位程度，也就是宣传的"炒作"热度。这需要组织大量的人力、物力，是一件很辛苦的事情。看宣传到位程度够不够，只要细心留意一些街头巷尾的谈话，彩票是否已经成为该地区的一个热点。在销售之前，看看该地区是否真正形成了购彩氛围。

（5）购彩现场宣传。现场宣传离不开氛围的营造，使到场的彩民有一种开心购彩的欲望，这些工作离不开经验丰富的主持人，以及明星聚集人气的效果。事实表明，明星在将来的一段时间内是现场宣传、烘托气氛的一大法宝。从组织工作方面来讲，宣传工作是销售成绩取得好坏的最大因素。只有重视市场行为，重视与销售相关的宣传工作，才是即开型彩票销售走上良性发展道路的关键。

2. 开发新的品种与玩法

为了更大限度地吸引彩民，彩票要有更多的玩法和品种。在玩法上人们不妨多借鉴国外的先进经验。比如，法国的即开型彩票，因为玩法灵活、票种设计繁多，能够引起不同消费人群的兴趣与关注，所以它的年销售量占全国彩票的40%。一年之中的各种节日成为被广泛利用的素材，如情人节、母亲节、圣诞节等，每个节日都可以引起与节日有关的人的关注，因此可开发一些"节日彩票"吸引更多的彩民。

第五节 体育旅游业的发展

一、体育旅游概述

（一）体育旅游的概念内涵

随着经济社会的发展，各方面的竞争也更加激烈，在现代社会，人们普遍面临着较大的社会压力，特别是上班族，他们长期处于压力状态，适当进行休闲就显得尤为重要。虽然各种休闲娱乐项目不断兴起，但是人们更愿意到新的地方体验新鲜感。因此，体育旅游正成为很多人的选择。

体育旅游可理解为有身体参与性活动的异地休闲活动。这种方式的活动具有良好的体育锻炼价值，能够促进身心的健康发展，增长相应的知识。体育旅游对于上班族来说，具有强身健体的作用。同时，在旅游过程中，还可以拓宽眼界，增长见识。

我国社会正在逐步进入老龄化阶段，各项休闲娱乐具有"轻体育"的倾向。"轻体育"有益于人体健康的发展，还能促进精神和心理方面的调节，对于中老年人来说具有重要的价值。体育旅游属于一种"轻体育"，对中老年人特别适合。

体育旅游是体育活动与旅游活动相结合的产物。近年来，随着体育旅游的不断兴起，学者深入研究关于体育旅游的概念，从不同的方向提出了自身的观点。

通常情况下，体育学研究者对体育旅游的概念界定从广义和狭义两个方面入手，旅游研究者则往往从参与动机和旅游属性这方面进行分析。目前，人们对体育旅游概念的界定主要有如下几个代表性的观点。

翁家银认为，人们参与体育旅游活动时，能够促进人们参与体育活动的乐趣，并满足人们多方面的需求。王丙新也认为，人们参与体育旅游活动具有旅游活动和体育活动的双重属性。于莉莉认为，体育旅游活动以一定的体育资源作为基础，在此基础上开展相应的具有体育意义的活动内容，其主要目的是为了满足和适应体育旅游者自身的体育需求。杨月敏也认为，体育旅游将人们参与的各种体育活动作为主要内容，通过参与这些活动，人们不仅享受到运动的乐趣，还能够掌握相应的运动知识，并体验相应的文化和风俗。韩丁认为，体育旅游融合了体育、娱乐、探险、观光等活动形式，是一种新型的服务产业。史常凯、何国平认为，体育旅游是以旅游为目的的，是一种特殊的旅游活动，主要内容是为了参与体育活动或观赏体育活动。徐明魁认为，体育活动是旅游业的重要组成部分，只不过它是以一定的体育旅游资源和旅游设施为条件，其产品主要是各种旅游活动，体育旅游的生产者能够为体育旅游者提供健身、娱乐、休闲、交际等综合性服务。从狭义上看，体育旅游活动的主要目的是为了进行交流、参加会议、参与运动竞赛等旅游。从广义上看，其是以各种形式的体育运动为主要目的和内容的旅游，其是旅游与体育融合形成的一种新的旅游项目。陈绍艳、杨明则认为，从广义上来看，体育旅游以体育资源设施为基础，以各项体育健身娱乐活动为主要内容，通过旅游商品的形式为旅游者提供融合各种健身、娱乐、休闲、交际等服务的一种经营性项目群；从狭义上来讲，体育旅游主要是利用各种体育活动形式满足旅游者娱乐、体育健身的需求，是以一种活动形式实现旅游者身心健康发展。王天军也认为，体育旅游活动是一种以从事体育项目为主要内容的旅游活动，其主要目的是为了休闲度假、观光探险、康体娱乐等，作为一种旅游新产品，通过对体育资源的充分利用引起旅游者的消费欲望。吕品亮对体育旅游进行了狭义上的概括，他认为体育旅游是人们出于体育方面的动机而进行旅行和逗留，从而引发人、地、事三者之间的关系和由这些关系所引起现象的总和。

　　总而言之，学者对体育旅游概念的界定众说纷纭，但是对体育旅游展开深入研究的基础是对其概念进行科学的界定。通过对学者各方面的观点进行分析和总结，本书从广义和狭义两个方面对体育旅游的概念进行了具体分析。

　　从广义上看，体育旅游应归为旅游的范畴，其是在旅游过程中各种休闲、娱乐、体育及体育文化交流等方面的活动，与旅游企业、旅游地及整合社会之间关系的总和。

　　从狭义上看，旅游者为了满足体育需求，利用各种体育活动并充分发挥其各种功能则称为体育旅游，这种活动使旅游者的身体和心灵得到全面的健康和谐发展，并不断促进社会精神文明的进步，不断丰富社会文化生活。

（二）对体育旅游基本结构的探讨

　　体育与旅游活动的结合称为体育旅游，但并不是两者的简单相加。图3-1对体育旅游、体育、旅游等相关活动的关系进行了展示。

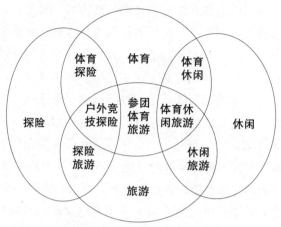

图 3-1 体育旅游、体育、旅游等相关活动的关系

从图 3-1 中可以看出，探险、体育、休闲与旅游相互结合、相互影响，从而形成了体育旅游活动。图中体育与旅游的橄榄形交集即为体育旅游，其同时受到探险活动和休闲活动等的影响。

如图 3-1 所示，体育旅游由三部分组成，中间部分为参团体旅游，主要包括参与性参团体育旅游（如自行车、自驾车骑游团或到达目的地后从事相对轻松简单的体育活动等）和观赏性体育旅游（活动内容主要是观看相关体育赛事和参观体育场馆的活动设施建设）。

图中心橄榄型的两端，一边是体育休闲旅游，其属于休闲体育的一部分。休闲体育是用于娱乐身心、休闲自我的各种体育活动，是人们在闲暇时间进行的，主要目的是满足自身发展需求和愉悦身心，其体育活动具有一定的文化品位。

图中心橄榄型的另一端则是户外竞技探险，参与这一类型的活动对人们的要求相对较高，对身心都具有一定的考验，需要参与者具备相应的技术能力和体能素质。

（三）体育旅游的基本类型

体育旅游分为不同的类型，从体育学、旅游学、休闲学和探险学等角度对其进行综合分类。具体来说，体育旅游的类型结构如图 3-2 所示。

通过上图的分析可知，人们一般将体育旅游分为参团体育旅游和自助体育旅游两大类，而其又可具体分为不同的小类。其具体分析如下：

1. 参团体育旅游

人们一般将参加团体体育旅游分为三类，即观赏型、参与型和竞赛型，这些形式的体育旅游类型有不同的特点。

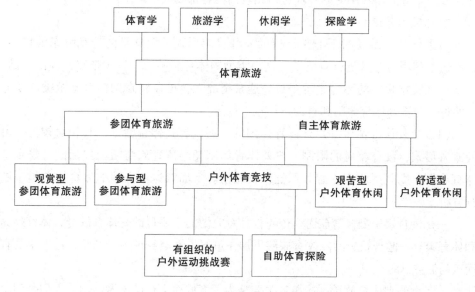

图 3-2　体育旅游的类型结构

（1）观赏型。在参加团体体育旅游中，观赏型的体育旅游者的参与活动程度相较其他类型较低。在观赏型体育旅游的活动中，旅游者主要通过自身的感官欣赏和体验体育活动、体育景观和体育文化等，从而在这一过程中获得良好的愉悦感受。旅游者在参与过程中，相应的费用一般一次性缴纳，并且旅游组织者统一安排各类活动，内容相对其他两项较为固定，个人自由安排活动的自由度相对较小，对自身体能消耗也很小。

（2）参与型（包括团队体育休闲的活动）。参与型参团体育旅游活动与观赏型参团体育旅游活动相比具有很多相似之处：都是由体育旅游部门进行统一安排，并且都是一次性缴纳相应的费用。其不同之处主要表现在两方面：参与型参团体育旅游活动不仅需要旅游者观看，还需要其亲身经历参与到其中的活动中；其需要在相关人员的指导与陪同下完成相应的体育运动项目，但是其参与的活动主要是以体验、感受和娱乐为目的。这一类型的活动虽然个人自由安排活动的自由度相对较小，但是其活动消耗体能相对较大。

（3）竞赛型。竞赛型参团体育旅游活动主要目的是参与某种体育竞赛而进行的旅游活动，这一类型的体育活动对团队行为的要求相对较为严格，对参与者的年龄、性别和团队的人数等都有一定的要求，一般为报名参加的形式。竞赛型参团体育旅游的特点主要表现为较为注重团队协作，几乎没有个人自由安排的时间，需要在规定时间内完成相应的竞赛项目，并且相应的体育活动都具有较强的挑战性，参与体育活动者承受的身体负荷相较前两者都要大。

2. 自助体育旅游活动

自助体育旅游是时下非常流行的一种旅游形式，尤其是随着私家车的增多，人们通常利用节假日进行自驾游。这一类型的体育旅游活动很少依赖外界的帮助，通常自己安排相应的体育旅游项目。通常情况下，可以将自助体育旅游类活动分为两种，即户外体育休闲和自助户外竞技探险。

（1）户外体育休闲。户外体育休闲的主要内容是体育活动，其相对较为自由的旅游形式，没有相应的限制。户外体育休闲类的体育旅游活动包括健身娱乐型体育旅游、度假型体育旅游和保健体育旅游。下面对这三方面的体育旅游类型进行分析：

一是健身娱乐型体育旅游。健身性体育旅游的主要目的是体育健身、体育疗养和体育康复。健身娱乐型的体育旅游更加注重娱乐性健身理念，在娱乐过程中具有明确的健身目的。

二是度假型体育旅游。旅游者主要是为了度假而进行的旅游活动，人们会利用长假进行，如国庆黄金周、春节等进行体育旅游活动。旅游者在参与这一类型的体育旅游活动过程中能够达到消除疲劳、调整身心和排遣压力等效果。

三是保健体育旅游。保健体育旅游具有非常强的目的性，人们参与这一类体育旅游的主要目的是为了治疗疾病、恢复体力等。具体而言，这一类体育旅游主要有两种类型：其一，将药疗、气功、电疗、食疗、针灸、按摩等技术措施与森林、气候等具有疗养价值的自然条件相结合，以疗养旅游为目的，帮助参与者治疗和康复身体，常见的有海滨度假、高山气候疗养等；其二，在自然条件下，进行滑雪、登山、游泳、划船、冰上活动、打高尔夫球等旅游活动的体育旅游。

（2）自助户外竞技探险。自助户外竞技探险特点显著，其具有挑战自我和自然的特点，与各种户外体育运动具有密切的联系。参与这一类型体育旅游的游客个性较强，将自身与大自然作为对手，不断追求自我的极限，不断征服自然。竞技探险类体育旅游项目包括地下洞穴探险、登山探险以及高空跳伞等活动。

二、体育旅游业的构成与特征

（一）体育旅游业的构成

体育旅游业在我国发展迅速，虽然起步较晚，但是未来几年将成为旅游业的重要组成部分。体育旅游是一种重要的旅游项目，具有自身的独特性，也具有一般旅游项目的特点。体育旅游业以体育旅游资源为基础，以旅游活动为载体，满足了人们体育和旅游的综合需求。体育旅游业具有以下内涵：第一，体育旅游资源是体育旅游业的主要依托。在开展体育旅游业时，需要具有一定的体育旅游资源，这样才能对体育旅游者具有充分的吸引力。第二，体育旅游企业开展体育旅游活动，其服务对象为体育旅游者。第三，体育旅游产业由各种相互关联的行业构成，是一种综合性的产业。体育旅游内部各行业通过提供相应不同的服务和产品满足体育旅游者的不同需求，以促进体育旅游活动的开展。

体育旅游业一般可分为直接和间接体育旅游业。所谓直接体育旅游业，主要是指与体育旅游者密切相关的产业，这些企业得以存在的原因是需要体育旅游者进行消费，这些体育旅游企业包括旅行社、交通、旅馆、餐饮、通讯等。体育旅游者并不是间接体育旅游企业的主要服务对象，这些企业的生存并不会因为体育旅游者的存在与否而产生危机，这些企业包括游览娱乐企业、销售业等。

由此看出，较为全面的看法则包括直接体育旅游企业和间接体育旅游企业，还包括各种旅游组织支持发展的体育旅游。具体来说，主要有以下几个方面构成了我国体育旅游业的部门。

一是体育旅游餐饮住宿业，主要包括宾馆、饭店、野营营地、餐厅等。

二是旅行业务组织部门，主要包括体育运动俱乐部、体育旅游经纪人、体育旅游经营商、体育旅游零售代理商等。

三是游览场所经营部门，主要包括体育运动基地、体育主题公司等。

四是交通运输通讯业，主要包括航空公司、铁路公司、海运公司、公共汽车公司、电信局、邮政局等。

五是目的地旅游组织部门，主要包括国家旅游组织（NTO）、地区旅游协会、体育旅游组织等。

以上五个部门之间存在着相同的目标和相互促进的关系，即为促进体育旅游目的地的经济发展，不断吸引、招揽以及接待外来体育旅游者。虽然有些企业某些组成部分不是以直接盈利为目的，如体育旅游目的地的各级旅游管理组织，但是在促进和扩大商业性经营部门的盈利方面起着重要的支撑作用。

（二）体育旅游业的基本特征

1. 综合性

综合性是体育旅游业具有的特点，这主要是因为人们在进行体育旅游消费时有着不同的需求，各种不同的体育旅游服务由体育旅游业提供，满足人们不同的需求。在这一过程中，体育旅游企业由此获得相应的收益。

体育旅游者的需求是多方面的，整个旅游过程中的食、住、娱等都具有一定的需求，为了满足消费者的需求，体育旅游企业发展为多种形式的类型，满足旅游者的各方面服务，整个旅游过程中提供的服务是全面的、综合性的。

为体育旅游者提供不同类型服务的企业形成了相对较为独立的行业，但是其共同统一于满足体育旅游者的需求，从而构成了一个综合性的系统：体育旅游者的体育旅游消费是一种综合性的消费，整个过程的消费体验都会影响到消费者的心理，如果对一个环节感到不满，则整个体育体验旅游过程的效果就会大打折扣。因此，为了实现体育旅游业的可持续发展，促进体育旅游者多次重复参与其中，需要体育旅游的各个环节作为一个整体，为体育旅游者提供良好的服务。

2. 服务性

随着经济社会的发展，国民经济的产业结构正在逐步进行优化调整，第一、第二产业的比重出现了一定程度的下降，第三产业的比重则逐步上升。第三产业即为服务性行业，体育旅游业作为第三产业的重要组成部分，其越来越受到人们的重视。体育旅游业产品是一种服务，人们进行消费的过程就是企业提供服务的过程。体育旅游业可能会出现一些实物产品的形式，但整个体育旅游的过程是一种无形的产品。第二，对于体育旅游者而言，一次体育旅游获得最多的是一种经历和记忆，开拓了眼界和思维，是一种良好的心理和精神方面的感受。体育旅游业具有服务性特征。

3. 依托性

体育旅游业是在经济社会发展到一定程度的基础上形成和发展而来的，其对经济社会各方面具有一定的依赖性。具体而言，这一依托性主要表现在如下几方面：

（1）体育旅游业的发展基于国民经济的发展，其产生和发展的重要基础是国民经济的发展水平。一个国家和地区的国民经济发展水平不高，则其必然会限制体育旅游的发展。在国民经济不断发展和提高的基础上，人们的生活水平不断提高，闲暇时间逐渐增多，从而在体育旅游消费方面的投入才可能增加。

（2）相应的体育旅游资源限制体育旅游业的发展，体育旅游资源是体育旅游业发展的重要物质基础。东北地区正是依赖其良好的自然环境条件，才能够开展各种形式的冰雪体育旅游，而我国滨海体育旅游业之所以能长久发展，是因为有海南岛良好的滨海资源和热带气候条件。只有在区域内具备丰富的体育旅游资源，并拥有完善的配套设施，才能促进体育旅游业的发展。总而言之，体育旅游业发展水平的高低，很大程度上受到一个国家和地区体育旅游资源的多少的影响。

（3）体育旅游业是一种综合性产业，其发展依赖各部门和行业之间的密切合作，如果没有了其他行业的支持，体育旅游业的发展也会困难重重。

4. 风险性

体育旅游具有一定的风险性，这也使体育旅游业成为敏感的行业，从业者面临着较大的压力。体育旅游与普通旅游活动不同，它需要旅游者具备一定的体育运动技能和防范风险意识。体育旅游企业各具特色，大多以私营企业为主，并且可多次进行消费。同时，体育旅游业在发展过程中，受到多方面因素的影响，可能导致一定的亏损状况。体育旅游运营所面临的风险主要表现在以下几方面：

（1）体育旅游者的需求变化相对较大，体育旅游消费者的需求会因为自然、政治、经济和社会等方面变化从而发生较大的变化，因此对体育旅游业的发展产生较大的影响。

（2）体育旅游业具有较大的依托性，使得其经营存在较大的风险。体育旅游业的发展更加容易受到整体经济发展环境的影响，当整体发展环境不良时，必然会导致体育旅游业的不良发展。

5. 关联性

体育旅游业具有较强的综合性和依托性，这就导致其必然具有关联性。所谓关联性，即体育产业由多个产业群体构成，各产业之间具有相应的经济联系，构成了相应的供需整体。体育旅游产业的关联性不仅涉及直接提供各种体育旅游产品和服务的行业，如交通运输业、住宿餐饮业、观赏娱乐业等，也涉及间接提供服务和产品的行业，如地产外贸、食品等体育旅游产业发展过程中，必然会带动这些关联产业的发展，从而促进地区经济水平的提高。

6. 涉外性

体育旅游产业具有一定的涉外性，随着经济社会的全球化发展，这一特点将更加明显。在全球化发展过程中，国家与国家之间的交流不断增多，出国旅行成为很多人的选择，国与国之间的交往使体育旅游业得以发展，并体现出了较强的涉外性特征。随着体育旅游产业的不断发展，其知名度不断提高，其涉外性将更加明显。

三、体育旅游业的作用

体育旅游业对经济社会等各个方面都具有重要的意义，它作为体育旅游发展的重要载体，对体育旅游发展起到了积极的推动作用。具体而言，其作用主要表现在以下方面：

（一）供给作用

良好的供给作用是体育旅游业在推动体育旅游发展的过程中发挥的作用，主要体现在体育旅游业为体育旅游者提供产品供给。在体育旅游业的供给作用下，体育旅游向市场化、规范化发展，得到了更广泛的普及，参与人群也在不断增多。因此，体育旅游的产业化发展是其能够得到健康、有序发展的重要保证。

（二）组织作用

体育旅游业存在的重要基础是促进体育旅游市场的不断发展壮大，体育旅游的供给与需求不断形成了体育旅游市场，这和体育旅游业具有相应的组织作用有密切联系。在体育旅游业发展的过程中，在需求与供给相互协调的作用下共同促进了体育旅游业的发展。

组织和生产相应的配套产品，并提供给市场和旅游消费者。在供给方面，体育旅游业要以市场需求作为主要依据；在需求方面，体育旅游业为笼络消费者，把他们引导向自己的产品，大多会通过多种营销手段。在这一过程中，体育旅游业组织和沟通了供给和需求，实现了两者之间的互动和协调。

旅游业重要的组织作用从诞生之日起就突出体现出来，体育旅游业从无到有，并且对体育旅游活动规模的发展壮大起到了积极的推动作用。体育旅游业发挥的组织作用产生了非常多并且非常有意义的结果，其主要体现在包价体育旅游的推出和自助的"背包客"等方面。

（三）便利作用

体育旅游业的重要特点是体育旅游业为人们提供服务和产品，便利了人们的生活。各项体育旅游产品和服务满足体育消费者各方面的需求。

较为普遍的现象是体育旅游者使用体育旅游业提供的旅游服务。因此，体育旅游服务起到了非常重要的作用，它不仅将目的地与客源地联系在一起，同时有利于旅游目的与旅游动机的实现。相关的体育旅游企业为他们安排好旅游行程以及在旅游目的地停留期间的活动和生活，旅游者们完全没必要担心。体育旅游业起到的便利作用在很大程度上使体育旅游活动迅猛发展。

体育旅游活动的规模正是在体育旅游业方便便利的影响下逐步扩大，不仅参加体育旅游活动的人数在逐步增多，而且其出行的跨度也越来越远，促进了体育旅游业的进一步扩大，这使体育旅游业的社会发展前景也越来越广阔。

总的来说，现代体育旅游业的迅猛发展，与其便利作用具有重要的关系，体育旅游活动的不断开展是由体育旅游业的便利服务不断推动的。企业在体育旅游业发展过程中，应积极注重其便利作用，这样才能更好地实现企业的发展。

四、体育旅游产业运营的策略

（一）无差异目标市场策略

无差异目标市场策略是一种营销策略，目标市场是整个的客源市场进行经营。一般来说，多个因素可以将客源市场进行划分，体育旅游业在客源市场没有经济意义或实质性的区别时，便会采取无差异的目标市场策略。一般情况下，体育旅游企业的无差异目标市场策略适用于以下三种情况。

一是在需求方面整个客源市场具有较大的相似度，但还存在一定的区别。

二是尽管整个客源市场的需求存在实质上的差别，但各个需求差别群体在经济规模方面较小，通过某个细分市场的经营，体育旅游企业无法从中获得效益。

三是虽然体育旅游业内的竞争程度相对较低，但整个客源市场有较高的竞争强度。

无差异目标市场策略的优势在于有较低的成本，这就是体育旅游企业选择它的原因。换句话说，无差异目标市场策略能够将标准化的产品通过旅行社提供给社会，能够减少它在市场调研、产品研发、广告促销、市场管理等各个方面的各项费用，有利于体育旅游企业形成一定的经济规模。

（二）差异性的目标市场策略

在诸多细分市场的经营方面，体育旅游企业能够为每一个有明显需求差异的细分市场制定出有针对性的经营方案策略，这就是差异性目标市场。一般条件下，以下几种情况更加适用于体育旅游企业的差异性目标市场策略。

一是比较明显的需求差异存在于整个客源市场。

二是相应的经营价值对所有客源市场按照细分因素所划分出的客源市场。

三是体育旅游企业相较于其他企业具有较大的规模，占据更多的细分市场。

体育旅游企业通过采用差异性目标市场策略，相较于无差异目标市场常常能够获得更好的经营成绩和效果。现在，差异性目标市场策略被越来越多的体育旅游企业所采纳，主要是因为其能够更好地满足市场的需求，所以这种策略具有非常强的真实性，能够快速地扩大体育旅游企业的市场占有率。但采用这种市场策略需要注意的是，它会增加体育旅游企业的经营成本，因为体育旅游企业需要提供不同的产品，还要制定和改变不同的经营策略，建立相对应的销售网络策略，还要经常性地研究客源市场上存在的差异，以上所有环节都需要体育旅游企业投入不同程度的资金，以上都是体育旅游企业差异性目标市场策略所存在的不足之处。

（三）市场营销组合策略

体育旅游企业根据选定的目标市场，通过对各种市场营销策略和手段的综合运用，从而销售产品，获得最佳经济效益。就市场营销的因素来说，它有着不同种类的不同组合方式，其中市场营销因素和市场手段划分为价格、产品、促销、销售渠道四大类。在制定市场营销组合策略的过程中，要注意以下几个方面的需求：

一是采用的促销方式、所拟定的价格都要依附于产品和分销渠道。

二是在进行综合分析的同时，制定出市场营销组合中的各个不同要素策略。

三是市场营销组合的策略界限是利润额或销售额的增加与否。

四是具有对策性是市场营销组合策略制定的原则，恶性竞争是要避免出现的，要对市场上不同产品的地位进行不断强化。

（四）市场细分策略

不同消费群体的不同需求就是市场细分，通过消费者不同的购买行为，从而把消费者总体细分成许多相似性的购买群体。

通过市场细分这一环节，更多新的商机能够从体育旅游市场中迸发出来，以便旅游企业加以利用，一个新的目标市场得以逐渐形成。不管哪一个企业都没办法真正满足消费者的所有需求，但是通过细分市场原则，对各个细分市场需求的满足情况分析，能够更好地针对所知道的客户的需求和现有的产品和服务进行更深一步的探讨，以便企业在细分市场中能够凭借自身条件满足不同的消费需求，一个新的目标市场便被发掘出来。消费信息能够通过市场细分这一环节得到及时反馈，并且能适当适时的调整营销策略。在对市场进行细分之后，体育旅游企业能够更加容易了解和明确消费者的意见和要求，体育旅游企业能够通过信息的及时反馈对消费者需求的变化做出实时的、合理的营销策略，以便更好地提高体育旅游企业面对不同状况时的应变能力。体育旅游企业的经济效益不断提高也能够通过市场细分体现出来，充分、合理的利用体育旅游企业所拥有的资源和自身特长，生产出的产品能适销对路，以更好地满足消费者不同的需求。因此，采取相应的市场细分策略在对体育旅游产业进行运作和管理时是十分有必要的。

具体地说，在体育旅游产业运营的过程中，为了遵循市场细化的原则，需要遵守以下几点：

一是市场分片集合化的过程就是市场细分。根据相应的划分标准，总体被体育旅游企业的市场划分成诸多小的部分，然后再将各个部分相应地聚集成一个较大的市场，并形成相应的规模，以此更好地适应商品的供应和销售情况。

二是各个市场的差异要通过调查和细分之后，进一步明确和清楚其中的差异，进行市场细分的标准和依据要切实可行。每一个市场分片都有不同的特征，而且要有相对应的需求群体，其有相似的特征与购买行为。

三是相应的发展潜力是所有细分市场所要具备的能力。体育旅游企业根据该市场分片中的人数和购买能力决定能否实现营销目标。此外，体育旅游企业根据任何一个市场分片所具有的潜在需求的大小进行开拓和发展。

四是在对市场进行细分之后，需要保持一段相对稳定的时间。体育旅游企业在制定出时间较长的市场营销策略前，需要有一定稳定性的市场。体育旅游企业的营销在市场没有足够的稳定性时，就会有很大的风险。

第四章　社会相关体育产业发展

体育产业的涵盖面积比较广泛，它所带来的附带产业价值链，不仅对各行各业产生重大影响，而且联带着经济效益。本章选取竞技体育、休闲体育、民族传统体育为研究对象，探究体育产业的发展。

第一节　竞技体育产业的发展

一、竞技体育产业的概念

就目前而言，对于竞技体育产业，人们尚未给出一个较为统一、明确的概念，存在很多不同的观点。其中，最为典型的观点是，马国义和张庆春认为，竞技体育产业是指竞技体育服务消费品的生产链内部、双向延伸等诸多要素之间要进行优化组合以及社会、经济、生态相结合的经济系统。

竞技体育产业简单来说，就是一种经营体系，运动员的竞技表演就是它的基本商品，取得最大化的利益是它的终极目的。因此，竞技体育产业在整个体育产业中处在核心的地位，也是整个体育产业的核心构成。

二、竞技体育产业的基本构成

竞技体育产业经营是研究的主要对象。郑立志、辛利的研究结果表明，竞技体育产业是一项系统工作，有非常强的复杂性，包含了各种各样的环节。通过对竞技体育产业进一步研究和剖析发现，竞技体育俱乐部、竞技体育项目消费者、竞技体育项目基地等构成竞技体育产业的基本要素。

三、竞技体育产业形成的条件

很多条件成熟后才能形成竞技体育，这些条件通过不同归类，可以分为具备条件和基本条件两个方面，具体如下。

（一）竞技体育产业形成的基本条件

1. 竞技体育产生的前提条件是其商业价值和消费

在竞技体育产业中，其产品的供给主体主要由竞技表演服务担任，竞技体育消费者成为构成竞技体育市场最重要的因素，竞技体育产业的正常运行和顺利发展由竞技体育市场提供了最基础的条件。

竞技体育消费者的多样化需求，既是对竞技体育消费市场加以深入研究的最为重要和关键的因素，同时在很大程度上对竞技体育市场的实际容量起直接决定作用。这就要求人们在对竞技体育消费者的各种消费行为加以正确、合理引导的同时，要促使竞技体育消费者的各类实际需求得到最大限度的满足。只有这样，才能为竞技体育产业未来更好的发展奠定较好的基础，促使竞技体育的产生并使其发展具有更明确的目标。

就体育产业发展与体育消费者两者之间存在的密切关系，学者卢元镇在进行更为深层次分析的同时，以两者之间的密切关系作为出发点，具体论证了体育产业在 21 世纪逐渐成为新经济增长点的条件和原因。学者王娜从体育消费的经济功能、社会功能、市场容量等方面出发，提出在我国国民经济发展中，体育消费会发展成为新的增长点。学者李雷对体育产业与体育消费的具体关系进行了阐析，提出了体育消费是体育产业的出发点；体育产业的落脚点不断改为体育消费；体育消费是体育产业在产出、供给、交换三个环节的结构；体育消费是体育产业生产、分配、交换最为重要的制约因素。体育产业的不断快速发展能够有效地刺激并不断促进体育消费的快速增长，与此同时，体育消费的增长程度会受到体育产业发展情况的影响。

就目前来看，无论是国内学者还是国外学者，都很少有人对竞技体育的价值进行深入研究，一些研究也仅是将竞技体育的直接效应作为研究对象，很少有研究涉及竞技体育的价值层面。现有的竞技体育价值方面的研究，可概括为以下几个方面：

（1）在竞技体育价值方面，运动员是主体。

（2）在竞技体育价值中，客观反映了目的价值和工具价值。

（3）在竞技体育价值中，其主要的特征表现为社会性、一元性、时效性、多维性、客观性、主体性。

2. 市场经济体制是其得以形成的基础性平台

人们对体育产业化的概念从市场经济体制产生以后越来越清晰。竞技体育产业过程的形成受到很多因素的制约，其中关键因素有商业价值、需求、国家基本经济体制。市场经济体制的完善程度对体育产业和竞技体育产业的发展会产生很大程度的影响。因为在市场经济的大环境下，将会大幅度提高社会资源的利用率和利用程度，这样就能够更好地集中竞技体育需求，从而更为彻底地表现和发挥其商业价值。

3. 产业化是其不断形成的发展趋势

体育产业化是与市场经济基本要求相符合的，是由体育事业的基本运作方式逐步转变而来。从某种角度看，产业化是竞技体育产业化制度的基础条件。目前，把体育产业化发展方向作为研究的主题进行分析和探讨，体育产业的内容必须要与特定的需求相符合。

例如，在自身定位方面，带有生产性质的福利部门是体育部门在自身定位方面应该确定的；体育事业必须要有机地结合产出与投入两方面；体育部门的重要目的就是获得综合经济效益和社会效益；有关政府部门必须保证在国家投入进一步转化成国有资产的前提下，还要保证对国有资产进行保值和增值，同时要更好地保障民间和企业在体育投入方面能够获得相应的回报。站在全局的角度进行分析，体育事业的投入主要分为公共和半公共产品性质两种。此外，获利是体育投入的本质属性。

体育产业化的机制转化能够反映竞技体育产业的基础条件。较为重要的是，体育发展同市场经济运行机制、市场经济一般规律有密切的关系，只有通过充分利用法律途径和经济途径才能促使体育产业得以大力振兴。体育产业在市场作用下进行持续强化，保障能够基本达成预期的商业价值和应用价值。这就要求在体育产业发展中，政府和企业在其中的各个环节都要对自身的功能进行科学定位。

（二）竞技体育产业形成的具体条件

如果仅凭基础调节，是很难促使竞技体育形成产业的，还需要充分重视具体条件。竞技体育产业形成的具体条件主要包含以下几个方面的内容：

1. 达到需求量方面的相应标准

竞技体育生产成为不依靠其他外物而存在的产业，它促进社会对竞技体育的实际需求，这对竞技体育产业的发展起着非常重要的作用。对于竞技体育需求量，主要从以下几个方面加以认识：

（1）在具体运作方面为竞技体育的投入与回报达成平衡提供重要保障。

（2）要促使需求者参与量从根本上得到提高，以更好地对运动员的主观能动性进行有效挖掘。

（3）促使竞技体育较大程度地发挥作用，使需求者能够从观赏者逐步转变为参与者。

从运动员和观众角度看，竞技体育产业有非常鲜明的特征，即消费者的参与需求和观赏需求得到相互满足。上述两方面因素对竞技体育厂商需求产生了非常重要的作用。

2. 经济资源投入需要达到相应的标准

只有保障最低量的产出和投入，达到相应的规模，独立产业才有可能包含竞技体育。这至少需要满足两个方面的条件。实现这一目标，一个是要求资源整合并保持相应的稳定状态，才能够促使产业运行达到一定水平；另一个是要促使竞技体育市场的运行必须保持一定的稳定状态。在满足以上两个方面的要求之后，才能更好地保证投入竞技体育产业中的经济资源获得一定的成效。

通常来说，在竞技体育产业发展中，职业化、半职业化、非职业化是其表现出来的三方面形态，这也是对竞技体育产业三种形态的客观反映。分别对应着竞技体育产业中有较强的获利能力、进行市场化比较早的项目；形成了特定的规模、能够填充某些投入，但现阶段很难彻底独立的项目；需求量比较小，依然存在比赛价值，通过借助市场化运作手段，特别是在对消费市场进行扩大之后可能达到职业化要求的竞技类项目。

3. 在规模和水平方面要达到相应的标准

站在竞技体育产品提供者的角度看，要想促使竞技体育产业得以形成，那么竞技体育产业在规模和水平方面都要达到相应的标准。也就是说，竞技体育产业所提供的产品要具有观赏性、吸引力，同时要具有相应的需求规模，这三个方面都要达到相应的标准。立足于消费者的角度看，消费是形成产品的重要基础，要在"保守者""成熟者""热情者"的共同作用之下，才能保持竞技体育产业具有长久不衰的旺盛生命力。如图 4-1 所示，产品提供者与消费者之间的关系。

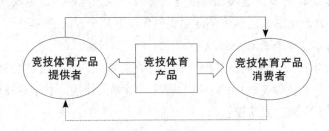

图 4-1　消费者与产品提供者之间的联系

四、竞技体育产业发展面临的主要问题

当前阶段，旺盛的生命力和发展走向出现在我国竞技体育产业中。投资与产值大幅上涨的竞技体育产业，使更加多样的体育资源得到利用，社会和经济两方

面的效益取得了非常优秀的成果。但是，仍然有相关的因素制约着竞技体育产业的快速发展，主要面临以下问题。

（一）产业结构的合理性需要逐步完善

以目前的情况来说，较为成熟的竞技体育产业发展相当迅速，体育竞赛业占据着非常重要的地位，并且在竞技体育中发挥着关键作用。以欧美发达国家为例，体育竞赛业是竞技体育产业最核心的部分。但是，我国竞技体育产业发展得比较晚，在具体运作方面尚未实现规范化，制约了我国竞技体育产业的深入发展，尤其是关注度比较高的篮球和足球比赛，整体竞技水平都需要进一步提高。

在我国竞技体育产业中，体育用品制造业也居于非常重要的地位，这也从侧面反映出体育产业结构的合理性需要进一步提高。人们应对竞技体育竞赛业进行有目的的开发，提高竞技体育竞赛业在整个竞技体育产业中所占的份额。从某种角度看，重点发展竞赛业，与我国经济发展方式的转变、重点发展服务业的第三产业、提高经济结构的合理性有很高的契合度。综上可知，一定要将竞技体育产业中竞赛业的发展放在重要位置。

（二）地区间竞技体育产业的发展失衡

竞技体育产业在不同地区的发展存在不平衡现象，其中地区经济发展状况在很大程度上起着决定作用。通过分析生产竞技体育用品的地区可以发现，我国制造竞技体育用品最为集中的地方在福建省等东南沿海地区，绝大多数的竞技体育用品生产公司在此成立。但是，分析我国经济体育赛事，一般情况下，北京、上海、广州往往作为一些大型竞技体育比赛的举办地点。

（三）行业垄断设置壁垒

就目前来看，我国经济体育产业发展过程中面临着很多迫切需要解决的问题，如市场机制运行的畅通性需要进一步提高、市场化程度有待进一步提高、行业垄断需要不断打破、需要缓解地方保护、需要改善经营限制等。对部分体育运动项目来讲，其相关管理中心等准行政机构会通过一些行政措施对项目市场进行分割和垄断，这在很大程度上制约了项目市场的有效发展。

（四）严重的信任危机将会出现

尽最大可能满足经济体育消费者的实际需求，促使商业价值得以最大化，这是竞技体育产业发展的重要目标。竞技体育发展的根本是服务，只有提供给竞技体育消费者相关的商业价值和相应价值，使他们的实际需求得到满足之后，才能更好地达到预期的发展目标。就目前来说，在我国竞技体育产品中，整个品牌形象逐步呈现出下滑的趋势，消费者数量也不断下滑，一个萎靡的状态出现在我国竞技体育产业产品市场中，在这样的情形下会产生常见的信任危机，具体如下。

1. 稳定性是体育经济相关制度中存在的问题

转型发展是我国目前的竞技体育所处的阶段。在进行政府构建同市场经济体制相吻合的体育竞技发展模式中，没有及时借鉴有关的成功经验，同时在进行制定和实施相关法律法规的过程中，表现出心有余而力不足的情况，正是因为处于转型的状态中，这就需要对相关制度进行积极的修订、增订和更新，所以很难保持有效的保障制度。以我国发展足球职业化为例，需要不断积极修订相关的赛制问题、裁判问题、运动员转会问题等，在国家大赛进行期间，不断修订赛制，就需要被迫暂停一些联赛，这就造成了在很长一段时间内球队处于被肢解的状态。同时，在确定足球联赛升降级制度之后，也时常会出现随意取消升降级的情况，这不但制约联赛的观赏性，而且还限制了企业的投资额度，同时针对联赛制度环境，企业预期也会受到制约。

解决上述存在的这些问题，需要我国经济体育制度进一步加强稳定性和长期性。在彼此进行信任构建的过程中，其核心是制度，制度的稳定性对构建信任制度起着重要的作用。当前，我国竞技体育制度的稳定性有待进一步提高，目前的稳定性问题已经使制度的有效性受到了严重破坏，这非常不利于制度对经济行为进行有效规范。

2. 产权制度权责没有明晰

在我国当前体育产业中，比较常见的问题之一是产权制度权责非常模糊、不清晰，其原因是一些代理人具有允许别人对所有制安排进行改变的权利，这就使权利变得模糊、残缺，国家的管制和干预是造成产权制度权责模糊的本质原因。例如，体育企业通常使用人力、物力和财力进行具体操作，但国家干预的企业，需要同政府利润共享。体育联赛俱乐部投资者的投资与回报之间没有相关的收益权，不平衡进一步恶化，很难实现品牌推广的长期效益。

3. 政府的过度控制和低效率的控制

政府调控市场的运行是隐藏的状态，这是因为我国目前处在社会转型阶段，通过政府介入能够对竞技体育产业的发展进程产生良好的促进和影响作用。在传统观念束缚下，需要通过政府的管制才能对市场秩序的规范性进一步强化。如果政府所用的管制作用不恰当，就会产生违背市场规律、减少市场交易和谐程度、行政管制功能发挥过度等问题。

现在，我国竞技体育产业中存在的一系列问题，通过依靠政府管制很难从根本上进行解决。如果管制使用不当，有可能造成竞技体育产业产生新的问题，也可能会因过度干预导致经济主体信誉主动性丧失。因此，促进政府行为规范化是非常必要的，要促使政府管制的具体实效得到提高，以促使竞技体育产业经济主体构建良好的信誉度。

五、促进我国竞技体育产业发展的主要对策

（一）不断完善竞技体育市场运行体系和机制

计划经济时期是最初使用竞技体育发展模式的时期。竞技体育发展模式在进入社会主义市场经济阶段之后一直被使用，虽然进行了适当的调整，但是没有做出根本改变。对竞技体育发展模式来说，依然是社会体育资源在行政指令下的管理和配置。在市场经济条件下，资源的配置受到市场的影响，这就要求人们要根据社会主义市场经济运行机制，对当前经济体育资源配置的手段进行相应的转变，在资源配置的过程中要积极贯彻"以市场为主，以计划为辅"的政策。

综上，人们需要学习和运用最新管理意识和管理方式，合理构建同"市场为主，计划为辅"政策相契合的竞技体育市场运行机制和竞技体育市场管理体制。

（二）竞技体育俱乐部运作机制不断完善

只有对俱乐部管理制度加以构建并进行不断完善，保证相应的运行机制得到良好的循环，才能使竞技体育产业发展的目标得以顺利实现。对体育俱乐部具有决定性作用的重要条件，主要包括以下几个方面：

一是是否具有独立的法人地位。

二是产品是否是自主经营的。

三是名称、场所、组织结构是否同时具备。

四是对于民事责任是否能够独自承担。

五是是否清晰划分出投资者所有权与法人财产权。

六是资产经营责任制和资本金制度是否建立。

竞技体育俱乐部的发展，迫切需要向企业化管理的方向发展，逐步市场化，遵循市场经济规则，通过对价格、需要、竞争等严格运用开展具体的管理和经营，主动建立彼此制约、依托的运行机制，对约束机制和投资机制进行合理构建。

（三）树立经营开发意识

进一步提升品牌效益，对创新意识进行强化，这些都是推动竞技体育产业发展进程的有效措施。这需要人们深入理解产业化经营开发，树立市场风险意识，对市场运行机制和市场运行体系进行不断的完善和发展，促使竞技运动实际水平得到最大限度的提升，对竞技体育产业发展策略和发展模式进行重点创新，并与我国具体实际相联系，对国外的成功经验要积极地借鉴，从而确保我国特色的竞技体育产业进一步发展。

（四）加强政府宏观调控功能的发挥

我国竞技体育的发展同我国社会主义市场经济的发展进程基本保持同步，这

是由于在特定的时间段内，体育俱乐部和体育产业化都会向社会提供相应的公共物品，因此在大力发展市场经济的过程中，需要积极发挥政府的宏观调控作用，从而不断推动我国竞技体育产业化发展进程。

有效发挥市场机制的作用是政府进行宏观调控最基础的条件。政府对竞技体育产业目标进行干预，并不是否定市场机制的运行，而是填补了市场机制的缺陷，以便最大化地发挥市场机制的作用。对法律体系和政策体系来说，政府拥有权力进行合理构建，并对执法监督进一步强化，同时制定协调管理机制和综合决策机制，以最大限度地挽回市场机制的不足。在促进竞技体育俱乐部得以持续发展的过程中，不能只是依靠政府的资金支持，要将这种依赖关系彻底打破，对竞技体育俱乐部进行恰当的扶持和补贴，在对实际补贴额度进行制定的过程中，可以将竞技体育俱乐部向社会提供的公共物品实际数量作为参照依据。

（五）促进社会公众参与程度的提高

快速发展的经济体育产业，基础条件是群众，这就要求人们积极参与社会公众功能，进行挖掘和发挥。例如，对竞技体育产业发展中产生的消极影响行动要进行积极监督；提高参与竞技体育活动的具体次数；对合理有效的竞技体育产业活动，必须要适当地加大支持力度；对竞技体育俱乐部竞赛、竞技体育俱乐部训练，要借助媒体力量进一步强化监控力度等。在参与经济体育活动中，主要涉及广大群众的几个方面：群众性运动项目的大范围开展、对球迷角色的积极扮演、大力发展体育经纪人、大力培养竞技体育俱乐部专业人才等。既要更好地鼓励和推动广大群众参与到竞技体育中，也要给予竞技体育经营高度的关注，只有如此，才能更好地推动竞技体育产业的稳步、健康发展。

第二节　休闲体育产业的发展

一、休闲体育产业

（一）休闲体育产业的概念及含义

休闲体育产业是休闲产业结构中最为基础的组成部分。休闲体育产业是指将设施、物品、服务等向人们进行提供，并使人们的休闲体育消费需求得到满足的组织集合体。从某种层面来说，休闲体育产业就是将满足人们休闲体育需求作为目的的产业，主要包括以下几个方面的内涵：

一是在休闲体育产业中，主要的产品有休闲体育服务和休闲体育用品两种。

二是休闲体育产业能够通过向人们提供相应的休闲体育产品实现休闲体育消费，说明休闲体育产业所提供的产品具有明确的指向性。

三是对于休闲体育产品，人们通过支付一定的费用进行购买，从而使自身的休闲体育需求得到满足，这一过程就是休闲体育消费。

四是同其他体育方式不同的是，休闲体育产品在生产和提供方面具有特殊的属性，体育运动便是其中的基本方式和基本手段。

（二）休闲体育产业体系构建

休闲体育产业是休闲产业中的一个非常重要的组成部门，它主要包括休闲体育服务产业和休闲体育用品产业（图4-2）。

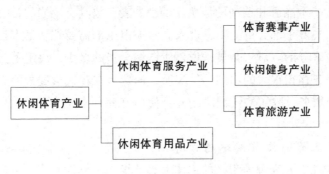

图4-2　休闲体育产业体系

二、休闲体育产业产生与发展的条件

（一）现代消费价值观的建立

美国是世界最早出现消费社会的国家。从需要理论看，马斯洛将人的需要分为生理需要、社会需要、安全需要、尊重需要和自我实现需要五个不同的层次。对于这五个层次来说，彼此之间是有级别划分的。对于很多人，特别是比较理性的人来说，只有在满足了衣食住行等基本需要之后，才会增加在娱乐、休闲等精神享受方面的需求。在休闲消费过程中，人们需要投入一定的时间和财力。此时，如果要大量地生产物质产品，尤其是生活必需品，那么势必会造成供大于求的现象。对于人的精神需求，主要表现在以下两个方面：

一是人对自身自由价值进行实现的需要。

二是根据当前的社会关系，等级化、结构化的精神产品需要。

以上两个方面的消费促使人们在社会中的地位得到不断提高，更好地促进人们加强自我价值程度的实现，也可以说，通过进行以上两个方面的消费，人们会产生一种消费品位或消费档次提高的意识。在最初阶段，时尚是人们对奢侈品消费的追求，当作提高人自身的社会地位和品位的手段。随着时间的推移，对奢侈品习以为常之后，就会将其作为是生活中的一种必需品，将其纳入休闲消费品的范围之中。人们追求奢侈品不是为了使自身的基本生理需求和自身的基本生活得到满足，而是为了更好地突出自身的价值。

当今社会人们的消费观念已经上升为一种价值观或价值哲学。人们遵循这种价值观所产生的结果是对休闲体育消费品的需求。因此，根据等级和类别，休闲体育消费品和商业性服务之间存在不同的分工，在按等级分类的商业服务中，还有一些体育消费娱乐商品的品牌分类。品牌和不同层次的消费品代表不同层次的人。

对同处于一个品牌和档次的消费品的消费者，也具有不同的社会地位和社会阶层。以高尔夫俱乐部会员为例，进入高尔夫俱乐部需要花费很多钱，但在会费方面是有等级之分的。对于会员来说，所缴纳会费的多少，决定了其所享受的教练、设施等服务存在很大的不同。这表明，消费者在花钱买健康的观念下购买休闲体育产品或服务，除了购买健康之外，使用这种方法向他人展示自己所属阶层的文化观念。

（二）个体自由本质实现的需要

人的主体性主要表现为积极的主体性和消极的主体性。积极主体性应该主要表现在创造性、积极性和主观能动性方面。在公平、安全、信仰、舒适、尊严、善恶、自由、个性等方面应该体现出积极主体性。由于人的生存和发展不可避免地会产生生产和消费行为，因此人的积极主体性需要是生产需要的主要体现。事实上，对于消费的需要，其也是消极主体需要的本质。通过消费这一行为，人们既能够使自身的基本生存得到满足，又能实现"自由"这一重要属性。因此，实现自由是人们幸福的前提条件。

但在现实中绝对享受幸福和自由是无法实现的，这就使人们将这一期望寄托在体育和艺术上。人们通过参与休闲活动获得自由，其中体育活动和艺术活动是主要的参与形式。就体育来讲，其形式是丰富多彩的，既包含了奥运会比赛中的正式比赛项目，也包含了很多民间体育活动。

（三）市场经济体制是前提条件

休闲活动的生产和发展是休闲体育产业发展的基本阶段，符合现代市场经济发展的逻辑。与追求一般产业的其他部门类似，休闲运动产品提供商也将追求利润作为其最终目标。休闲体育产品的生产基于休闲体育服务的分工。休闲体育的生产不断推动休闲仓的服务深化和地理分布，为休闲体育经济的发展提供必要的支持和指导。

只有在市场经济体制下，休闲体育产业才能真正体现出产业特点，促使资本得以持续不断地增值。休闲体育经济和相关生产的发展同样需要不断增值资本。休闲体育资本的附加值主要表现为在更广泛的休闲体育领域寻求投资机会和融资，以获得更大的价值。从某种意义上说，休闲体育资本是一个非常大的户外休闲体育系统。从某种角度说，休闲体育是实现休闲体育经济结构转变的动力。

（四）休闲时间充裕与收入的增加

休闲是指除了物质生产过程之外的活动，休闲时间的多少取决于社会生产力发展程度。在社会发展的不同时期，社会生产力的发展水平在很大程度上决定了休闲时间的具体差异。在进入资本主义社会以前，为了更好地维持社会的生存和发展，需要投入更多的时间和人力，需要人们利用这些时间进行采集、狩猎、耕作，这是为了满足社会生存需要所必需的。人们几乎没有多余的时间享受休闲的生活方式，在休闲消费方面也是非常少的，仅有当时的帝王将相和皇宫贵族才会有多余的时间来享受休闲生活。

进入工业社会之后，由于蒸汽机等动力机械的投入使用，社会劳动生产率得到了巨大提高，促使人们生活必需品变得更加丰富和多样，此时人们不再为了提高劳动生产而使用大量的时间，能够空出一些时间参与休闲活动。但是，由于资本原始积累，人们每天都需要投入十几个小时的时间工作，造成人们的闲暇时间非常少，阻碍了休闲消费的发展。

随着现代社会生产力水平不断提高，人民生活水平不断提高，人民收入稳步增长。产业结构和产品结构得到更好的优化并提供给人们多样性的物质产品和精神文化产品，这对休闲消费的发展起着重要作用。这表明促进休闲消费发展的主要原因有收入的增长、竞技水平的提高、生产力水平的提高。休闲体育作为休闲中的一种方式，在大量休闲消费产生的过程中取得了更好的发展。

三、休闲体育产业的发展

（一）体育健身休闲产业的市场规模不断扩大

目前，中国体育产业已达 2 万多个机构，这些机构投入超过 2 000 亿元用于休闲体育产业的发展，这些机构每年的营业额可以达到 600 多亿。"花钱买健康"这个概念给人留下了深刻的印象，人们认为这是一种时尚追求。目前，中国有 3 亿多人定期参加各类体育活动和休闲活动，平均每人 3.45 项运动。据调查和相关研究，在健身俱乐部参加体操消费的人中，有 90% 的人以 50~100 元购买。对于北上广等发达城市的居民来说，体能和健身费用占家庭收入的 10%。以上数据清楚地表明，中国休闲产业市场正在扩大并将继续扩大。

（二）初步形成了体育健身休闲市场体系

一个国家体育市场体系的可持续性是衡量该国体育产业发展水平的重要指标。就现代体育市场体系而言，它是一个多元化的市场体系，主要包括体育用品市场和体育服务市场。其结构包括许多相关市场，如休闲健身市场、体育用品市场、竞争表演市场以及体育中介市场等。中国的休闲体育市场在20世纪80年代初开始出现，经过了几十年的发展，特别是近年来，中国休闲体育市场发展非常迅速，逐渐形成了一种市场模式。它具有以下几种功能。

一是在这个格局中，各相关休闲体育机构都是一种平等竞争的关系。

二是其中包含了多种所有制。

三是投资主体来自不同的行业。

四是体育健身休闲用品市场和健身运动补品市场等共同发展，其中体育健身休闲用品市场是以体育健身市场作为核心和主体。

五是休闲体育市场提供的体育服务产品包括三个不同级别，依次为低、中、高档次。

具有上述功能的休闲体育市场模式为进一步推动休闲体育产业发展创造了良好的基础条件。

（三）体育健身服务呈现出多元化发展的趋势

不同类型的休闲体育健身俱乐部和健身中心为消费者提供各种体育健身内容和项目，如形体训练、器材健身操、保健按摩、有氧健身操、体育舞蹈、台球、有氧搏击操、羽毛球、瑜伽、武术、网球、保龄球、游泳等。这些运动组织针对健身计划的数量做出了不同的设置，并且还能为消费者提供多样化的服务。

例如，休闲健身中心能够同时向消费者提供健美、美容、运动、健身、康复等服务，还能够提供茶馆、咖啡屋、书刊室、舞厅、桑拿浴等一些其他服务项目。这样一来，就能够使各个阶层的人群在健身健美、娱乐休闲、交流等方面的不同需求得到更好的满足。

（四）重视体育经济法制的建设

市场经济是一种法制经济。因此，休闲体育市场规范有序的运行和休闲体育产业的可持续发展离不开相关法制的建设，也无法脱离对市场秩序进行规范。20世纪90年代，我国体育产业自产生后便得到了非常迅速的发展，有关的各部门都在体育经济法制方面不断加强建设，国家相继制定并出台了一些体育法规和地方体育法规，最为常见的体育法规主要有《体育法》《全民健身条例》《公共体育文化设施条例》等。此外，国家也在不断完善对休闲体育相关从业人员的有关资质认证制度以及体育市场的相关准入制度，这必将促使体育市场管理得到进一步加强和规范，为休闲体育产业的发展提供强有力的法律保障。

（五）连锁化经营模式发展较快

马华于1999年在中国推出连锁经营模式，当时是它将健身俱乐部引入进来，之后一些发达国家的体育健身企业巨头也来到中国开拓市场，这些企业都相继采用连锁经营的经营管理方式占据更大的市场份额。因此，越来越多的健身企业开始使用这种类型的连锁经营，以不断扩大自身的规模。

一些国外著名的健身企业进军我国市场之后，采用连锁经营的方式，自身的市场规模获得发展之后，其影响进一步扩大到中国市场，导致体育市场集中度不断提高。据分析，外国体育企业之所以在我国市场中快速占据较大的市场份额，主要是因为其具有很高的知名度，具有雄厚的资金实力，具有良好的品牌形象，有着高水平的经营管理和先进的健身理念。

（六）体育产业结构不合理，且发展缓慢

体育产业为中国国民经济的发展做出了贡献，特别是近年来，对国民经济总收入的增加起到了巨大的促进作用，每年的增幅已达到甚至超过20%，这远远高出国民经济的整体增长水平。但是，根据相关调查结果可知，我国体育及其相关产业在增加值方面，存在不合理情况，各部门存在着不平衡现象，尤其是同其他体育产业的发展相比，体育健身休闲产业的发展存在明显落后的情况。正是因为它的发展比较落后，所以它具有很大的发展潜力，有巨大的发展空间。在经过一定时间后，我国体育健身休闲业的发展必将超过其他产业，在国民经济发展中，将会成为贡献率比较大的产业之一。

（七）面临日趋激烈的市场竞争和较大的经营风险

自从我国加入世界贸易组织以来，有很多国外著名的体育健身企业进入我国国内市场，如英国菲利斯公司、美国倍力公司等。随着这些知名的体育健身公司进入中国，产生了积极的影响，也产生了负面影响，具体内容如下。

1. 积极影响

外资体育健身企业进入中国市场，将国外先进的经营管理经验和健身理念带到国内，这为我国体育健身企业的快速发展起到了重要的作用。

2. 消极影响

国外知名体育健身公司的加入，进一步加剧了我国体育健身市场的竞争程度，使市场竞争日趋激烈。这些知名企业在服务产品上没有明显的差距，对消费者产生了同样的吸引力，为了提高消费者的吸引力，企业将采取多种价格手段，造成中国体育市场的混乱，而且存在很多不正当竞争，增加了经营风险。

第三节　民族传统体育产业的发展

一、民族传统体育产业化简述

所谓传统的民族体育产业化，就是运用工业化的工作方式发展传统的民族体育。优化不同民族传统体育部门的资源配置，进一步提高资源利用效益和资源利用效率，促进传统民族体育健康和快速发展。在促进传统民族体育产业发展的过程中，要确保社会效益和经济效益协调发展，确保民族传统体育产业与经济社会发展形成良性互动，进而得到共同提高。

我国民族传统体育有着非常广泛的群众基础，在各民族中普遍存在，也受到各族人民的喜爱。在投入方面，民族传统体育相对较小，符合公共消费的力量，因此许多传统民族在营销方面开始发展和运作，初步形成了产业体系。

二、民族传统体育产业发展的模式

模式具有一定的稳定性和理论性，它是实践经验的总结。就本质来说，它就是对某个问题解决的方法论，主要表现在对某个问题进行解决时所形成的一种标准的模型和形式。经济模式从经济学的角度看，它是指在一定历史条件和地区中所形成独具特色的经济发展道路，它包括产业结构类型、所有制形式、经济发展思路、分配方式等各个方面的内容。

民族传统体育产业发展模式是指传统民族体育产业在特定地区发展的方式，主要包括民族传统体育产业的发展时序和道路、民族传统体育产业部门之间的协调配合和民族传统体育产业资源的构成和使用。

该模式是在长期实践的基础上形成的，因此国外民族传统体育产业或其他产业成熟的产业模式对我国民族传统体育产业模式的完善和发展具有重要借鉴意义。

民族传统体育产业的发展模式主要包括（图4-3）：选择"集中区"、选择发展方式、选择发展时序和选择民族传统体育产业的主导区域产业等。

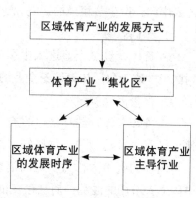

图4-3　民族传统体育产业发展模式

三、开发民族传统体育资源的基本原则

（一）自然资源与人文资源相结合原则

民族传统体育有着不同的形式，不仅涉及中国各民族传统体育项目，还包括中国的传统武术项目等形式。中国传统民族体育的独特之处，一方面来自所蕴含的文化特色；另一方面，来自于美丽的生态环境。正是在这两者的融合和协调下，才体现出传统民族体育项目原来的功能，也吸引了更多的人参与。在民族传统体育产业开发和发展的过程中，要注意民族文化资源与自然景观的融合与发展，突出传统民族体育的不可替代性与独特性。只有这样，才能发挥传统民族体育的独特优势，更好地促进民族传统体育产业的发展进程。

（二）观赏性与参与性相结合原则

体育作为一种活动，它具有实践性和参与性。只有人们亲自参与，才能充分体验到体育所具有的独特魅力。这就要求人们在开发传统体育项目的过程中，除加入精彩的表演类项目外，还要为人们提供强有力的实验和参与式体育项目，以便他们能够充分体验这项运动的乐趣。目前中国民族传统体育参与面比较小，主要是因为人们有自己的喜好，每个民族都有自己独特的文化风格，在推动民族传统体育方面有很大的困难。这要求人们转变和推广相关体育项目，使这些体育项目在全国范围内得到一定程度的提升，以更好地促进我国传统民族体育的发展。

（三）收益性与保护性相结合原则

强调发展民族传统体育资源的竞争优势并不需要牺牲民族文化，为了使该地区能够为发展特色体育资源创造更多的竞争优势，还需要强调传统民族文化的特点和优势。保持和促进传统民族文化元素才能使体育产业资源得到不断完善，走上可持续发展的道路。此外，这一原则还要求在发展适宜资源的过程中，注意保护生态环境，促进生态效益和经济效益的协调发展。

（四）多样性与统筹性相结合原则

民族传统体育有着多样性，在开发相应的体育项目时，要注意将其资源多样性的优势充分表现出来，对不同的传统体育文化项目进行开发过程中，要重视对相应产品和服务的差异化。在多样化发展的过程中，还要注意结合区域特征、民族风俗特点等，对本地区的整体资源优势进行统筹，使规模化战略效应得以更好地推进。

总的来说，在我国体育事业中，民族传统体育是非常重要的部分，具有独特的发展优势。在民族传统体育开发的过程中，对资源的保护和开发要给予相应的重视，并在此基础上积极传播和推广。同时，要注意进行相应的创新和改革，促

使其适应时代发展的需要，使人们的各种需求得到最大限度的满足。在民族传统体育产业发展中，要注意保持其内涵的文化因素，更好地引导民族传统体育产业迈向市场方向。在开发民族传统体育资源时，既要考虑相关市场因素，又要注意契合时代发展特征。在民族传统体育产业发展中，确立发展思路、发展模式、发展战略，从而促进民族传统体育产业得以可持续、科学化发展。

四、民族传统体育产业发展的具体措施

（一）加强民族传统体育的基础设施建设

民族传统体育在发展中必须依赖基础设施，基础设施为其发展提供重要的物质保障。目前，我国民族传统体育在场地和基础设施建设方面严重缺乏。很多民族传统体育场馆的现有设施和资源很难满足当前的培训需求和竞争需求。对民族传统体育传播和民族传统体育技术的发展，民族传统体育的相关设施是非常重要的因素，必须引起足够的重视。对现有的资源和场所，人们必须充分利用它们，发展相应的传统体育赛事和比赛，同时加强人们之间的沟通和交流，以更好地促进中国民族传统体育产业的发展。

对民族传统体育的基础设施加强建设。一方面，要促进民族传统体育产业化和市场化发展，以更好地促进民族传统体育相关基础设施的兴建；另一方面，在经营方面要合理、科学，使民族传统体育产业得以健康发展。这样既能够为人们提供必要的健身场地和健身场所，也能够为民族传统体育产业的开发提供必要的物质载体。

（二）加强民族传统体育项目的自身改造

随着现代人们生活节奏的加快，在休闲和健身项目方面，人们的追求逐渐向着实用、简单、高效、有效等方面进行转化。这需要人们加强民族传统体育的相关改造，使其能够适应社会的发展。通过加强改造能够使人们的各种需求得到更好的满足，也为民族传统体育的传播和发展增加一定的群众心理基础。

在对民族传统体育项目进行开发的过程中，要对项目进行分化、提炼和创新，以更好地推动传统民族体育的发展。在传统民族体育转型过程中，有必要投资先进的科学技术，采用先进的科学技术和理论开展理论研究相关的研究，运用现代科学技术促进民族传统体育的发展和传播。具体而言，人们必须放弃违背科学原则的行为，并进一步提高健身的效果。对具有较强观赏性和适合比赛的体育项目，应进一步完善其规则，促进其发展。

（三）加强人才培养，提高管理者的素质和水平

人才是发展的第一生产力，对社会和经济发展起着重要作用。对传统民族体育

产业的发展，提高员工素质可以为其发展提供重要保证。特别是在当前社会中，产业最常用的手段是网络化和数字化等技术，与大型跨国公司有销售渠道和品牌优势的竞争，而民族传统体育文化品牌的质量，以及所拥有的民族传统体育文化产业人才的数量在很大程度上决定了竞争的胜负。因此，人们应进一步加大民族传统体育产业的吸引力，吸引更多的优秀人才参与到传统体育产业发展的各个领域中，发挥所长，各尽其责，并形成与市场经济规律适应的经营方式和优秀的人才队伍。目前，我国民族传统体育的发展需要更多的人参与，对民族传统体育人才的培养才是推动民族传统体育产业发展的根本保证。

民族传统体育产业的经营者和管理者要通过学习和掌握先进的管理理念和经营理念促进自身的业务水平得以提高。不仅要培养相应的管理和经营人才，还要对高水平的运动表演和运动技术人才加以培养。企业及相应管理单位要建立和健全人才培养和选拔机制，使民族传统体育产业得以可持续健康发展。

我国民族传统体育产业虽然起步比较晚，所具有的基础也不扎实，但这也说明其拥有很大的发展潜力。随着改革开放的推进和深入，民族传统体育产业发展的水平必将得到进一步提高，因此要尽可能地加大对人才的培养力度，更好地适应民族传统体育产业未来的发展需要。

（四）大力培育中介组织，加大无形资产开发的力度

在民族传统体育产业中，中介组织发挥着非常重要的作用，并为其发展提供了非常广阔的空间。随着中国改革的不断推进，中国市场经济的社会主义制度已经建立，许多外资体育中介组织逐渐进入中国市场，形成了彼此竞争的局面。这为我国民族传统的体育机构的发展提供了机会。因此，我国传统民族体育的发展应该认真抓住这一契机，在相关中介组织的帮助下，使自身得到更好发展。另外，对于体育中介市场，政府还应加大支持力度，为国家民族传统体育中介市场提供良好宽松的外部环境。

（五）加强民族传统体育竞赛表演业的发展

在体育项目传播中，体育竞赛和体育表演的开展是最重要的方式和渠道之一，正因如此许多体育赛事得到人们的认可和理解，同时逐渐获得了相当大的国际影响力。由此可见，民族传统体育运动会的推出对促进中国民族传统体育产业的发展具有重要的推动作用。

除了一些民族传统体育运动会的开展之外，还可以开展相关的运动比赛，积极推广民族传统体育，倡导休闲和健身，使越来越多的人参与其中。

对一些民族传统体育发展较成熟的项目，需要科学的设计，促进他们对竞争性项目的发展。在吸引人们积极参与的同时，改进和发展体育运动技术规则。

（六）健全相关法律法规

民族传统体育产业发展有两种模式：一种是政府参与型，另一种是市场主导型。根据我国具体实际和基本国情，在中国社会市场经济制度条件下，政府参与型的发展模式得到了广泛的支持。因此，在民族传统体育产业的发展中，要充分发挥政府的作用。要发挥政府的作用，首先要为民族传统体育产业制定明确的发展目标。根据确定的目标，政府需要制定和发布相关的扶持政策，并采取适当措施帮助发展民族传统体育产业。传统的民族体育产业被认为是体育产业发展的重中之重。

对于民族传统体育产业的发展，政府要提供必要的扶持，制定和完善相关法律法规。只有民族传统体育市场具有健全完善的法规体系，才能规范和引导这一市场，才能为民族传统体育产业的发展创造良好的环境。

（七）实行民族传统体育俱乐部制

在中国当前社会主义市场经济的发展背景下，民族传统体育开始逐渐进入市场。若将民族传统体育发展为世界性的体育项目，若想使其能够在世界范围内进行体育运动交流，就必须走俱乐部制这一发展道路。这一制度既能够有效地促进我国优秀的民族传统体育文化的传播，又能够进一步加快我国民族传统体育产业化和社会化的发展进程。中国民族传统体育产业发展俱乐部制的实施，其意义主要体现在以下几个方面：

1. 吸引更多的消费群体

民族传统体育俱乐部体系的实施，使人们能够满足观赏、娱乐和健身等众多传统体育项目的需求，为民族传统体育产业的更好发展提供更多的消费群体。随着人民物质生活水平的不断提高和健身娱乐方式的不断变化，人们对参加民族传统体育方面的要求也越来越高。通过实施俱乐部制度，可以更好地满足参与健身和娱乐的人们的需求，能够观赏到具有较高价值的民族传统体育比赛。由此可见，俱乐部制度可以促使民族传统的体育竞赛有较高的观赏性，以便更好地了解观众的需求。

2. 吸引更多的民族传统体育文化爱好者

采用俱乐部形式，可以吸引更多的民族传统体育文化爱好者，促使他们加入俱乐部之中，接受更加专业的训练。在我国民族传统体育产业发展中，俱乐部就成为对优秀后备人才进行培养的重要场所。

3. 促进民族传统体育文化的传播和交流

俱乐部制度在民族传统体育产业发展中的实施，可以促进民族传统体育文化在全世界的交流和传播。俱乐部体系的实施，可以为传统的国家体育文化走向全球化提供机会，使其成为世界各地的体育文化。中国民族传统体育文化在世界的传播同时，也代表了中国优秀民族文化的传播。在世界范围内，我国民族传统体育文化的传播与交流主要表现为以下两种形式：

（1）将我国国内优秀的民族传统体育运动员输送到国外，互派表演团和访问团，创办国际性的教练员培训班和职业运动员。

（2）通过民族传统体育文化节等文化形式，在国家间开展较为广泛的交流活动，促使民族传统体育文化成为全球性的优秀文化。

4. 促使社会经济更加繁荣发展

俱乐部制度的实施能够更好地促进社会经济的繁荣发展。俱乐部能够获得相应的经济效益，也能够促进经济的发展，这主要表现为广告费、门票费用、赞助费、运动员转会费、网络转播费及其相关费用等，另外俱乐部还能够更好地带动广告业、电视业、器材业和服装业等相关产业的发展。

5. 促进民族传统体育服务业更加繁荣

俱乐部制度能够促进民族传统体育服务业更加繁荣。城市居民，尤其是大中城市的居民随着当代社会生活水平的提高，增加了可支配性收入，使他们对民族传统体育健身提出了更高的要求，相关的服务业也得到了迅速发展。服务业是以营利为目的，拥有非常广泛的消费市场。新的民族传统体育俱乐部不仅为消费者提供相应的民族传统体育服务，还提供旅游、餐饮、娱乐等综合服务，可促进服务性行业的有效发展。

（八）创建有影响力的民族传统体育品牌

在我国，民族传统体育文化是非常宝贵的财富。人们应积极制定和实施品牌战略，进一步提高传统民族体育文化产业在国际上的竞争力，更好地推动民族传统体育行业更快地发展。目前，中国民族传统体育走出国门，走向世界，同时参加各种比赛、表演和交流活动，取得了一定的成效和成绩，但总体发展的成果不能令人满意。导致这种情况的原因很多，如缺乏宣传和传统民族文化产业本身的推动，未能形成品牌优势是其中直接原因之一。民族传统体育文化品牌体育内容很多，包括民族传统体育工艺品、旅游用品、邮票书刊、音像光盘等。对于民族品牌的体育文化来说，它具有很大的发展空间，最关键的是要合理科学的发展。

如今，具有悠久历史的民族传统体育文化，伴随着我国国际地位和国际影响力的不断提高，开始走出国门，走向世界舞台，得到了长期发展，形成了一定的影响力。以武术为例，以武术作为主要表现内容的文艺作品在世界上已经占有非常重要的位置，如《少林寺》《精武门》《卧虎藏龙》等，通过与电影形式的结合，武术的知名度迅速提高，学习功夫的热潮在世界范围内兴起。

（九）积极促进民族传统体育市场的发展

1. 民族传统体育技术培训市场

第一，开展相应的技术培训，参与培训的人员往往会购买书籍资料、用品和服装等，并参加民族传统体育表演和比赛等相关活动。这些需要购买的物品和相关活动的开展，对活跃和发展相关的民族传统体育市场能够起到良好的积极促进作用。同时，通过技术培训还可以培养一大批民族传统体育文化爱好者，更好地引导他们参与民族传统体育产业消费。第二，民族传统体育市场的发展对民族传统体育相关技术培训产生相应的影响。例如，在民族传统体育竞赛表演市场中，精彩的表演和比赛或健身娱乐市场的发展可以鼓励更多的消费群体转移到民族传统体育技术培训市场。

2. 民族传统体育健身娱乐市场

（1）培育广大消费者。在民族传统体育健身娱乐市场中，生产、流通和消费是其中重要的环节，而其发展则需要广大消费者的保障和支持。因为健身娱乐市场的发展主要是由消费者的消费水平、消费动向和消费意识共同决定的。民族传统体育资源如何根据消费者的需求进行利用和开发，是健身娱乐市场发展需要重点考虑的经营策略，这一经营策略主要从以下两方面进行。

其一，促进人们消费水平的提高，要提高人们的生活水平和经济收入水平，只有使人们具有较为优越的物质生活条件之后，才会萌生在民族传统体育健身娱乐行业进行消费的观念。

其二，要进一步扩大市值的积累，加快资金运作和自身发展。这就要求了解市场发展方向，做好相应的市场定位，进一步降低成本，以吸引更多的消费群体进入健身娱乐市场，开发健身娱乐市场的多特色、多层次、多项目为目的。促进各级传统体育消费者的需求得以满足，使民族传统体育健身娱乐产业得到较好的发展。

（2）建立有关的法律和管理体制。民族传统体育健身娱乐市场之所以没能得到充分发展，其原因之一就是尚未形成同市场运行规律相符合的管理体制。虽然在我国一些省市对一些地方法律法规进行了制定，使当地健身娱乐行业得到一定的规范，由于市场自身运作规律的存在，必然会造成市场竞争和优胜劣汰。新的事物进入市场能否得以更好地生存和发展，必须要经过市场的长期检验才能得到结果，一些相关部门的管理起到宏观导向作用。在民族传统体育建设娱乐市场管理中，谁投资、谁受益是其中的基本原则，需要相关部门采用必要的法律政策维护和保障市场的稳定发展。

3. 民族传统体育消费市场

目前，在整个体育消费过程中，我国民族传统体育消费所占的比例较低，因此要开拓民族传统体育消费市场，进而提升我国民族传统体育的消费水平，这是非常迫切的。需要充分发挥民族传统体育的吸引力，进一步鼓励和刺激消费，积极宣传民族传统体育的功能价值，更好地满足人们的健康需求。

只有充分拦截传统体育文化的价值，才能更好地塑造一个充满活力的品牌，更好地吸引大公司参与传统民族体育文化的发展，以更好地促进国家传统体育产业进一步发展。

4. 民族传统体育文化市场

一方面，在相关媒体的帮助下加强对传统民族体育文化基础理论的研究，积极引导传统民族体育文化的消费需求。另一方面，民族传统体育市场也在积极探索，形成了促进市场发展和传统民族体育创新发展的良性循环。

民族传统体育文化市场有多种类型，有形产品、无形产品、精神产品、物质产品等是它的主要表现形式，人们在其中一种民族传统体育文化消费的时候，也会更好地带动民族传统体育文化其他方面的需求。这就使文化潜在性、先行性和引导性也存在于民族传统体育市场的开发中，所以文化规律也成为民族传统体育文化市场的制约。因为消费型和服务价值是民族传统体育文化产品的两个特点，所以民族传统体育文化市场和一般的物质产品市场有所不同，它具有不同市场效益的二重性，即经济效益和社会效益。占据第一位的是社会效益，经济效益则在次位，如果社会效益不足，那么经济效益也就没有收获。

随着社会的发展，在生产、流通、消费和服务方面民族传统体育文化产品表现出了新的增长态势，这是为现代社会化大生产增添动力。大工业生产和现代科技为民族传统体育文化的服务和生产活动创造了新的发展温床，使传播媒介、消费方式和流通方式得到了丰富和增长。

（十）推广和宣传民族传统体育文化产业

在宣传和推广的过程中，要高度重视对民族传统体育文化的传播。越来越多的国内外学者关注民族传统体育的文化底蕴，商界人士也重新认识到其深远的品牌价值所能带来的效益。在信息化时代的当下，产品的宣传和发展是和媒体密不可分的。因此，现代化媒体宣传手段要积极地应用到民族传统体育的宣传中，而且重视民族传统体育文化的宣传和传播也是必要的。

第五章　新时代体育产业发展探究

进入 21 世纪，体育产业的发展迈进了新的征程。中国体育产业未来的发展，既会受到市场力量的引导，又会得到政府政策的推动。两者并存，很可能是激励倍增和矛盾叠加，呈现出既快速发展又问题层出的局面。因此，一方面要促进发展，另一方面要有效治理，有效开发中国特色的发展模式仍将是中国体育产业发展的恰当选择。本章从体育产业的发展形势角度探讨体育产业的协调与发展。

第一节　当代体育产业发展特征

一、体育产业发展概况

近年来，我国虽然受到经济危机的冲击，国家经济和社会各项事业受到一定影响，但整体经济处于增长态势。随着人们生活水平稳步提升，日趋旺盛的体育消费诉求，对国民经济和社会发展及体育产业发挥着越来越重要的支撑作用。

（一）产业体量持续扩大

据体育产业统计数据显示，2006 年全国体育产业在职人员 256.30 万人，实现产值增加 982.89 亿元，占 2006 年 GDP 的 0.46%；2012 年全国体育产业在职人员 375.62 万人，实现产值增加 3 135.95 亿元，占 2012 年 GDP 的 0.60%。2012 年全国体育产业从业人员比 2006 年增加了 119.32 万人，产值总量增加 2 153.06 亿元，2012 年全国体育产业的增加值总量是 2006 年的 3 倍。面对全球及我国经济增速放缓的压力，体育产业表现强劲，已经逐渐发展成为国民经济新的增长点。

国家统计局对 2016 年国家体育产业统计数据进行了发布和解读。经国家统计局核算，2016 年国家体育产业总产出（总规模）为 1.9 万亿元，较 2015 年增长 11.1%；实现产业增加值 6 475 亿元，较 2015 年增长 17.8%；产业增加值占 GDP 的比重增长至 0.9%。从国家体育产业 11 个大类看，体育用品和相关产品制造业总产出和增加值最大，分别为 11 962 亿元和 2 864 亿元，占国家体育产业总产出和增加值的比重分别为 62% 和 44%；体育服务业（除体育用品和相关产品制造业、体育场地设施建设外的其他9大类）总产出和增加值分别为6 827亿元和3 561亿元，占比分别为35%和54%。数据显示，体育服务业发展迅猛，增加值占比上升到55%，首次占据半壁江山。尤其是健身休闲业，在针对性政策的引领下，增速达33.62%，增幅最大；竞赛表演业增长24.52%，而未来在多部门政策聚焦下，将有望实现井喷式发展。

产业数据最能反映一个产业的发展现状、走势和潜力。随着政策红利的逐步释放，体育产业已成为经济发展的新"风口"，体育产业机构数量明显增加、年增长率达21.7%；吸纳就业不断增长，体育产业从业人数达440余万人；消费市场日益繁荣，消费规模接近万亿。体育产业已经形成了以竞赛表演和健身休闲为驱动，体育用品业为保障，体育场馆、体育培训、体育中介、体育传媒等业态快速发展的整体格局，发展速度不仅远高于经济增速，更领跑幸福产业，显示出巨大的市场潜力和强大的发展动力，随着我国经济社会进入新常态，有望成为经济发展新动能和新的增长点。

（二）中国体育产业保持较快增长速度

受相关政策的鼓励驱动，中国体育产业始终保持较快速度的增长。据相关数据显示，中国体育产业增长速度最高达到22.83%，在2006年—2012年期间体育产业增加值年均增长速度高达16.32%，大于同期我国GDP总值年均9.22%的增长速度。尽管表现出一定幅度的波动，但增长速度远超全国经济整体增长水平。即使在2012年我国经济增长速度持续放缓的情况下，体育产业仍保持较快增长势头。2012年达到14.44%，是GDP增速的近两倍，展现出朝阳产业的发展潜力。

根据2017年国家最新全民健身状况调查公报数据，相比2016年，整体全民运动健身的人群比例增长近8个百分点，尤其是20岁—40岁人群，锻炼人群比例翻了一番，与发达国家之间的差距正在逐渐缩小。20岁—40岁人群是社会的中坚力量，具有旺盛的娱乐和消费需求，C端消费价值更高。根据《全民健身计划（2016—2020年）》，到2020年，参加体育锻炼的人数明显增加，每周参加1次及以上体育锻炼的人数达到7亿，经常参加体育锻炼的人数达到4.35亿。全民健身的教育、经济和社会等功能充分发挥，与各项社会事业互促发展的局面基本形成，体育消费总规模达到1.5万亿元。在政策的指引下，产业价值不断壮大。

各市场布局的全产业链生态圈已经初具规模和体系，商业生态系统的竞争与合作预计将会继续进一步拓展深化。目前，国内对体育产业的布局已经深入上游资源，如海外产业并购赛事引入、争夺稀缺赛事版权、投资控股体育核心产业、赛场或场馆等，对上游体育资源的掌控将大幅提升国内公司的话语权。

（三）优化的产业结构

近几年，国内体育产业结构得到进一步优化，产业结构所占比例明显提升。

其中，持续健康发展的体育服务业，占国内体育产业比例已由 2006 年的 17.10%，提升至 2017 年的 32.07%；体育用品业尽管增加值规模提升明显，但所占体育产业比重则下降明显，由 2006 年的 79.52% 下降至 75.83%；体育建筑业占体育产业比重由 3.37% 提升至 4.16%，所占比例仅略有提升。我国体育服务业所占比例的持续增长和体育用品业所占行业比例的明显下降，印证了体育产业内部基本结构的变动规律，体育产业软化率有所提高，内部业态结构改善明显，显示出我国体育产业结构具有向合理化方向转变的趋势。

二、新时期体育产业发展特征

（一）产业增速的新常态

我国体育产业十余年高速增长的基础来自于两大红利的驱动。在产品生产方面，国内的人口红利效应创造了大量的廉价劳动力，潜在体育产业增速被强力推动；在产品销售方面，全球化红利带来了外资的大规模涌入和外需的爆炸式增长，创造了体育产业外向型增长模式的条件。但是，目前来看这两大红利都在走下坡，主要表现在以下方面：

1. 供给端的新常态

改革开放后，国内人口抚养比一直表现下降趋势，15 岁—64 岁的劳动力人口占比从 57% 升至 2010 年的 74.5%，人口红利不断释放。2011 年，中国人口抚养比首次出现新的上升。自此，中国人口结构的新拐点已经到来。专家预测，在未来 10 年里，人口结构的改变加速显现，人口老龄化将不可避免，劳动力人口占比将低于 70%，这将导致国内劳动力成本升高，以后体育加工的世界工厂将向拉美、东南亚、非洲等国家和地区转移。

2. 需求端的新常态

进入 21 世纪以来，由于我国加入人口红利和 WTO 带来的出口竞争力迅速提升，迅速崛起的中国体育用品加工业，使中国成为全球第一大体育用品出口国。同时，宽松的发达国家货币政策，尤其是一次又一次的 QE（量化宽松政策）浪潮，给全球流动性资本注入了新的动力，中国市场出现了体育外资大量涌入的现象，从而成就体育产业的黄金时代。但金融危机之后，这种趋势已经逐步逆转。在需求层面，从银行危机（2008 年），主权债务危机（2009 年）之后，杠杆经济产生的直接后果是发达国家的储蓄——经济账户逆差和投资负缺口逐步缩紧；在制度层面，内需疲软，外需成为各国新的追捧热门，TPP、TTIP 实质就是美欧搞的变相保护主义。自此以后的 10 年，WTO 红利也趋于疲软，中国要面临所谓 ABCWTO（Anyone But China，意为将中国排除在外的 WTO）的巨大挑战；在技术层面，逆差的中国体育产业、投资收益正加紧影响一般的体育用品加工贸易日渐萎缩的顺差，未来中国体育经济账户可能全面陷入逆差之中。

3.增速的新常态

内外两大红利的逐步退潮，从高速发展向中高速发展转变是中国体育产业必然趋势。从数据中可以看出（表5-1），中高速增长已成为体育产业的新趋势。

表5-1 2016年全国体育及相关产业核心指标结果一览

2016 年国家体育产业总产出和增加值			
体育产业类别名称	总量（亿元）		结构（%）
国家体育产业	19 011.3	6 474.8	100	100
体育管理活动	287.1	143.8	1.5	2.2
体育竞赛表演活动	176.8	65.5	0.9	1
体育健身休闲活动	368.6	172.9	1.9	2.7
体育场馆服务	1 072.1	567.6	5.6	8.8
体育中介服务	63.2	17.8	0.3	0.3
体育培训与教育	296.2	230.6	1.6	3.6
体育传媒与信息服务	110.4	44.1	0.6	0.7
其他与体育相关服务	433	179.7	2.3	2.8
体育用品及相关产品制造	11 962.1	2 863.9	62.9	44.2
体育用品及相关产品销售、贸易代理与出租	4 019.6	2 138.7	21.1	33
体育场地设施建设	222.1	50.3	1.2	0.8

（资料来源：2016年全国体育及相关产业统计公报）

（二）结构调整的新常态

过去10年是结构失衡的10年。产业结构表现为以加工贸易为主的体育用品产能和体育服务业产能存在严重失衡；地区性结构表现为东部地区快速崛起，中西部地区发展滞后；要素结构表现为政府垄断性较强，要素流动性受到极大约束。在将来的10年里，优化结构是体育产业缓解失衡必经之路，所以优化中的阵痛也是平衡过程中不可避免的。

1. 全新的产业结构趋势

优化产业结构时期，各种资源会得到产业结构合理充分利用，使各个部门之间的资源得到更好的使用和分配，为产出效益注入新的动力。但中国产业结构长期处于失衡状态：从产值结构来看，在 2006 年—2017 年期间我国体育产业软化度指数平均仅为 19.19%，虽然整体比例开始提升，但提升幅度过于平缓，峰值也只是 21.45%，距 40% 的限度还有很大空间，这是典型的硬产业的表现；其中体育用品业 8 年所占比例区间高达 74.09%—76.83%，过高的体育用品业比重是造成我国体育产业过度硬化的主要矛盾。第二产业中的体育板块，过大的体育制造业比例成为不可忽视的现状。例如，2006 年体育制造业和体育建筑业比例差值达到 68.34%（制造业 71.74%，建筑业 3.40%）；之后七年体育制造业比重下降 10.30%，体育建筑业逐步提升，但是之间相差仍高达 56.88%。在第三产业中的体育板块，体育组织、体育销售业管理活动占比最大，分别为 6.63% 和 12.65%；而体育健身、引导体育赛事等主体产业发展的中介业比例仅占 0.69%，体育培训业为 3.57%，这表明我国体育产业在第三产业的内部比例失衡。

金融危机之后，中国经济结构开始调整，其中工业制造业所占比重呈现下降趋势，第三产业比重在半被动、半主动中逐步发展。截至 2013 年，国内生产总值中的服务业首次超过了工业的比重，工业对经济增长的贡献率（46.5%）也低于服务业（48.2%）。在这一新趋势到来之际，国家政策会加大力度进行产业结构优化调整，但是体育服务业部门的供给不足与体育工业相关部门的产能过剩并存就是最突出的矛盾体现。所以，政府相关部门将加快化解体育工业部门产能过剩的问题；从客观层面，随着资本存量和收入的增加，中国正处于从出口和投资主导型经济向消费主导型经济过渡期，这是提升对体育服务业的必然需求，尤其是体育培训、体育中介等生产性第三产业。

2. 区域结构新趋势

实践证明，如果两个地区之间的区域性 GDP 水平相似，则其消费偏好和需求结构也会类似，体育市场之间的差别就会很小，贸易和区域分工的可行性也会加大；反之则供给、需求关系就会两极分化。新趋势下，新一届国家领导把区域发展提升为国家战略的重点，这一思路的核心是打破过去的"封闭性"思维，上层设计、协作发展。在区域结构一体化的思想基础上，以点带面，从而实现"一弓两箭"的战略布局。"一弓"是指贯穿我国东部一线的东北老工业振兴基地、京津冀经济圈和 21 世纪海上丝绸之路，这片"弓"形区域基本涵盖了我国经济最发达的地区；"两箭"指贯穿我国东西部地区的长江经济带和丝绸之路经济带，"两支箭"连接了我国广袤且资源丰富的中西部地区。"一弓两箭"基本涵盖了我国所有的省市区，向东连接东北亚、东南亚、澳洲，向西连接中亚、中东、欧洲，不仅是国内经济发展的重要引擎，也是对外开放的重要窗口。这一区域战略明显不同于以往的各自为战、粗放发展，更多地强调"全国一盘棋"，从而为体育产业的区域结构优化、协调发展注入了新鲜活力。

3. 要素结构的新常态

要素创新力是产业赖以生存和持续发展的重要活力，国际上通常采用 R&D 投入反映一个产业要素核心竞争力和创新能力。新世纪以来，我国体育产业规模不断扩大，R&D 投入也呈现上升趋势，要素创新力不断得到提升，但仍存在不可忽视的结构性失衡。一是结构性失衡的 R&D 经费投入量。因为体育服务业的效益难以显现，企业主动创新投入的积极性始终无法调动。据 2010 年第二次全国科学研究与试验发展（R&D）资源清查数据显示，我国娱乐业和文化体育 R&D 经费投入16271 万元，仅占总量的 0.03%。对比无法在短期见效益的服务业，企业主观上愿意加大能直接见效益的用品业的创新资本投入。根据相关统计显示，福建省 4.82 亿元的经费作为 R&D 投入体育用品业，广东省 6.95 亿元的经费作为 R&D 投入体育用品业，浙江省 7.28 亿元的经费作为 R&D 投入体育用品业，体育产业创新投入量结构性存在恶性发展。二是 R&D 经费投入强度失衡。国际上 R&D 经费投入占销售收入（投入强度）1% 以下的企业是难以维持生存的，占销售收入 2% 的企业可以勉强维持，占销售收入 5%—10% 的企业才有竞争力。据有关统计显示，福建省体育用品业 R&D 投入强度为 2.10%，广东省 R&D 投入强度为 2.03%，浙江省 R&D 经费投入强度为 2.11%。我国体育产业 R&D 投入情况仍然过低，处于勉强维持的边缘，这种状况严重制约了我国体育产业创新能力。三是 R&D 人力要素投入失衡。2009 年我国文化体育和娱乐业 R&D 人员占到总量的 0.05%，只排在全部 14 个行业的倒数第二位，仅比金融业高，这种低 R&D 人员投入水平严重影响了体育产业的创新投入率。

要素结构的严重失衡极大地影响了体育产业的健康发展。而新常态下，将立足有效益、有质量、可持续的增长，大力提升要素的创新能力，挤出体育产业增长中的水分，刺破过去"量"导向下吹起的经济泡沫，从根本上治理传统的要素驱动、以量取胜的发展方式，推动体育产业转型升级。

（三）宏观政策的新常态

面对中国经济增速放缓的周期性波动，国家更倾向于从需求端入手，应用"宽货币""大投资"实现总量宽松，解决产能过剩所带来的问题。这样的导向在治理危机时见效速度较快，但难以从根本上解决问题，更会造成不可忽视的遗留问题。纵观历史，主张干预政策的凯恩斯虽然带领各国迅速摆脱了战后经济萧条，但也埋下了滞涨困境诱因；撒切尔和里根的新自由主义虽然成功克服了滞涨，但也埋下了全球金融危机的种子。同理得出，中国的"四万亿"虽保住了经济增长，但也间接诱导了严重的债务风险和产能过剩。面对未来经济放缓的局势，政府不应寄望于通过"刺激""放水"等需求管理手段提高经济增速，而是通过促改革消化前期政策，使经济长远可持续地发展。在体育产业上，从体制层面打破未来产业增长的供给瓶颈是改革的重点，厘清政府、社会、市场的职能和定位才能解决增速下行的压力。

1. 市场定位的新常态

我国市场经济体制正处于完善之中，计划经济的惯性仍然不可忽视，市场释放的还不够充分，这是体育产业快速发展的必要条件。从国际产业演进规律看，体育产业的开放度极高，市场配置产业资源是基本前提。因此，新环境是进一步加大市场的作用，最终让资源配置遵从市场的分配，这就能打破体育产业发展的瓶颈，让市场作用得到更好发挥、提高体育资源的配置程度、激发市场活力，让体育产业在此更上一个台阶。

2. 政府定位的新常态

在我国产业化进程中，政府的垄断经营一直不可忽视，产业资源政府主导性特征突出。一是要素资源垄断化。由于产权因素，政府掌管大部分生产要素，特别是高层次体育资源基本集中在政府系统。二是要素价格垄断化。产业资源的政府行政控制态势造成了要素价格的垄断化，导致体育系统内的低成本扩张，鼓励政府性扩大投资和生产。三是组织关系资源垄断化。其触角基本涵盖了体育系统的方方面面组织关系，而依靠强大的官办一体化便利，我国已经形成庞大的体育"国企"关系网络，垄断着国内丰富的产业组织资源。而新常态下，加大政府的宏观性指导和调控，减少微观事务的直接干预，实现政府定位的进一步下移，逐步释放基层话语权，将成为主要方向。这无疑为激活体育产业发展潜力奠定基础。

3. 社会定位的新常态

根据数据显示，我国社会性非营利组织数量较少，2011年年底，体育类民办非企业为7700个，在国家民政部门登记注册的体育社团为13534个。同时由于政社不分长期存在的格局，导致我国非营利组织主体地位受到极大削弱，难以在产业运作中释放出潜在的能量。新常态下，将对社会组织的产业地位进一步强化，体育产业《若干意见》中也旗帜鲜明地提出"凡是法律法规没有明令禁入的领域，都要向社会开放"。为吸引社会力量广泛参与体育产业营造了更加广阔的市场空间；为破除各种利益掣肘，全面消除了各种限制。

第二节　当代体育产业的新发展

一、体育产业快与慢协调发展

综观近三十年的发展，尽管中国经济持续保持高速增长，但也导致了一系列社会危机或称"系统性风险"，其中最严重的是资源环境问题。在政府主导的政策红利推动下，体育产业保持快速发展的同时，正是建立在对体育资源的无度开发、对周边环境的过度破坏和污染的基础之上，特别是快速发展起来的体育用品业。由于资源需求急剧增加，为了满足产业需求和无限制扩大规模，产业中间能源消耗到极致，大量污染物排入环境中，导致了自然生态系统的巨大破坏。应该说，这些问题不解决，增长越快，矛盾就会愈加尖锐。新常态下，将更加重视经济的可持续发展，"对环境的最小影响、对自然与文化的最大尊重"的可持续理念，将极大地助力体育产业的转型升级，刺激体育产业增长走上合理的速度轨道。

二、体育产业质与量协调发展

体育产业增长保持合理的发展速度，最大的目的是提质增效。中国经济的传统发展方式中，政府更加注重"高大上"，即一味追求概念高举高打、项目大干快上、指标月月增长的惯性模式。而这种只追求"量"的惯性模式极大地伤害了体育产业"质"的发展。体育产业逐步陷入同质化、易模仿的劳动密集型产业之中，在体育用品业中体现得相当明显，这在某种程度上严重打击了企业自主创新的动力，制约了体育产业的品牌化、质量化发展。新常态下，将更加重视技术进步在体育产业发展中的作用，由量入质，政府将在体育产业运营中实现几大关键转变：一是从盲目规划到找战略——为区域经济找出口；二是从抓项目到抓环境——为企业经营市场、民众经营体育产业做好大环境建设；三是从搭框架到精装修——推动城市体育产业更新与产业升级。

三、体育产业新与旧协调发展

传统的消费观念更加注重吃得好、穿得暖，因此消费需求主要集中在衣、食、住、行等方面。近年来，人们消费观念产生较大变化，特别是 80 后、90 后新生代人群的消费观念、模式与此前有着深刻的差异，健康、养老、休闲度假、体育、文化娱乐、生活服务等"大消费"需求，日益成为富裕起来的中国人的强烈要求，新增长需求与旧发展模式的冲突日渐显现。新常态下，迅猛发展的全新消费需求将对体育产业产生极大的影响，与这种需求相适应的是体育产业需要重新定位，从经营理念到商业模式都要经过再生式重构。这意味着新模式对旧模式将产生巨大冲击，自然将拉动传统体育服务业与传统体育制造业，推动新一轮体育产业高速增长。

四、体育产业政与商协调发展

由于传统"赶超型"发展方式的惯性影响，我国的土地、劳动力和资本等生产要素和资源产品的价格，长期受到国家管制，所以严重偏低，导致生产要素和资源产品价格不能反映市场供求状况和资源的程度。因此，中国体育市场价格形成机制不健全、价格失真，特别是土地、资源和资金等要素的虚假低成本，鼓励了体育企业过度投资和忽视效益的倾向，误导了投资和消费，体育产业变为高投入、高耗费、低效率的发展方式。新常态下需要划清政府与市场的边界，实现政府之手与市场之手互动发展。这就意味着新型政商关系的出现，政府干预体育产业发展与市场成长的方式将进一步优化，介于政府与企业之间的中间力量将更多地发挥作用，市场上升到"决定性"地位形成的新型政商关系自然会对体育产业产生较大的促动。

五、体育产业内与外协调发展

经过多年全方位对外合作与交流，中国经济与世界经济已经进入一个深度交融、难分彼此、相互制衡又相互依赖的全新阶段，这表现为中国经济对世界经济的依赖度超过 60%，而中国作为新兴经济体的龙头又对世界经济增长起到举足轻重的作用。这种立体化深度交融状态，一方面带动中国体育产业得到快速发展，另一方面也带来一系列的矛盾和冲突，甚至遭遇到此起彼伏的贸易摩擦。据不完全统计，近年来中国体育用品遭受的反倾销产品不断增多，已经由最初占主体的运动鞋等较低端产品，逐步延展到冲浪板、网球、自行车等运动器材中的中高端领域，囊括了反补贴、保障措施、特保、进口许可监控等多种反倾销类型，给中国体育用品外贸出口持续发展带来重大威胁，也对体育产业的宏观调控造成严重干扰。新常态下，将更加注重体育产业的转型升级，在体育产业的各个领域寻求与国际社会的全新对话与合作模式，这无疑将为体育产业的正常稳定发展注入新鲜活力，推动体育产业国内发展与国际发展。

第三节　我国体育产业发展形势

体育产业是经济发展的助推器，是朝阳产业，是绿色产业。随着我国经济转入新常态，体育产业在 21 世纪会有新的更大发展，具体表现在以下几个方面。

一、产业发展方式实现转变

目前，我国发展阶段产生了深刻变化，由满足自身生存需要的生存型阶段变成以追求自身发展为主要目标的发展型阶段。发展阶段的变化引起我国需求结构的战略性升级，体育产业规模持续扩大，表现出极强的上升张力。当然，我国发展阶段的变化也使社会矛盾呈现阶段性的特征，长期以数量为导向的"增长主义"很难持续下去，体育产业转型升级已经成为发展的客观趋势。虽然我国面临的外部环境有挑战，但总体上还是比较有利的。进入后危机时代，全球化秩序的调整为我国利用国际市场实现体育产业发展方式转变提供了有利的条件。我国如果实行更加主动的发展决策，把握发展转型带来的机遇，更加主动地融入全球体育经济中去，肯定会加快体育产业发展方式转变的步伐。

二、产业跨界融合成为主流

当前我国体育产业还处于初级阶段，但是上升的窗口已经打开，跨行业形成的市场开放化、资本多元化局面为体育产业注入了快速发展的动力。

伴随世界经济的快速发展，体育产业已经突破了单边发展的限制，体育产业体现的包容、混合性的优势，将其推向更加开放化和多样化的境地。体育与各个行业已经出现更深度融合的征兆，这为体育产业提供了更好的发展空间。

三、城市体育产业实现引领

目前，我国城市数量急剧增加，城市化水平已经超过 50%，按照城市化进程呈现"S"形发展的规律，现阶段我国城市化是以"同化"过程为主，并以城市文明扩散来加快城市文明普及率的提升。要想推进体育产业，必须推动体育产业的不断改革，生产力的进一步释放。

随着大城市影响力、中等城市产业链、小型城市卫星点的逐渐形成，我国城市体育产业肯定会快速发展，成为行业发展的领头羊。

四、消费结构优化成为主向

目前，我国在沿海地区及大中城市等经济发达地区已经形成了数量可观的高消费群体，具备了相当规模的体育消费市场。虽然整体上尚未进入高消费阶段，但是随着我国中产阶级人群的进一步发展壮大，体育经济将在整体上由成熟阶段向高消费阶段转变。老百姓对体育物质消费品需求的增势逐步减弱，对与人的健康和生活质量提高密切相关的体育服务消费品的需求正在快速提高，体育休闲娱乐需求快速增长，体育消费结构将逐步向去物化方向发展。

五、产业内部结构逐步疲软

从目前发达国家体育产业趋势来看，体育服务业将占据产业构成的主要地位，呈现产业结构高度疲软的趋势。当前，我国体育产业正在逐渐优化中，体育服务业占体育产业的比重已经由 2006 年 17.10% 提升至 2013 年的 21.44%。尽管仍属于硬产业的范畴，但随着国家经济结构调整步伐的加快以及国务院发布的《若干意见》、国务院办公厅发布的《指导意见》以及《关于促进健康服务业发展的若干意见》等一系列政策红利的进一步释放，体育产业结构肯定会有快速优化过程，产业结构逐渐软化趋势将带动行业发展。

六、产业区域结构协调发展

以珠江三角洲、长江三角洲、京津冀地区为中心的体育产业经济圈将向着规模化、现代化方向发展，这些区域的中心城市，如北、上、广等将成为我国体育产业发展的模范，这些城市将带动全国其他地区体育产业的加速发展。随着"一带一路"国家战略逐步推进，内陆和经济不发达地区体育产业发展的基础设施条件将会得到很大改善，各个地方利用当地独特的体育资源发展具有地方特色的体育产业与东部发达地区协调发展形成互补。

七、产业竞争能力明显提高

经过努力，我国体育产业的核心竞争力得到明显提升，体育用品企业更加重视产品的科技含量和创新产品的研发能力，有一批具有国际市场竞争力的明星企业与品牌逐渐成熟。一批具有国际影响力的体育赛事也会落户我国，一批具有自主品牌的地区特色体育赛事将会形成，以此为推手带动体育产业再上一个台阶。

八、改革产业制度稳步进行

政府体育部门在管理体育产业中的职能将进一步明确，在体育产业政策的制定与完善、体育产业体制机制的创新、体育市场的培育与监管以及体育产业基础性工作方面将发挥重要作用，着重加强宏观调控，以政策法规为杠杆推动全社会体育产业发展。体育产业的行业管理与社会管理职能进一步增强，体育产业领域中各协会组织的沟通、协调、服务和监督作用将得到充分发挥，市场配置体育资源的效能进一步提高。

第六章　体育产业发展的心理学探究

随着社会的不断进步，体育产业受到越来越多的关注，体育教育发展迅速，体育心理学研究进一步深入。运动心理学是用心理学研究方法对物理教育和竞技体育、休闲健身等问题进行分析探索的心理活动的过程，具有双重应用心理学和运动科学的基本特点，主要与体育心理学、运动心理学和健身休闲心理学方面的内容。本章从体育产业角度出发探讨人们的心理因素，如何进行体育营销，促进体育产业经济的发展、增长的问题。

第一节　体育受众的心理分析

一、体育受众的个性倾向性

（一）需　要

需要是人们对其生存发展条件的自觉认识和能动追求。由于人们认识事物的局限性，不可避免地造成需要的分化和分层概括地说，有物质需要和精神需要之分。精神需要与物质需要不同，人类物质需要的对象是对象自身，而精神需要的对象是对象所张扬出的人的力量和人的特性，也就是说，精神需要的对象凝聚了人的本质力量，体现的是人对物质的能动的认识和改造的关系。

（二）动　机

动机是指激励人去活动的心理方面，是在需要刺激下直接推动人进行活动以达到一定目的的内部动力。因此，动机在人的一切心理活动中有着最为重要的功能，它是引起活动的直接机制。动机使人的活动具有选择性。人的行为与其动机相一致，行为总是在动机的指引下向一定目标前进而放弃其他方向。动机越强烈，人的行动目标也越明确。

体育受众的动机包括以下几点。第一，情感动机。受众通过媒介观看体育比赛过程中，情感得到释放，身心得到愉悦。娱乐需求是受众观看体育比赛最基本需求之一，因此，娱乐动机在受众情感动机中占有重要位置。此外，积极压力动机和自尊动机也属于情感动机。积极压力动机是指受众倾向于接受不断提升的精彩和刺激赛事场景带来的积极情绪影响，使其长时间对体育赛事保持兴趣；自尊动机主要是受众在观看本国或自己喜欢的运动队、运动员获得胜利后在内心深处会产生自豪感，使其自信心得到提升，自尊感增强。第二，认知动机。随着信息社会的发展，大众媒介是受众认知体育世界的主要渠道，受众对体育赛事和体育信息的感知、欣赏、判断乃至参与，都会受到媒介的影响。第三，行为与社会动机。这是人们观看体育赛事形成深度体育受众的重要组成部分，包括受众的情感释放、群体归属等动机。

（三）兴　趣

兴趣是个体积极探索事物的认识倾向。兴趣具有广阔性、倾向性、持久性和效能等品质。可以分为直接兴趣和间接兴趣。

从心理学和生理学的观点分析，长时间的简单刺激容易产生超限制抑制，导致注意力下降或分散。要让受众对体育项目表现出兴趣，就要充分思考受众的身心发展特点，适当选择创编和受众年龄相适应的，具备较强趣味性、娱乐性的体育运动项目。例如，男生大多数都喜欢运动量大、对抗性强的项目，像篮球、足球等；女生则喜欢动作幅度小、姿势优美、节奏韵律感强的项目，像艺术体操、健美操等。此外，受众对体育的兴趣相对普遍，如对"NBA""足球联赛"等国际比赛都会产生极大的兴趣。

（四）理　想

理想是对符合事物发展客观规律的奋斗目标的向往与追求。理想是对未来的设想，它与个人愿望相联系，是所向往的人或物的主观形象。理想与现实生活相联系。现实中的某些对象和现象符合个人的需要，与个人的世界观相一致，这些现实中的因素就会以个人的理想形式表现出来。但理想不是现实的直接反映，是对现实事物的重新加工，舍弃其中某些成分，又对某些因素给予强调而形成的主观形象。

从时代发展来看，现代社会对人的冲击主要指向人的心理层次。生存环境及生存问题日益尖锐、高技术的劳动市场和竞争的加剧、错综复杂的人际关系，等等，都增加了人的心理负担，使人处在焦虑和应急状态中，这就要求现代人必须具备良好的心理素质以适应社会发展的需要。体育产业发展中合理导入心理学，对受众进行心理素质教育和心理健康指导，可以培养受众健全的人格。

（五）信　念

信念是指激励、支持人们行为的那些令人深信无疑的正确观点和准则，是被意识到的个性倾向。信念是由认识、情感和意志构成的融合体。具有信念的人对构成信念的知识具有广泛的概括性，其信念成为洞察事物的出发点，判断事物是非曲直的准则；具有信念的人对必须捍卫的信念表现出强烈的感情；信念也是行动的指南和行为的内在支柱，使人在环境中能坚持自己的观点。

随着全民健身计划上升为国家战略以及《中国足球改革发展总体方案》的出台，在未来实现"经常参加体育锻炼的人数达到 5 亿"和"全国中小学校园足球特色学校 2025 年内达到 5 万所"这一宏伟蓝图的过程中，将会有无数人受益于"足球"，受益于"体育"。日常生活中，我们可以在平常的散步、简单的球类运动中舒缓生活的压力，抑制不良情绪的产生；可以在坚持不懈的长跑、骑行中去感受生活前进的力量；也可以在户外探险、越野中去探寻内心中未被发掘的"狂野"。总之，体育运动的形式丰富多样，但它传递给人们充满正能量、永不停息的精神和信念一脉相承。体育受众的信念在一定程度上可以理解为一种顽强拼搏、永不言弃和勇往直前的精神。

二、体育受众的心理特征分析

（一）体育受众的个性心理特征

1. 求新心理

新媒体时代，体育以丰富多样的形式传播信息。这与新媒体环境下体育受众呈现出的求新心理相关。所谓求新心理其实就是一个心理指向，主要指体育受众倾向于接收富有新意的体育信息。经社会考察得知，新媒体环境下的体育受众多为青少年。这类群体本身处于对新鲜事物极为好奇的年龄阶段，所以更加期待接收新鲜、有创意、能吸引眼球的体育信息。新媒体环境下，体育受众呈现出的求新心理，具体可以表现为两方面：第一，新媒体环境下的体育受众希望通过新媒体接收最新体育时讯；第二，从体育传播的内容上来看，新媒体环境下的体育受众更加期待体育新闻的内容能以全新的形式传送。同时，新闻报道的形式应摆脱传统的束缚，而以符合青少年特点的手法创新播报。综上来看，在新媒体环境下体育受众的需求就会得到有效满足，同时创新播报方法则可以有效吸引其注意力，保持其对体育信息的关注度。

2. 娱乐心理

体育受众不仅渴望了解最新体育动态，还希望在体育动态中得到"调味剂"。这与当前体育受众所处的环境相关，因为他们大多生活在有压力的环境之下，急需"调味剂"缓解压力，这就增强了体育受众娱乐心理的需求。如果体育动态消息以娱乐形式传送，那么他们在接收信息时就可以享受阅读信息带来的愉悦感，这对缓解压力有一定的效果。因此，体育传播者应善于发现体育时事中的趣味，努力在传播过程中呈现出信息的趣味性，以满足体育受众的心理需求。例如，体育标题新颖化，即从标题开始优化，可以瞬间吸引体育受众眼球；以故事化和人情化手法展现体育内容，并增添一些人情味因素。如此多样化的态势，无疑有利于将体育内容以更易于受众接受的方式进行传播，从而有效提高体育传播效果。需要注意的是，过度追求娱乐化会影响体育文化的传播，体育精神也得不到有效传播。

3. 求真心理

求真心理就是指受众对真实的可信报道的心理趋向。新媒体时代下体育信息繁多，因网络本身具有虚拟性的特点，容易出现信息失真的情况。因此，体育受众表现出求真心理增强的特征。体育受众想借助新媒体这个平台，尽可能多地得到可靠真实的体育消息，以让自身的思想得到启迪。此外，新媒体环境下的体育受众也喜欢阐述性的节目，如体育人物访谈、体育人间等。这些充分表明新媒体环境下体育受众倾向于接收真实性的体育文化和体育事件。

4. 选择心理

面对众多体育传媒信息，体育受众倾向于选择自己最为感兴趣的体育领域。这与体育受众细分化趋势是分不开的。如果体育受众把时间花在浏览众多体育信息上，则会出现审美疲劳，不能将内心深层次的体育兴趣激发。而通过选择、筛选和过渡体育信息，体育受众的体育兴趣将会逐渐增强。

5. 替代心理

体育受众在观看体育赛事转播或其他体育报道的时候，常常被足球运动员在绿茵场上娴熟的脚法所折服，如划破长空的世界波、精彩绝伦的凌空抽射；叹服于篮球运动员在篮球场上精准的三分、闪电般的突破上篮、惊心动魄的空中滑翔扣篮；臣服于网球运动员在球场上一记记漂亮的 ACE 球。看到运动员在场上精彩的表演，自己不由得进入角色，希望自己也能成为他们那样的人，渴望一种"自我实现"。

6. 认知心理

体育受众群体对信息的认知心理具有主动性，受者认知的主动性是指有选择地理解、解释和记忆信息。受众通过选择性接触体育信息，对信息形成表征，从而内化为自己的知识，用于与人交谈或决策。

现代社会是一个离不开沟通的社会，共同的话题和共同的关注点是沟通所需要的。今天的体育已经成为众多人士的共同兴趣，无论同学聊天还是朋友聚会都离不开体育这个话题。出于对社会交往的需要，一些不喜欢和不关注体育的人开始接触体育报道，获得与朋友、同学、老师、领导等的谈资。与此同时，还有一些体育受众是出于对决策的需要而关注体育报道或专题节目。

7. 学习心理

社会学习理论认为："所有人的行为都是通过社会环境的影响，通过示范来形成、提高和变化的。"现代社会大众媒体是不可拒绝的信息源。

媒体直播比赛通常是比较高水平的联赛，体育学习心理为观众提供了一个广泛的心理支撑。通过模仿和学习的专题节目为自主学习提供了资源。体育观众可以通过模仿学习一些球员或通过仲裁员学习一些专业的游戏规则。除了积极强化学习，体育观众还要关注一些负面报道，保持警惕。

8. 情结心理

今日的体育早已不再只是一种简单的活动，体育观众在观看体育节目时充满了民族热情、国家荣誉。体育是一个心理情结，由一些被压抑的想法所形成的一种复杂心理现象。2004 年 7 月，在亚洲杯比赛的过程中，面对日本足球队，中国球迷的嘘声，就是这种心理情节所致。

除了负面情结外，对于一些国际赛事，体育受众还有一种"出气情结"。比如，中国足球队逢韩必败，在这样的战绩背景下，受众的愿望是打败韩国队，扬眉吐气。每每有中国对韩国的比赛，球迷强烈的愿望就是战胜对方，并时时关注比赛。对于国内比赛，体育受众主要体现为一种"乡土情结"。在现场观看比赛或收看电视转播时观众往往对自己省份的球队摇旗呐喊，每进一个球都拍手称快，而对对手常常是冷言冷语、嘘声一片，常常是场边吹哨、大喊等干扰他们发挥。这是缘于受众对自己球队的地理接近和心理认同，媒体在体育报道中要正确的利用和引导这种"乡土情结"，避免其极端化发展。

（二）体育受众心理引导策略

1. 培养体育传播环境，树立正确的体育价值观

在体育运动中所产生的娱乐性是人们在体育消费时产生的额外属性，这不是体育的本质。只重视体育传播的娱乐性，就失去了运动的本质。我们必须培养良好的体育环境，树立正确的体育价值观。

2. 回归受众主体性，充分满足需求心理

马斯洛明确指出人类有五大需求，最高层级的需求是自我实现的需求。体育受众也有自我实现需求，虽然难以达到这种需求，但是可以借助平台，关注自己喜爱的体育运动或者体育明星，把他人当成自身的替代，完成自我需求。此外，新媒体环境下体育受众表现出的新的心理特征，也应尽量满足。例如，针对新媒体环境下体育受众主体意识增强的心理，其引导策略如下：体育受众在各大网站具有评论、互动自主权的同时，加强建立与之相对应的互动反馈机制，形成积极向

上的氛围。此举也有利于舆论引导水平的有效提高。针对求新、求趣心理,可以用氛围感染受众,也可以用事实让受众折服。由于体育报道本身具有很强的竞争性、趣味性、冲突性等,因而在对其进行引导时,情感和理智这两种手段应同时运用。对于选择心理,其舆论引导要有多样性选择。传播学理论认为:受众并不是不加以区别地对待任何传播内容,而是更倾向于"选择"那些与自己的既有立场、态度一致或接近的内容加以接触。对此,可以从传播途径、传播内容、传播方式上进行变革,尽量满足受众的选择性心理,以维持其对体育的关注度。

体育观众的要求—需求—兴趣—关注—要求,是市场需求的反馈循环。如果体育观众得到反馈,就能满足新的关系形成。只有不断满足观众的需求才是发展的本质。

3. 建立"名人堂"资料库,激发体育受众模仿学习的动机

体育观众的心理需求是以某些运动员作为载体,因为大多数观众都寻求完美的心理。通常某些领域的项目会选择比较知名的明星,体育明星效果是显示给观众一个明星运动员的力量。能更好吸引观众的体育专业媒体,在报道的过程中重点突出、有选择性。

4. 设立"分众节目",满足体育受众的不同心理需求

在体育运动中,很多观众是在信息收集处理的基础上决定不同需求的。根据不同受众,建立"重点项目"是一个很好的策略,能够满足不同受众的不同心理需求。

5. 建立"情结冲突"对象库,关注体育受众的体育情怀

体育观众有很强的"情结心理",通常情况下是复杂的,一场势均力敌的足球往往重视报道各方面差距而引起轰动。媒体应该针对观众的"情结冲突对象库",如运动员、球队实力接近,在报道中有选择性地报道转播。

总之,随着信息技术的发展和新媒体的受众呈现出的心理特征,需要有一个连续的分析,以一个合理的策略有效地引导,真正促进当代体育产业和体育受众长期发展。

第二节　体育产业中的营销心理

一、体育产业营销活动中的感觉与知觉

在体育产业营销活动中,体育经营者总是希望自己所制定的产品、广告、包

装等能收到良好的效果。为了达到这一目的，经营者必须使自己的营销策略中包含的信息为消费者所感知。心理学研究结果表明，人脑对客观世界的认识过程是从感觉和知觉开始的，这是人的心理活动的基础，也是营销心理学的基础。所以，对于体育产业经营者来说，应了解人类感觉和知觉的基本知识，并正确应用这些知识确立营销策略，以便使消费者能够有效地感知既定的目标。

（一）感觉

1. 感觉的概念

感觉是指人脑对直接作用于感觉器官的外界事物的个别属性的反映。不同的感觉器官产生的主观印象不同。感觉是人类对事物的一种最简单的和较低级的认识水平。通过感觉只能知道事物个别属性，而不是全部属性。

2. 感觉是对客观事物的主观反映

感觉分为主观和客观，一种是从内容上，一种是从形式上。因为人对客观事物的反应，必须依赖人的大脑、神经和各种感觉器官的正常机能，并受到人的机体状态的明显影响。客体对主体的刺激只有在一定的适宜刺激强度和范围内，才能使主体感觉到，这里就涉及感觉阈限的问题。

3. 感觉是一切复杂心理活动的基础

感觉是最简单的形式，但感觉又是认识客观世界的复杂的心理活动。

在一系列的购买活动中，顾客通过感觉器官可以接受商品的各种不同信息，在大脑中产生对商品个别、表面、特征的反映，形成初步的印象。例如，顾客通过视觉观察体育产品的形状、色彩，获得初步印象再进行综合分析，确定是否购买。任何促销手段都是设法让顾客产生良好的感觉，从而达到预期的目的。由于感觉是主体认识的最初来源，有了感觉才可能有知觉、思维等一系列复杂的心理过程。因此，感觉是人类认识客观事物本来面目的必由之路。

4. 感觉与营销中的产品策略

无论是制造商或经销商，都非常关注自己的产品设计，都希望通过一项战略，产生使客户满意的产品。在市场营销组合观念中，4P 分别指产品（Product），价格（Price），地点（Place），促销（Promotion）。例如，在体育商品的包装上突出个性特点，在众多同类型体育商品中令自家企业的商品脱颖而出。同时，原有的商标在消费者心目中的感觉还要保持不变，保证品牌宣传的连续性和一致性。

（二）知觉

1. 知觉的概念

知觉是大脑对事物的直接的感官特性的各个组成部分和整体的感觉，也是一个为顾客提供基于产品一般特征的反映。人们依靠感觉和知觉了解周围的世界，从感觉到知觉是两个不同性质的阶段。处于市场中的购买者都会受到来自外界环境的各种刺激，如一台跑步机的组成有很多，包括商标、规格、颜色、包装、体积、价格、功能功效、使用寿命等。这些要素的刺激，以多种形式作用于人的眼、耳等感官，使购买者产生了视、听等感觉。但是，这些原始的个别感觉属性的信息必须经过大脑的加工才能形成知觉。知觉过程的最终产物是产生某种反应。例如，看完某种体育商品的广告，记住了某种信息或改变了对体育商品的态度，由此可能会引起对这种体育商品的购买动机或发生购买行为。

2. 知觉是一种能动的反映过程

大众不能对所有的事都清楚地识别和应对，但总是积极和有选择性地将少数事物作为知觉的对象。例如，一位顾客带着一定的购买目的到商店去选择某种商品，这种商品就是他要知觉的对象，只有这种商品才被他的知觉感觉得最清楚，而其他商品则被比较模糊的知觉变成背景。大众在区别对待背景和对象时的感觉是不同的，对象似乎在背景的前面，轮廓分明、结构完整；背景只是在对象的后面起衬托作用。当然，对象和背景的关系不是一成不变的，如果顾客的知觉目的发生变化，知觉对象与背景也是会相互转换的。例如，当销售员为顾客讲解某种体育商品时，这种商品就是顾客知觉的对象，而周围的其他商品则成为背景。如果此时顾客的同伴看中了旁边的一种别的体育商品而把其注意力引到那种体育商品上去，那么，顾客知觉的对象就转移到了另一种体育商品上，而原来推销员为你讲解的那种体育商品就变成了背景。通常具有以下特征的对象，容易引起人们的知觉。

（1）对象和背景的差别程度。一般来讲，对象和背景的差异性越大，对象在背景中越为突出。在一些特殊情况下，形状、颜色和亮度的对比度增加时，对象更为醒目。

（2）具有较强特性的对象。例如，能够发出声音或会翻筋斗的儿童体育玩具，由于对人有较强的刺激，因而容易引起儿童的知觉。

（3）反复出现的对象。同一个对象，如果重复多次就容易留下深刻的印象。人们谈论某种体育商品，由于信息反复出现，多次作用，会使人们产生较深刻的知觉印象。

（4）对象的组合。对象各部分的组合也影响着对对象各部分的辨认。组合包括两种，即接近组合和相似组合。接近组合是指两个或两个以上对象如果彼此间比较接近，容易被看成一个整体。无论是空间的接近还是时间的接近，都倾向于组成一个对象。如图6-1所示，虽然8条直线空间距离不同，但不会把它们看成是截然分离的8个单位，而是把距离上接近的两条看作一组。因此，8条线分别被

看作 *ab*，*cd*，*ef*，*gh* 4 个单位。另外，性质相同或相似的事物也容易被人组合在一起，成为知觉对象，如球鞋、球拍、运动服，一般会摆在体育用品专柜，这样便于顾客购物时选择。

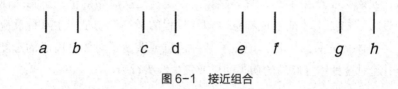

图 6-1　接近组合

　　总之，在消费活动中，人们总是抱有一定的目的和按照某种需要，主动地、有意识地选择部分商品作为知觉对象，或是无意识地被某种商品所吸引。

　　3.知觉是各种心理活动的基础

　　知觉是有目的的实践活动。客户对体育产品的感知和把握，可以进一步形成主观态度、动机和相应的购买决策。因此，知觉是各种心理活动的基础，是有目的的实践活动。

　　4.知觉以感觉为基础

　　知觉是有意识的，并不是把不同的思想和认识简单相加。

　　例如，当我们感觉一台跑步机时，根据感觉到的个别属性或主要特征，再凭借过去购买和使用跑步机的经验，即可推断出眼前这台跑步机的其他属性和特征，把感觉到的许多个别因素综合为一个整体形象，由此整体地知觉它。

　　对事物知觉的整体性依赖于客体的特点。当客体在空间、时间上接近时，客体的颜色、强度、大小和形状等物理属性相似时，客体具有连续、闭合和共同运动方向等特点或有较大组合的趋势时，就容易被人们知觉为一个整体。例如，顾客到某个体育商店购物，如果这个体育商店环境整洁、优美，商品摆放独特有序，营业人员彬彬有礼，尽管这位顾客对这个体育商店的其他方面了解甚少，也会形成对这个体育商店良好的印象。

　　5.知觉在市场营销中的应用

　　一方面，以感知理解整个体育产品的营销和广告的完整度。如果某种商品的个别属性理论作用于人的感官，人们可以根据以往的经验，这是作为一个整体的感知。另一方面，利用知觉的选择性引导顾客选择自己所需要的体育商品。知觉的选择性特征可以运用到商业设计中，如在商业设计时将体育商品加以特殊的包装，给予一定的背景来加强顾客对商品的注意力。

（三）有关知觉理论在营销活动中的应用

1. 自我意象、产品意象与产品定位

"意象"一词用以表示相对持久的知觉。每个人都有对自我的认知，通常分为"真正的自己"和"理想自我"两类。前者是具体存在的实体本身；后者则是自己想达到的自我。在体育消费者的购物过程中，买家会选择符合自己形象的体育产品。通过购买和消费某种体育商品而最终达到实现理想自我的目的。

2. 降低购物者对风险的知觉

在日常生活中，购物者经常会遇到自己不熟悉的体育产品，可是又不得不对它做出购买的抉择，这种购买的抉择实际上就包含着一定的风险。所谓风险就是对后果无法做出确定预测的任何行为。顾客在购买自己不熟悉的体育产品时所面临的风险大致分为以下几个类型：

（1）资金风险：是指花这么多钱购买这种体育产品是否值得。

（2）功能风险：是指体育产品是否能达到预期的效果。

（3）社会风险：是指购买和使用这种体育商品是否被人笑话。

（4）心理风险：消费者面临着"我的购买决定合适吗""使用该体育产品能满足需要吗"等不确定性问题。

（5）身体风险：是指使用该体育产品会不会给自己的身体带来损害。

当然，为了避免造成损失，购物者在做出购物决策时，总是试图采取某些方法。例如，大量搜寻体育产品的相关信息，多听取同事及亲友的参考意见，建立起对某一商标的信赖，这些都可作为提高可信度和减少风险的依据。

3. 产品外在因素对质量辨认的影响

购物者对体育产品内部特性的知觉有助于对体育产品质量的评价。但是，在许多情况下，认知的手段并不能鉴别商品特征和内在品质，可以通过一定的外界因素的影响来辨认体育产品的质量。

不少知觉线索是来自体育产品本身之外的，如体育产品的外形、价格、包装，出售该产品商店的信誉或对生产厂家的印象等，都可能成为人们判别体育产品质量好坏的标准。在日常生活中，价格作为产品质量的指标是有条件的。这就是在产品本身之间的差异甚小，购买者在判断它们质量时不易把握或者购买所面临的风险比较大的情况下，价格线索可能有效。这种情形在购买彼此差别不大的类似产品或是新问世的、不熟悉的产品时可能会遇到。

二、体育产业营销活动中的注意

注意在体育产业营销活动中非常重要。许多新产品刚刚上市，首先必须引起

中间商和消费者的注意，才有可能引起他们的兴趣，有了兴趣才能进一步产生需求和购买欲望。

（一）注意

1. 注意的概念

注意是对一定事物的心理活动，是一个积极的心理状态，这是一个普遍的现象。注意有指向性和集中性两个基本特征。注意的指向性特征是指人们对客观事物的认识活动是有选择性的，即人们每一个瞬间的心理活动是不同的。注意的集中性特征是指人们把心理活动关注于某一事物，而离开一切与注意对象无关的其他事物，并且抑制局部干扰，集中其全部精力去注意对象的特性。

2. 注意的功能

（1）选择功能。选择功能是指人们选择那些对自己的行为有意义的、符合活动需要的外界刺激，而避开和抑制那些与当前活动不一致、与注意对象无关的各种刺激。例如，喜欢打羽毛球的顾客，就会在众多体育用品中去关注和选择与羽毛球运动有关的商品，而无视其他类型的体育用品。

（2）保持功能。保持功能是指注意对象的印象或内容会在人的主体意识中保持、延续直至达到目的为止。例如，顾客到商店要购买一双球鞋，他就会把注意力保持在观察和选购球鞋的活动中。

（3）监督和调节功能。监督和调节功能是指在某一时间内人们的注意力对活动有监督和调节作用，在认真从事某些工作的过程中，如果发现其注意力分配到其他事物上时，就会及时地进行调节。有人做事马虎、大意，或者总是走神和出错，实际上就是心理监督和调节机能不够完善的彰显。

3. 注意的分类

（1）无意注意。无意注意是指人们没有事先预定好目的地，不需要做意志努力，不由自主地指向某一对象所引起的注意。例如，顾客到书店买健身书籍时，他在寻找要买的一本书时，无意中被封面设计独特新奇的另一本书所吸引，从而引起对这本书的注意，这种注意就属于无意注意。

引起人们无意注意的原因，一方面是新奇的刺激物本身的特点所造成的，如设计独特新奇的画面，色彩鲜明、有动感的体育广告等，都容易引起无意注意。另一方面是与人们的生活、学习、工作直接相关的，能引起人们兴趣的事物容易成为无意注意的对象。

（2）有意注意。有意注意是指人们知觉预定的目的地，如果需要的话，还需要一定的努力。例如，消费者在嘈杂的体育商店里专心选择欲购买的商品。由于这种注意有一定的意志努力，所以即使目标很小，也能被你的视觉所捕捉。

（二）有关注意理论在体育产业营销活动中的应用

1. 发挥注意心理功能，引发购物需求

发挥注意的心理功能，以无意注意转为有意注意。客观刺激物鲜明、新奇、强烈的特点可引起购物者对它的有意注意，所以我们会看到越来越多的体育运动商品具有绚丽多彩的颜色、新颖的外形和多样化的功能。

2. 在体育场馆中开设多种体育服务项目，吸引体育消费者注意力

一方面，体育场可以建设高素质、高水平的体育运动项目，吸引消费者的注意力。同时加以宣传吸引球迷的注意，举办或承办高水平的体育赛事，以吸引观众，提高未来体育馆的知名度，为体育场的基础管理、规划采用更为科学的经验。另一方面，吸引投资者的注意，投资者的注意力可以赢得投资者的需要。在大型体育企业花费巨资做广告，以引起注意。不仅受到企业和社会的欢迎，获得无形资产，还可以起到广告宣传的效果，增加企业效益。

3. 在体育广告中发挥吸引购物者注意的功能

体育广告宣传要被购物者接受，必然要与他们的心理状态发生联系。一个好的设计理念，加上完美的广告方案，如果没有吸引消费者的眼球或是没有被重视，那所有的努力（包括广告的广告投入）就失去了意义。所以，成功的第一步是体育广告，通过广告吸引消费者的注意力，充分发挥吸引购物者注意的功能。

三、体育产业营销活动中的记忆和思维

记忆和思维是在感觉和知觉的基础上，形成的人的心理活动的高级阶段记忆，是心理活动高级阶段的基本条件。

（一）记忆

1. 记忆的概念

所谓记忆，是指人脑对过去经历的事情在大脑中的反映，是一切心理活动的基本条件。从营销心理学的角度来研究，记忆是顾客对过去经历过、感知过、思维过、体验过的事物的反映。消费者在每一次购买活动中，不仅需要新信息、新知识，还需要参考以往的情感体验对商品进行评价和判断，以帮助消费者做出正确的购物选择。例如，顾客曾在某一体育用品商店被一位热情的营业员接待过，并留下深刻的印象，进而对这个商店也产生好印象，以后还乐意到该商店去购物。

2. 记忆的分类

（1）根据记忆的内容划分，可分为形象记忆、逻辑记忆、情感记忆和运动记忆。一是形象记忆就是把感知过的事物的形象作为内容的记忆。例如，对体育商品形状、大小、颜色的记忆等。二是逻辑记忆就是对事物各部分之间的相互联系

及规律等逻辑思维过程作为内容的记忆。例如，对某种体育商品广告宣传方面的记忆。三是情感记忆就是把体验过的情绪和情感作为内容的记忆。例如，消费者对以前购物时受到营业员热情接待的喜悦心情的记忆。四是运动记忆就是把过去的活动过程和在购物的一些运动作为记忆内容保存下来。

（2）根据记忆保持的时间划分，可分为瞬间记忆、短时记忆、长时记忆。一是瞬时记忆也叫感觉记忆。在感觉后立刻产生，其特点是持续时间很短（0.25~2秒），容量小，瞬息即逝（记忆的印象会很快弱化、衰减和遗忘）。二是短时记忆是指一分钟以内的记忆。三是长时记忆是指一分钟或者很多年的或者终身的记忆保持下来。与短时记忆相比，长时记忆的储存量比较大。其实，对短时记忆进行多次重复，短时记忆就会成为长时记忆。

营销心理学研究表明，如果记的材料以某种方式和购买者的目的相联系或能唤起其联系与想象，那么，遗忘就会缓慢，甚至长时间不会遗忘。因此，有效的体育商品的营销策略应有助于购物者发现对记忆有意义的模式，以便让消费者记住或容易回忆起营销者在体育广告中宣传的或者所推销的商品。

（二）遗忘

遗忘是指由于不及时重复或者由于其他学习任务的干扰而导致记忆中保持材料的丧失。或者说记忆的内容不能保持和再认或者提取时有困难，就是遗忘。由艾宾浩斯绘制的遗忘的经典曲线如图6-2所示，由图可知，保持和遗忘是时间的函数。

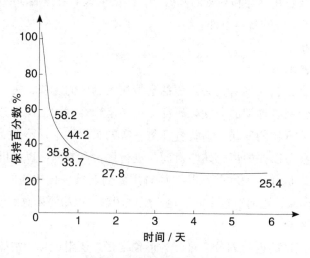

图6-2　艾宾浩斯遗忘曲线

艾宾浩斯的遗忘曲线显示了典型的遗忘特点，遗忘在学习之后就立即开始了，遗忘的速度呈先快后慢的趋势，最快的遗忘率是在学习后的最初时间里。随着时间的推移，遗忘速率会逐渐减慢，通过试验发现，在特定的电视广告最初一次播放之后，如果不继续重复播放，只相隔几天，观看者记住它的百分数就下降一半以上。这说明抵制遗忘发展是多么重要。这条曲线很清楚地说明，已学会的信息绝不意味着都能牢固地保持下去。

在体育产业营销活动中，消费者虽然会看到许许多多的体育商品，听到形形色色的体育商品信息，但实际上，多数信息很快就会被遗忘掉，只有那些能够引起消费者特别注意的少数体育商品信息，才能保持在消费者的记忆中。强化消费者对体育商品信息记忆保持效果的最好办法，就是经营者通过反复的体育广告宣传多次重复产品信息，从而在消费者的潜意识中留下该商品的记忆。

（三）思维

1.思维的概念

思维是人对客观现实的高级反映形式。间接反映出众所周知的客观事物的本质特征和规律性的联系。大脑对外界事物的信息进行复杂加工的过程就是思维的运作。在购买活动中，顾客要对所收集到的各种有关购买体育商品的信息进行分析、比较、综合、归纳和提炼，经过这个过程顾客才会做出是否购买某种体育商品的决策。顾客的这种对事物的一般属性及其内在联系在头脑中间接的、概括的反映就是思维，其反映的过程，就是思维过程。

2.思维的特性

思维是心理发展的最高阶段，是大脑对客观事物之间内在联系的了解认知，作为一种形式反映，其主要特点是间接性和概括性。间接性的事物反映不是简单地重复所感知的材料，而是对感知材料的加工，通过抽象概括找出其有内在联系的本质，从而间接地理解和把握那些没有感知过的或根本不可能直接感知的物体。思维的概括性表现在它把同种类的事物的公共属性提取在一起，变成间接性的认知。

3.思维在顾客购买过程中的作用

顾客通过意识、感觉、知觉、记忆等为思维提供大量的素材，使心理活动上升到思维这样一个高级阶段。例如，顾客在逛体育商店的过程中，看到某体育商品外形美观大方，质量上乘、价格便宜等，这些反映可能是通过感知、记忆、联想而获得的，经过分析、综合、比较、抽象、概括等基本过程，为最后的消费行为和具体的方法提供了可能性。但是，每个顾客的思维活动都是有一定差异的。例如，有的客户有较强的独立思考能力，根据实际需求平衡优点和缺点，做出一个独立的购买决策。相反，有些客户缺乏独立思考能力，优柔寡断，易受外部因素影响，有种从众心理。人对客观事物、客观现实的认识，都是依照由低到高的认识规律，由简单到复杂、由低级到高级发展的。顾客对商品的认识活动，一般也是遵循这样的规律，体育商品的营销者应该能够敏锐地观察到不同顾客独特的思维过程，有的放矢地进行服务与引导，以期得到最佳的营销结果。

4.思维对体育企业营销的影响

（1）思维灵活性，是对体育营销的最后保障。柔性思维是原始思维方式、方案的假设，根据客观情况的变化结合滋生的经验灵活地解决出现的问题，在能力上的表现就是有变通性。

（2）快速的思考可以创造商业机会，转变思维是快速和灵活地在较短的时间内发现问题和解决问题的手段之一。在当前市场经济的激烈竞争中，谁具有敏捷的思维，善于分析和研究市场变化，并根据市场变化而随机应变，谁就能随时抓住难得的商机而快速发展，并产生较大的能量和社会财富。

（3）创造性的思维是企业革新变化的保障和制胜秘诀。创造性思维是指超越平常的思考和活动能力，能创造出新的观念、新的事物、新的产品的能力。独特性和新颖性是创造性思维两个突出的特征。

四、体育产业营销活动中的学习

在体育市场交易活动中，有很多因素（如商品质量、价格及广告宣传等）都在不断地发生着变化。为了适应变化着的环境，中间商或消费者只有加强自身学习并不断地获取新的信息，才能做出有效的反应。通过学习能够形成对产品、商标的态度及其购买某种产品的倾向性和光顾某些商店的习惯等。总之，消费者对某种体育商品的购买或使用行为，不是与生俱来的本能，而是通过学习才掌握的。了解消费者是如何学习的以及如何应用所学习到的信息，对体育企业运用有效的市场策略，扩大其经营具有十分积极的意义。

（一）学习

1.学习的定义及其要素

学习是由人们所产生的一种持久的行为变化过程的某种体验而来的。体验包括人们直接的实践活动和间接的观察、阅读及倾听。学习活动包括若干基本的成分或因素，即动机、体验、强化和重复。下面简要地解释这几个因素：

（1）动机。动机是人们从事一切活动的动力包括学习在内，购物者在学习购买和使用产品的过程中，动力是重要的因素。但是，当购物者成功地获得预期的目标之后，学习动力就会减弱。成功是对学习活动的一种激励和奖赏，由此会激励购物者在类似的情景中做出同样有效的反应。

在体育产业营销活动中，经营者们都期望自己的产品能为广大中间商和消费者所喜爱。这种期望实际上就是要让中间商或消费者学会认识本企业的产品，并习得强烈的倾向性（动机）去推销和购买它。

（2）体验。由学习的定义可知，体验是持久行为变化的感知的经验，并且必须达到足够的强度。在现实生活中，经销商、消费者对一些老品牌（耐克、阿迪达斯等运动产品）的学习会更好，因为对该品牌的产品具有深入的体验。相反，有些一次性的广播广告不容易引起学习效果，部分原因可能是给中间商或消费者的体验不够强烈。

（3）强化。在学习过程中，正强化与负强化是非常重要的因素。正强化的激励作用通过奖励完成。例如，一位消费者按照电视广告中介绍的体育商品特征到商店购买了此商品，通过使用发现该产品的特点与广告中介绍的完全相同，因而消费者感到很满意，这就是正强化。由此学习过程而获得的知识在后来的购物中仍然得到应用（即重复购买）。负强化是通过惩罚学会回避某些东西或终止某些行为。例如，出现与上述例子相反的情况而使消费者感到不满意即为负强化，这一教训会使他学会谨慎小心（即不再去购买那种体育商品），预防类似事件再次发生。

（4）重复。学习后人们行为发生的变化说明在记忆中存在着效果保持现象。这种效果尽管可能会长期地保留并影响着人们的行为，但是，一般而言，如果缺乏重复或重复不够是无法获得学习效果的。一般动机和体验越强烈，学习所需的重复数就越少。然而，重复的效果是有一定限度的，超过这个限度会让消费者乏味和厌倦。因此，企业在做体育广告时，一定要确保广告播放的频率和数量。

2. 学习的特点

（1）泛化。如果学习者对某个刺激会做出特定的反应，那么，当遇到同样的刺激时还会做出同样的反应，而遇到类似的刺激时会引起类似的反应，这种现象称为泛化（从原有刺激泛延到类似刺激）。

由于学习活动中会有泛化现象，一方面购物者不必对每一刺激都去学习做独特的反应；另一方面，也使某些体育商品经营者往往采用不正当的手段，在包装、商标、品牌等方面使产品类似于老字号的名牌产品，并指望消费者能将对名牌产品的好感泛延到自己的产品上去。

（2）分化。对刺激的泛化是指学习者对不同的刺激做出相同的反应，而对刺激的分化则是学习者对不同的刺激做出不同的反应。

在体育市场交易中，同类体育产品可能只有某些特征不同，购物者必须对此加以辨别。体育商品生产者或经营者常常需要考虑如何让购物者将自己的产品从众多同类产品中突出出来，既提高知名度，又防止其他产品与自己的优质品、名牌产品相混淆。

（3）学习率。除了完成最简单的任务，通常遵循一个共同的规则。学习率可以通过学习曲线（图6-3）来描述。图6-3表明第一阶段的学习效率高。尽管最初的学习率很高，但仍然需要多次学习才能保证更多的学会量。

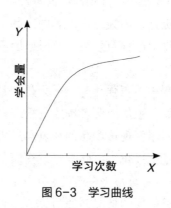

图6-3　学习曲线

人们看营销广告后对产品信息的学习率也符合上述学习曲线。所以，一则体育广告要想在消费者心中建立起对商品的牢固印象，必须使体育广告播放达到一定的频率和次数。

（4）记忆。中间商或消费者可以通过在营销活动中的学习，即对一个个对象的注视，不断获取一些新的资讯，并使之存储在大脑之中。闭上眼睛以后还会"看到"被注视对象映像的存在，这就是学习当中的"记忆"。

（5）遗忘。记忆要是不及时刺激重复，加上时间的遗忘和其他的事物干扰，就会致使保存的记忆材料丧失，就是学习的"遗忘"。

（二）有关学习理论在体育产业营销活动中的应用

1. 泛化与市场营销

由于购买者在学习中泛化现象的存在，商品生产厂家可使用"家族商标"的手段，让自己的商品在购买者心里产生认同感，如"李宁"系列运动产品等。特别值得注意的是，如果家族中某一产品质量低劣，可能会导致整个家族商标身败名裂。

2. 分化与市场营销

由于分化现象的存在，商品的营销者加强产品的特色、突出产品的名字和形状，加上颜色的变化以及经营者的包装设计和广告宣传等，都指向并围绕分化目标进行。可利用强大的广告宣传攻势和一切可能影响购买者的手段去提高产品的知名度，使自己的产品从同类产品中脱颖而出。例如，以某种产品名称来命名某一个社会上较有影响的大型活动、体育竞赛或命名运动队等，"上海申花""广州恒大""北京国安"等这些足球队的命名就是运用了这一理论。

3. 重复与市场营销

在中间商或消费者进行某种体育商品知识学习后，体育商品经营者应该创造并提供各种条件使他们对所学到的知识能够及时或多次地得到重复，增加刺激的次数可延时保持和减少遗忘，使得到的知识作为信息、存储于他们的记忆中，并转为长时记忆。

体育市场营销中的广告宣传需要多次重复。尽管初次广告也能给中间商或消费者提供许多信息，但毕竟不充分。要使他们达到应有的记忆量，必须有足够的重复次数。虽然消费者对同一体育广告反复视听多次后会感到很乏味，但体育广告的重复仍然是很必要的。否则，消费者对已经记忆的内容将很快遗忘掉。科学实验表明，重复可以增加中间商或消费者对产品的喜好和购买的意向。最好的方法是既重复广告的基本内容，又周期性地变化广告的形式，以保持中间商或消费者的兴趣。

4. 引导并鼓励中间商或消费者记忆后形成重复性购买

重复性购买也称为习惯性购买，是购买者在某种信念支配下，对某一体育商品或商店产生特殊信任和偏好并形成经常性消费行为。买方不仅是老客户，也是忠实的支持者，在社会有一定的示范和宣传作用，从而带动更多的消费者前来购买。

五、体育产业营销活动中的态度

中间商或消费者在熟悉、了解各种各样的体育产品信息的同时也会形成一定的态度。他们的态度直接地影响着是否发生或者发生什么样的购买行为。如果能够了解他们对体育商品的态度，商品经营者就有可能通过各种努力去强化购买者原有的积极态度，或者去改变他们原有的消极的、甚至是反对的态度，从而促进购买行为的发生。

（一）态度

1. 态度的概念

态度是以一个特定的方式对人、事物或想法进行长期的评估以及情感和行为倾向。例如，中间商或消费者可能对甲产品持有积极态度，可是，由于同类乙产品在质量不低于甲的前提下价格明显低于甲，他们也可能转向购买乙产品。另外，体育产品的营销人员的态度对业务活动的影响也很大。认真地向消费者打招呼、认真地介绍商品、中肯地给予意见，会给消费者带来好感，亲切和友好的态度会融洽。恶劣的服务态度让消费者反感，破坏了市场人员和企业的形象，从而失去了体育企业在市场的机会。

2.态度的结构

态度的结构主要包括：第一，态度的认知因素。认知因素表现为观察者对态度对象进行观察、探究，了解它的各方面特性。第二，态度的情感因素。情感的强度实质上决定了态度的强度，还可通过言语来表达感情。第三，态度的行为倾向性。行为倾向性因素实质上是购买的意向。购买意向是实际购买的前提，二者关系很密切。有了购买的倾向性才有可能转化为实际购买行为，所以常常可以通过对顾客外观行动和言语表达的观察来推断其购买的倾向性。

（二）态度的形成与改变

因为态度先于行为，又会导致行为，所以体育商品经营者们才会想方设法采用各种市场策略，诸如广告、商标、包装等，去影响购物者对产品的态度。影响顾客态度的情况有以下两种。一种情况是人们过去对该产品不熟悉，所以也就没有相关的知识和态度，这时体育商品经营者的任务是帮助顾客形成对该产品良好的态度。这就是态度的形成；另一种情况是人们对该体育商品已有某种不好的态度而不想购买，这就需要经营者促使顾客去改变原来不好的态度而形成良好的新态度，促使其购买。这就是态度的改变。

1.态度的形成

（1）简单重复。研究表明，即便呈现给购买者的对象没有任何特殊的价值，但是只要重复便可能使他们形成积极的态度。在现实生活中，人们发现熟悉的事物容易令人接受，而且往往比生疏的事物评价要高，即熟悉强化态度。所以，为了发展购买者对特定商标产品的积极态度，许多体育商品经营者不惜重金，每天在黄金时间段多次重复其广告。

（2）在观察中学习。购买者可以通过观察其他人的行为习得一种新的态度。具体来说，通过观察父母、朋友、街坊或者通过看广告中的人物来形成和发展态度。这种态度的习得方式实质上是建立在模仿、暗示和顺从的基础上的。体育广告策略制定者的目的就是要在广告上创造一种情境，让购买者的态度能够受到体育广告中人物的影响，从而不自觉地去模仿，以至于达到"自我卷入"。

（3）信息加工方式。信息加工方式是把认知学习时的结果作为态度的形成。众多的商品在购买者面前需要进行比较和选择，即通过对有关商品信息掌握量的多少及可信度的判断，对它们产生不同的态度。一般来说，购买者对特定产品信息掌握得越多、可信度越大，就越可能对它产生强烈而积极的态度。

2.态度的改变

人们对某一事物总会有一定的态度，如肯定或否定、积极或消极、好或坏等。但是，人们对某个事物的态度又可能会发生改变。态度的变化，指的是肯定性的否定、肯定性的变化（性质上的变化），同时包含两者之间的变化（量的变化）。实际生活中，人们对事物的态度在一定条件下是可以发生改变的。

在体育产业营销活动中，经营者的目的之一就是通过有效的营销策略，引导和促使购买者对自己的产品或劳务产生积极的态度，或是使他们的态度由消极变成积极，由一般积极变为特别积极。要达到这一目标需要掌握以下几种相关的理论：

（1）协调理论。人们对现实的人和事物总是有着不同的态度。如果将不同态度的对象（如人与物）相结合，那么协调理论得出态度都是变化着的，即会发生一种综合的效果。假如一位你喜欢的体育明星穿着一件你讨厌的服装出场，这种情境会引起一种综合效果：你对原来这位体育明星的喜欢程度将会下降，而对你原来讨厌的那套服装将会变得不那么讨厌。从协调理论出发，一些经营人员常常利用名人的声誉去推销商品或劳务，通过大家对名人的积极态度进而转变成对某种商品或劳务的积极态度，起到"爱屋及乌"的效果。

（2）平衡理论。平衡理论认为人们会在三角关系中感知自己和外界的环境。这个三角关系由三个要素构成。这三种是肯定的三角关系，意味着平衡。也就是说，平衡理论认为仅仅靠三角关系保持平衡的状态，对购买者有比较稳定的态度。如图 6-4 和图 6-5 所示，如果把三角形的每一边连接的两个元素的肯定关系用"+"表示，否定关系用"–"表示，那么，三角形的三边符号相乘为"+"即为平衡，相乘为"–"即为不平衡。图 6-4 中的三角形处于平衡状态，图 6-5 中的三角形处于不平衡状态。

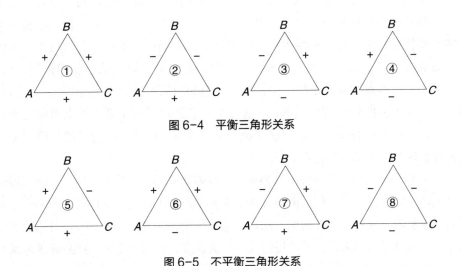

图 6-4　平衡三角形关系

图 6-5　不平衡三角形关系

总之，平衡理论认为，靠三角关系保持平衡的状态，对购买者会形成比较稳定的态度。在市场营销活动中，从平衡理论的角度来看，体育产品经营者希望消费者或中间商对某个产品保持不稳定的积极态度，就应尽力促使其所处的三角形处于平衡状态；若希望他们改变对某一产品的消极态度，则应尽力促使其所在的三角关系处于不平衡状态，即促使消费者对该产品的态度由消极转变为积极，进而发生购买行为。

（3）认知失谐理论。现在所感知的信息与认识的知识一致称为认知失调。人们对一个对象形成新的态度时，总想与原来的态度和价值观一致。如果能感知到购买者的新信息，但对其的理解、信念或态度不一致，那么要体验认知失调，从而引起态度的变化。

凡是合适和一致的认知因子（信息），被称为和谐因素；凡是二者不符合或不一致的认知因子（信息），被称为失谐因子。一般说来，失谐因子增加，不匹配程度越大，强大的压力使购物客人的态度不得不变更。通常失调程度的大小由以下三个要素决定：第一是失谐因子与和谐因子在比例上的比重，第二是认知因子的重要程度，第三是认知因子的重复性。

由认知失谐理论可知，要想使体育产品的中间商或消费者能够按照经营者的预期改变态度，在促销时就应该提示人们新产品的性能与原有产品有明显的不同，使消费者产生更大的失谐而改变原有的态度。要使这一策略获得成功，就需要有特别说服力的信息，否则，难以产生失谐的效果。

（三）有关态度理论在体育产业营销活动中的启示

一方面，在体育产业营销活动中，购买者对体育产品的态度与对体育产品的购买是两个不同的概念，但二者又有联系。对于体育商品的促销宣传，应抓住关键的态度特征，并以此来影响购买者的实际购买。同时，采取一定的措施，使体育产品的特点符合买方的评估标准，最后促使购买者对该产品形成积极的态度。另一方面，在体育产业营销活动中，购买者有时对某些体育产品评价不高，但并不意味着该产品的各种特性都不好。实际上，这种产品在个别属性上可能优于其他产品，只是购买者没有意识到这些特性的重要性。此时，经营者的策略就是设法去改变这些特征在购买者心中的地位。

当某种产品处于成熟阶段时，最有效的战略是增加产品的新特性，使购买者保持对该产品的积极态度。根据市场营销学中关于产品生命周期的理论，产品经过导入期、成长期、成熟期、衰退期、死亡期等多个阶段，如图6-6（a）。成熟的产品意味着经济衰退的到来，为了保持积极的购买态度，作为经营者，产品应增加新的特色，使产品生命周期曲线再次出现峰值，如图6-6（b）。

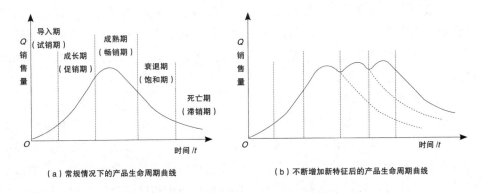

图6-6　产品市场生命周期销售曲线

六、体育产业营销活动中的语言和行为

人们的外在心理表现主要在语言和行为上体现，所以了解消费者的心理是体育营销人员和与消费者之间进行沟通的重要方面。

（一）语言

1. 语言的概念

语言既是符号系统又是最重要的交际工具和思维工具。人类所有的交际活动几乎都离不开语言，营销活动更离不开语言，所以提高语言的交流水平可以促成商品交易。

2. 语言在体育商品营销活动中的重要作用

在体育商品营销活动中，与顾客建立良好的关系，除了要树立"顾客就是上帝"的营销理念之外，营销人员的服务技巧非常重要，而服务技巧的一个重要方面就是语言的表达能力和技巧。营业员主要通过口头语言，并辅以一定的态势语，通过二者的巧妙结合来与顾客沟通思想，联络感情，为顾客服务。俗话说："良言一句三冬暖，恶语伤人六月寒。"营业员和蔼可亲的语言和热情周到的服务态度会留住很多顾客。相反，如果服务态度较差，语言运用不当，就会气跑顾客，直接影响营销的效果。

因此，具备较好的语言素养和表达能力，运用好语言技巧，对营销人员尤为重要。口头语言的影响，决定了服务品质、企业形象与体育用品商店的生存。

（二）行为

1. 行为的概念

顾客在消费某种商品时所有的活动都是外在的行为。行为是实现人们预定目标的必须过程，如果没有行为，人的所有的一切心理活动就都成了"空中楼阁"。

从心理学角度来说，大脑皮层的运动感觉细胞和运动细胞可以调节人的运动器官做出相应的行为。在整个运动系统中还有一种自我调节的反馈作用，这种作用会不断地调整自己的行为，使行为更准确、灵活，以适应现实的要求。人的消费行为也符合这样的规律。

2. 语言对行为的调节支配作用

语言对人的行为起着重要的调节支配的作用。人类的行为基本都是在语言的参与下进行的，因为语言能够概括人的活动和行为。人一般在行动之前就应确定行为目的和行为计划，从而使行为具有明确的目的性和计划性。另外，人的语言能引起行为或者抑制行为。例如，当顾客对某品牌运动鞋提出异议时，营业员会立刻产生一系列的行为动作，尽量说明运动鞋各方面的优点，设法留住顾客。在从事各种实践活动时，人通常会根据对客观规律的认识，先在头脑中确定行为目的，再根据目的选择方法、组织行动，以达到预定的目的。

3. 行为的特性

人的行为特点通常包括主动性、因果性、目的性、持久性和可变性等。主动性是指一个人对自己的行为目的的正确性和重要性有充分的认识，尤其是清楚地意识到行为效果的社会意义。根据对客观现实发展规律的认识，自觉地、主动地确定行为目的，有步骤地组织自己的行动，以实现预期目的，正确发挥人的主观能动性。因果性是指一个人的行为的真实动机和效果之间总会存在一种本质的联系。一般来说，有什么样的行为动机，就有什么样的结果。目的性是指人的意志行为总是在一定动机的激发下指向一定的目的。动机是激励人的行为达到一定目的的内在原因，而目的则是动机所指向的对象。

在体育商品营销活动中，营销人员和顾客总是根据商业经济活动、人的心理活动和社会环境等各种因素的影响而产生对客观现实的认识，去确定行为的目的，选择实现目的的方法，组织行动，最终达到预定的目的。持久性指的是人们为了实现既定目的而保持行动的充沛精力和坚韧毅力。毅力需要有坚持的决心和顽强的品质，在人们意识到行为的正确性和重要性之后，还必须做到持之以恒、坚持不懈，努力克服各种干扰，才能真正达到预定的目的。可变性指的是人们的行为是以随意动作为基础的。随意行为是指由意识指引的动作和行为。有了随意动作，人就可以按照一定的目的去组织、支配和控制、调节一系列的行为，从而实现预定目的。但人的行为的实现，既受客观规律制约，又受来自社会各种因素的干扰。随着人们对客观世界规律认识的加深以及情况的变化，人的行为也不得不随时进行纠正或调整。另外，由于自身内部和外界的干扰或者缺乏某种必要的设施和条件，也会使人的行为发生变化。因此，人的行为具有可变性的特点。

以笔者购买运动鞋的体验为例：陆续逛了几家运动鞋店后，来到一家知名品牌的运动鞋店。一进去就有一个令人愉快的声音传来，"欢迎来到商店买鞋，你是否要买一双鞋子，我来给你介绍一下。现在搞优惠又推出新款。"这样有礼貌又亲切的话很难让人拒绝，也并不反感。

在营业员的介绍下，很快可以找到心仪的鞋子。当提出能否再优惠时，营业员回答说："您先试试吧，如果不合适，再便宜您也不会要。"报了所穿鞋码后，营业员拿出一双鞋，微笑示意坐这里试试。试鞋子的过程中，营业员语气和行为给人一种舒适的感觉。决定要买这双运动鞋后，营业员又表示由于无法给打折，特赠送一双运动袜作为补偿。

由此可知，在体育商品营销活动中，顾客的购买活动一般都经过搜集和获得信息阶段，选择商品阶段，比较、评价和思索阶段，购买阶段。每一个阶段都有可能因为某些内在因素和外在因素的影响，使顾客改变其购买行为。因此，营业员应有较好的忍耐性，以宁静的态度和稳重的行为举止接待或说服顾客，以获取顾客的好感，促使他们购买行为的发生。

第七章　体育消费心理探究

　　消费心理是指消费者进行消费活动时所表现出的心理特征与心理活动的过程。消费价值观是指在众多的产品和服务中，消费者从自身需求和购买力出发，对消费行为做出价值判断，并决定消费态度、选择方式的认知综合体。随着我国社会主义市场经济的不断发展，人民生活水平日益提高，人们的消费心理和消费价值观也发生了很大的变化。体育消费已经成为现代生活消费的一部分。本章主要研究人们的体育消费心理，人们在购买或使用体育有形产品与无形体育劳务用品以满足自身体育需求的消费过程中所表现出来的调节、控制自身消费行为的心理现象，能够正确引导体育消费，不断提高体育消费水平。

第一节　体育消费心理与行为

　　意识是人所特有的一种心理现象，它具有自觉性、能动性和创造性等特点，对人的各种心理活动发挥调控、指导作用。随着我国社会主义市场经济的发展，体育市场经济行为是不可避免的，消费者受当代经济、文化和消费观念的影响，普遍具有较强的健身意识和体育消费观念。下面介绍体育消费心理变化，进一步了解消费者的消费心理状态与行为方式。

一、体育消费心理与行为理论研究

（一）体育消费心理的概念及内涵

　　体育消费心理意味着体育运动心理学和体育用品消费者购买的心理活动。整个一系列心理过程，包括消费者的动机、态度、信念、想象和决策与消费者的认知过程，也包括一些心理体验的快乐、满足、痛苦、挫折和不满等。从消费角度看，新的体育消费观念可分为改变传统的消费观念和现代消费者的消费观念。消费者在不同的消费观念的影响下，往往会考虑是不是喜欢或者是不是时尚，并不考虑商品的实用性与连续性，只是表现了个人的生活风格和品位。

（二）体育消费行为的动态系统

体育消费行为是按规律性随着时代的变迁而变化的行为，受到多种大大小小的主客观条件的限制。消费学认为："从横截面所涵盖的内容看，消费行为由许多外显行为和内隐行为构成。也就是说，消费行为是外显行为和内隐行为的结合体，而且更偏重于后者。"体育消费行为在属性上虽然属于行为消费，遵循上述准则，但也存在着哲学上的特殊性。从小视角的角度来看，体育消费行为的特点其实与体育运动相符，消费者往往通过直接和间接的方式参与到体育运动中去，以增加人们精神方面对体育运动的追捧和热情。所以，有体育消费行为的人作为主体在参与相关体育活动时表现出来的主观和客观活动都属于内外因行为。简单地说，体育消费行为的外因行为表现主要包括购买和选择体育商品、对此商品的评价以及对相关体育知识或技能的学习等。内因行为表现则包括体育行为消费者作为主体的客观需求，如为什么消费、这次的消费和以往有什么不同、自己是否也可以一起进行消费等心理活动。

以系统论和消费学的角度分析，体育消费行为属于开放性系统行为。而这个消费行为产生必定经过一个过程，我们称它为消费行为产生的三个阶段。在该系统中，会先产生内隐行为，简单说就是在消费时会出现一系列的心理活动，然后才会出现消费行为。所以，我们可以把人们在进行消费时产生的一些心理活动作为消费行为产生的第一阶段，把人们在选购时的一些外部行为，作为第一阶段的总结，而发生消费行为，可以称为消费行为的第二阶段。经历过两个阶段后，消费者往往会出现一些内容层次不同的心理和身体活动，那就是消费体验，也称为消费评价。对于这次消费后的服务体验和产品是否符合消费者需求，都决定了消费者是否会选择再次购买该品牌的体育商品，我们称为消费行为的第三阶段。

二、体育消费心理与行为影响因素的分析

（一）消费认知与自我抑制因素

在消费行为发生的过程中，消费者会在琳琅满目的商品中挑选出一样来决定消费行为的发生。消费行为的发生取决于消费者在进行商品挑选时，对该商品的了解和对自身需求的了解。而笔者所说的了解，是对这件商品的基本了解，这是影响人类对于体育消费的关键因素。此外，每个社会发展阶段的经济情况也影响着体育消费的水平和方式。在某一水平线上，经济情况所到达的高度与体育消费的观念态度是对等的。相反，当这种惯性的体育消费观念确立后，又会以一种习惯的力量制约和影响体育消费水平和体育消费行为的安排。

（二）经济与时空因素

当下，我国的国民生活水平还达不到世界范围的水准，消费者的经济水平达不到一定高度，生活质量得不到提高，这也是影响消费行为发生的一个重要因素。体育消费作为一种社会现象处于客观世界之内，而进行体育消费就必须要有特定的时间与空间。现如今有没有这些保证则是直接影响消费行为发生的因素。

（三）营销策略与宣传因素

体育消费属于消费行为的一种，它包含所有消费所拥有的固有特性。

体育消费作为一种消费形式，具有消费所固有的任何特点。消费作为一种经济现象，有其发生和发展的普遍规律。现代企业的运行一般要对消费者的消费行为有一定目的性的影响。广告的作用就在于在短期内针对人们购买的欲望和行为凸显宣传效果，所以进行广告宣传是必不可少的。由于体育消费的价值没有被更多的消费者所认可，因此善用营销策略，积极宣传体育消费对健康的价值尤显重要。

（四）服务与管理因素

消费行为的发生起源于消费意识的引导。消费意识简单来说就是在进行某样商品的挑选时所产生的对产品的认识、选择和同类商品的比较以及购买商品后的服务体验的过程，对于消费行为的发生起支配作用。在这个过程中，人们大多数选择有售后保证的产品进行购买。若消费者对某样产品出现购买欲望并且愿意发生购买行为，那么这件产品所出现的卖场环境和服务就是这个阶段的重点。如某样产品质量过硬时，就需要其贩卖的环境来烘托此商品的价值，因为消费者更多的是追求此产品的包装和产出地。所以，树立体育消费服务意识，让消费者体验到更专业更高质量的消费体验是提升体育消费水平的直接因素。

第二节　体育市场消费心理

中国的体育消费已进入一个新的高潮阶段，进一步推进了我国成为体育消费大国。目前，我国的体育消费市场发展前景可观。研究体育市场消费心理，能够帮助企业或商家了解消费市场的趋势，对生产销售产品至关重要。

一、体育消费者消费心理的具体表现

（一）体育消费意识超前但实际消费水平低下

体育消费的意义在于人们在参加体育活动和欣赏相关体育活动的比赛时对体育用品和资源的消耗。体育消费意识是体育消费行为发生的前提，也是开拓体育市场和发展体育市场的社会基础。随着社会经济的发展，人们的生活品质得到提高，人们的价值观和消费意识有了很大变化。现如今的社会，越来越多的人注重身体健康，势必要为健康进行投资，也就是人们观念中的"花钱买健康"，因而对于体育消费的发展都投以赞成票。但受经济能力的限制，仍有一部分消费者的消费水平、消费观念相对滞后，他们有的较少参加体育活动，有的参加体育活动但体育消费很少，从而影响了整体的体育消费水平。

（二）体育实物消费比重大于体育劳务消费和体育信息消费

体育消费包括体育实物消费、体育信息消费和体育劳动服务消费。体育实物消费是指消费者个人进行的购买与体育活动相关的实物消费行为。体育信息消费指人们为获得有关体育知识、信息而购买体育期刊、书报或观看各种体育比赛和展览等所进行的消费。体育劳务消费指消费者用金钱换取各种与体育活动相关的体育劳务或体育消费资料的消费。消费者体育实物消费行为发生的概率要大于体育劳务消费和体育信息消费。体育实物消费按消费支出由高到低排列顺序为购买体育运动服装、体育书籍或报刊，租用体育场地、体育器材等，而体育信息消费和体育劳务消费的支出则相对较少，且男女消费者消费差异不大。

（三）体育消费需求的从众性和个性化并存

多数消费者的体育消费具有明显的从众心理，他们更喜欢与朋友结伴购买体育用品、观看体育比赛或参加集体性体育项目。因为体育消费作为人们精神世界的非必需品消费，多数人对其较为陌生，大部分人对是否进行体育消费缺乏判断力和自信心，从众便成为他们自然的选择。但是，消费者的理性消费意识不断增强和消费经验不断积累，消费行为的个性化趋势也越来越明显，他们在进行体育消费时更喜欢与众不同、标新立异，以表现自我、炫耀自找。

（四）消费动机表现出明显的差异性，求便求廉与求新求名心理并存

消费者大多数在经济上尚未完全独立，受经济条件与中国人传统购物习惯的限制，大部分消费者在选择商品时，促使他们购买的重要因素就是价格和选购环境的位置。在进行体育消费时，多数消费者更喜欢追求新颖和时髦，热衷于追求品牌和时尚。他们认为品牌消费能降低购买风险，同时满足了其求新求名的心理需求。

二、不同年龄段消费者心理

不同年龄的消费群体，由于年龄不同、兴趣爱好不尽相同，对商品的要求也不同。随着经济的发展以及收入的提高，各个阶段消费者的消费需求也会发生较

大的变化，这是体育消费市场不可忽视的因素。

（一）少年儿童消费者心理

1. 儿童消费者群体的心理与行为特征

从人出生到 11 岁为止，思维受到一定客观环境的影响，其消费意识和理念随着年龄不断增长而发生着较大变化。这种变化在乳婴期（0—3 岁）、幼儿期（3—6 岁）、童年期（6—11 岁）表现得最为明显。

第一，从主观生理需要慢慢发展成为客观社会需要。人类在婴幼儿时期，消费行为的产生都是伴随着大人的帮助，是主观的生理需要。到了 4—5 岁，产生了比较的意识，随着年龄的增大，这种意识越发明显。这个时期的孩子也只是纯受益者，几乎没有直接进行购买行为的能力。成长到幼儿期和学前期的孩子们，有了一定的购买意识，可能会单独购买一些不复杂的产品。这就意味着他们的购买意识正在向着一个质的变化发展，由完全依赖型向半依赖型转化。

第二，从模仿父母进行购买行为渐渐向自主消费行为转变。小孩子正处于启蒙期，模仿能力也是相当强的，尤其在学前期，他们会互相模仿其他小朋友的消费行为。随着他们慢慢地长大，自我意识增强，渐渐懂得自己需要的是什么，也就是说，他们的消费行为出现了个性的特点。比如，自己想要的玩具不一定和其他人一样，又或者是一定比其他小朋友的玩具要好才可以。

第三，孩子的购买情绪从不稳定发展到比较稳定。儿童的消费情绪往往是特别不稳定的，很容易受其他儿童的影响，而且这种情绪是多变的。当他们进入幼儿园与其他小朋友在一个共同环境下成长，他们的意志力也会得到增强，那种不稳定的消费情绪也会趋于稳定。虽然消费行为以依赖型为主，但对父母的购买决策影响力也变得越来越大。

2. 少年消费者群体的心理与行为特征

对 11—14 岁的孩子，我们称为少年消费者群体，他们正处于由儿童向青年过渡的阶段。在这一阶段，生理和意识上体现出第二个发育高峰期。在这一时期其心理上是依赖与独立、成熟与幼稚、自觉性与被动性交织在一起。第一，在消费心理与行为方面。他们的购买心理与消费行为出现了叛逆，不想接受父母的建议和支配，要求一切以自我为中心独立消费。虽然他们的心智还不成熟，在挑选商品时的想法和购买商品时的行为还不成熟，经常和父母出现对立的情况，但是他们的个性化趋势已经慢慢形成。第二，在购买的倾向性方面。少年消费者的消费心理开始产生变化，他们的购买行为逐渐趋于稳定化和惯性，购买回来的东西也越来越符合自己的需求。第三，在受影响的范围方面。少年消费者的消费行为从受家庭内部的影响转变为受外部社会的影响，而这个范围在逐渐扩大。如果说儿童期的孩子的消费观念取决于父母、家庭，那么少年期的孩子的消费意识的变化则是因为受外部环境的影响比重逐渐呈上升趋势。这种影响包括新环境、新事物、新知识、新产品等内容，影响的媒介主要是学校、老师、同学、朋友、书籍、大众传媒等。与父母家庭影响相比，他们更乐于接受社会的影响。

（二）青年消费者群体的心理与行为特征

1. 追求时尚，表现时代

思维逻辑性越来越强，思想范围越发宽广，对于未来充满希望，具有探险精神是现如今青年消费者典型的心理特征之一。这个阶段的消费者对待一切新的事物都充满了求知欲，而且往往会进行大胆尝试。在消费意识和购买行为方面，他们往往会表现出紧赶潮流、领导潮流的趋向。他们往往是新产品、新的消费时尚的追求者、尝试者和推广者。

2. 追求个性，表现自我

随着青年消费者的自我意识愈发增强，他们的个性爱好越来越多，以自我为中心的意识愈发热烈，迫切希望实现自我价值，所以越来越喜欢展现个性化的东西，并且追求一种在商品选择上要求独此一份的目标。

3. 追求实用，表现成熟

青年消费者的消费倾向趋于稳定和成熟，在追求时尚、表现个性的同时，注重商品的实用性和科学性，要求商品经济实用，美观与功能共存。由于他们大多数都具有一定的文化水准，接触的各种信息也较多，所以在消费行为发生的过程中目的性越发强烈，不再购买华而不实的东西，在这个阶段慢慢呈现出一种成熟性。

4. 注重情感，冲动性强

青年人虽然在生理上已经成熟，但在心理上还不完全成熟，所以他们的心智、爱好等还不完全稳定。他们的行为极其容易受到感情的支配，也就是我们常说的意气用事。客观环境、社会信息、新时尚、新潮流等对他们的认识和行为有非常明显的影响，表现在购买行为和消费意识中，容易受客观环境的影响，情感易变，经常发生冲动性购买行为。同时，一见钟情式购买行为的发生概率大于深思熟虑式购买行为，而且冲动性购买多于计划性购买，这些都是青年人在消费活动中的突出表现。

（三）中老年消费者心理与行为特征

1. 中年消费者群体的心理与行为特征

第一，注重商品的实用性、价格及外观的统一。中年消费者社会责任大、家庭负担重，由于经济条件所限，所以更多地关注商品的实用性及价格，讲求"美观大方，经济实用"。一般来说，产品的功能多元、体验效果流畅舒适、价格经济实惠、外观潮流经典，这几方面的结合是促进中年消费的基点。第二，看重商品体验的舒适性与方便性。对于中年消费者来说，由于各种外界因素，如工作的压力、家庭的和睦等，使他们处于人生负担最大的时段，所以为了减轻压力，对于能够提供舒适方便的产品，他们更喜欢去购买。第三，在中年人的意识中，理性消费观念占有很大的比例。人到中年，在一些商品的选用上考虑的因素特别多，所以只有产品本身的实惠性，才能激发其购买欲望，促成购买行为。第四，消费行为开始出现惯性，但又较少存在偏见。中年人在较长期的消费活动中形成了比较稳定的消费习惯，他们经常习惯性地在某一商家消费或购买某一品牌的商品。第五，购买经验逐渐丰富。长期的购买活动使中年消费者掌握了一定的购买经验，一般均已形成符合自身经济收入且价格合理的商品消费理念。所以，相关产业应该根据他们的种种特性，采取相对应的销售措施，迎合他们的消费心理，以促成购买行为。

2. 老年消费者群体的心理与行为特征

第一，消费观念传统性比较强，热衷于对品牌的追求。老年人的消费观念受长期的固定消费和稳定化生活所禁锢，对于生活中的购买行为已经构成了一种模式化。老年人一旦对某品牌产生信任和依赖性，就很难再选择其他品牌的产品。他们往往是传统品牌、传统商品的回头客，往往对于传统商品情有独钟。所以，企业在把握老年人消费市场时，应该注意对"老字号"类的商标或者品牌进行宣传，不要经常更换名字和商标。第二，注重实际，追求方便实用。老年人消费因为受长期稳定生活方式的影响，他们购买东西的目的性很强，既经济实惠又功能性强，不太愿意尝试新东西。所以，在他们进行购买的过程中，好的环境和良好的服务态度就显得尤为重要。第三，需求结构呈现老年化特征。老年人对健康有利的保健品或者与保健项目有关的商品需求量增加，只要是对健康有益的东西，一般价格不会是老年人购买行为的阻碍点。同时，由于需求结构的变化，老年消费者除了吃之外的其他消费行为方面的支出会大大减少，而对满足于兴趣嗜好的商品购买支出明显增加。第四，部分老年消费者还抱有补偿性消费动机。在子女长大成人经济独立之后，父母肩上的经济负担便减轻了，所以部分老年消费者会试图补偿过去因条件限制未能实现的消费愿望。他们在营养食品、健身娱乐、旅游观光等商品的消费方面，同年轻人一样有着强烈的消费兴趣，乐于且有能力进行大宗的支出。

第三节　体育消费的心理策略

企业或商家分析消费者的购买行为动机可以有效地制定营销策略。消费者的心理变化是影响其购买体育用品的关键。因此，对于企业或商家来说，必须对体育消费者的心理进行研究分析，调控商品营销策略。

一、注重消费者体育消费心理需求的引导

处于发展中国家的我们应该重视体育产业的发展，促进相关产业的创新和开发利用，推进体育产业的实物消费和服务消费，使国家体育产业的消费市场得到完善。这就需要社会为消费者提供较充裕的各种各样的体育实物消费资料和体育服务消费资料，拥有发达的体育产业及与体育有关的产业。从国际视角看，当今世界上经济发达的国家，普遍体育社会化程度较高、人均体育消费水平较高、全民体育意识较强、体育人口众多，且都把体育产业及与体育有关的产业作为重要产业，放在相当重要的地位。同理，既然人们的体育消费需要日益增长，那么我们就一定要关注体育文化产业，积极参与其中，必要时参与建设新型的体育活动项目的开发与创造。特别是人类普遍关心的一些项目，如以减脂为目的的保健活动或者以复健为目的的康复活动。针对这几方面而展开的服务，如家庭式、便携式小型运动器材，运动服饰以及相关的体育新闻、画册、体育彩票等娱乐活动，与体育相关的产业，都是提高体育消费的水平和质量，迎合人们日益增长的体育消费追求的重要方面。

加强对体育消费的宣传，充分利用人们工作之余的闲暇时间，将体育场馆设施向全社会开放，适当引进国外一些体育消费项目。广播、电视、报纸、杂志等大众传播媒介则可以向全社会宣传体育消费的作用和意义。重点宣传体育消费的经济意义，逐步引导全国人民理性的体育消费。同时，在经济发展和劳动生产率提高的情况下，在我国逐步完善职工带薪休假制度，并提高家务劳动社会化的程度，这样可以增加人们闲暇时间的总量，从而为人们从事体育消费提供足够的时间保证。现有的体育场馆设施应该全天候向全社会公众开放，要相应增加体育场馆设施的建设投资，兴建、扩建和改建一批体育场馆和体育设施，特别是人民群众喜闻乐见的小型体育活动场所。今后在新建居民住宅小区和卫星城镇时，要充分考虑人民群众体育活动场地的配套建设，从而为人们从事各种各样的体育消费提供条件。

体育消费的发展离不开项目的创新。我们可以根据自身国力结合经济现实情

况来引进国外的一些时尚先进的体育活动项目，满足一些消费者的消费目的。充分利用我国的条件、资源，挖掘富有民族特点和民族传统的体育消费内容，这样才能形成具有中国特色的体育消费模式，满足各种层次的体育消费需求。

二、强化不同体育消费群体的消费心理策略

（一）针对少年儿童体育消费群体的营销策略

由于青少年消费群体日益成为社会的消费主体，所以体育产业相关的企业应该区分把握这个主体的消费心理和特征。

1. 根据不同的消费主体，区分不同的消费需求，设计不同的营销方案

年龄比较小的孩子们都是由其家长来为他们进行商品的消费的。企业在设计商品和制定价格方面应从父母的购物心理出发。学龄前期的儿童有时会陪同父母一起购物，所以在方案设计时应该考虑到成人父母为其孩子的选择，同时要顾及孩子的使用感受。在幼儿体育用品的设计上，包装外形要依据儿童的心理特点进行设计，在价位上要考虑到经济实惠性，要多添加功能性以配合儿童父母的多元需求。

2. 在进行外包装设计时，要直观简洁明了，用活泼、强烈的直观效果来增加消费者的购买欲望

青少年在意识上虽然已经有了一定的审美，但是视觉效果的影响仍在他们的思维领域中占着重要的主导地位，所以产品的包装外形是引导他们消费的重要因素。为此，企业在儿童体育用品的外观设计上，要考虑儿童的心理特点，力求生动活泼、色彩鲜明。

3. 要提高体育产品的辨识度，产品要有独特的设计理念或者企业思想

青少年在选购商品时具有随意性，在儿童时期这种随意性更为突出，而到了少年期则开始有了品牌意识。具有一定名气的产品、有一定特色且辨识性很强的产品，一旦被他们认准了，一般不会再变更其他品牌了，如耐克、阿迪达斯等。因此，体育企业的产品在对外宣传和销售时，一定要使自己的产品有正面的辨识度，把企业及商品的良好形象深深留在少年儿童的记忆中。

（二）针对青年体育消费群体的营销策略

要将青年消费群体的市场收入到自己麾下，那么企业就需要坚持"以人为本、因地制宜"的理念去设计开发新产品。随着时代的进步，在体育用品方面也应该紧随时代潮流的脚步，将科技与审美相结合，设计出美观又实用的产品。与此同时，要把握好青年消费的共性和差异性，结合各自不同的特点，通过各种营销手段积极地诱导他们消费，促成其体育消费。

（三）针对老年体育消费群体的营销策略

针对老年体育消费者心理惯性强，对商品、品牌的忠实度高，注重实际等购买心理与行为特点，体育用品企业要考虑到老年体育消费者的固有思维模式。如果是老牌体育用品企业就可以延用曾经的模式；如果是一些新兴的体育用品企业，就要从体育用品的实际功能出发，生产物美价廉的体育用品，以优惠的价格、使用的便捷、产品用户体验的舒适度、温馨良好的服务态度为宗旨生产有利于老年人身心健康的消费产品。

三、调控消费者体育消费心理

（一）引领消费者树立正确的体育消费意识

科学研究证明，人体细胞活力与机能会随着人类年龄的增大而降低。为了延缓衰老，提高细胞活力，促进新陈代谢，要经常性地参加一些对身体有益的体育活动。因此，充分宣传体育知识和体育活动对健康的重要性是体育消费的切入点。深入贯彻终身体育观念与全民健身思想，正确引导消费者的体育消费观念，可增强体育消费意识，优化体育消费结构。

（二）多方位满足消费者的消费需求

随着社会的高速发展和人们对于健康生活的意识提高，消费者的体育消费更加明显地表现出个性化特征。这就要求增设具有个性化的新奇独特的适合消费者体育消费的项目，如室内攀岩、蹦极、潜水、射击、箭术、马术、瑜伽等创新性项目。以创新体育项目为引导，刺激消费者超越自我、挑战自我的个性。

（三）改善体育设施、增设体育项目和健身场所，满足不同消费者的心理需求

已有研究显示，场地设施的缺乏是影响消费者参加体育锻炼的首要因素。为此应改善体育设施、增设适合消费者兴趣爱好的体育项目和健身场所。一方面，政府应加大体育经费的投入，多推广投资少、见效快、收益高和消费者喜闻乐见、参与面广的项目，如足球、篮球、游泳、羽毛球、乒乓球、网球等；另一方面，可结合全民健身运动，创立适合不同经济收入消费者的不同档次的健身场所和项目，如开发不同档次的体育活动场所和经济实用、美观大方、新颖独特的体育用品，力求满足众多消费者的不同消费心理，达到全民健身的目的。

第八章　体育广告心理探究

广告是企业或商家向消费者介绍商品的一种方式。目前，广告的种类有电视广告、报纸广告、POP广告等多种类型，不同的广告类型针对不同环境的消费者。体育广告与大众广告的作用是一致的。体育广告心理，研究关于广告传播方式及其内容对受众产生影响，导致其一系列心理活动反应，以致引起其消费态度变化的过程，是广告信息传播和受众在广告策划、广告传播中相应的心理活动。本章探究体育广告的心理，从体育广告心理理论，拓展体育广告的设计，逐步分析体育广告带给消费者的心理变化，从而引导购物。

第一节　体育广告的心理原理

一、体育广告的注意原理

注意原理是体育广告中广泛应用的心理学原理之一。所谓注意，是指某一特定对象的心理活动的方向和集中。指向性和集中性是注意的两个特征，它们总是伴随着心理活动。注意指向性表明，人们的认知活动是选择性的、有意的或无意的。在任何时候，心理活动都有选择性地指向某一物体而同时离开其他物体。集中性是专注于一个事物的精神活动的时候，不仅有选择地指向某个对象，离开外面的一切都与人们关注的对象无关，还抑制额外的以及与它争相的活动，并对它以充分的能量来得到明确和真切的反应。例如，消费者在选购某种体育商品时，其心理活动总是指向于该商品，并集中在它的身上，以对所选购的该种商品形成清晰而精确的反映，从而便于确定买与不买。

（一）注意原理在体育广告中的作用

吸引公众对广告的注意是广告效果的第一步，也是最关键的一步。如果不能引起公众对某一广告的注意，那么广告的其他效益更无从谈起。注意的指向性与集中性的特点使人们于众多的广告之中，有选择地指向和关注某一特定的广告，而且这种注意的作用会贯穿广告发生作用的心理过程的始终，从而达到广告最终促销功能的实现。因此，注意被认为是体育广告心理策略中极其重要的一部分。

引起消费者注意的刺激因素有外在的客体刺激因素以及内在的主体个人因素。

1. 外在的客体刺激因素

有效的外界刺激因素不仅能够引起消费者对体育广告和商品的高度注意，而且可以引起消费者的兴趣和偏爱，能够诱发其内在的主观感受，进而引起购买的欲望，产生购买的动机。能够引起人们注意的刺激物所具备的条件是多方面的，主要有以下5点：

（1）强度。刺激强度越高的客体，越能引起公众的注意。一般来看，体育广告刺激主要包括视觉刺激和听觉刺激，其中视觉刺激又是第一位的。实验表明，人们接受的外部信息，约85%来自于视觉。视觉主要包括色彩、明暗、位置、对比等，如明亮的灯光、鲜艳的色彩、突出的位置等都会引起人的注意。听觉刺激主要来源于声音，声音有关的主要因素是频率和强度。设计体育广告时要考虑声音的音高、响度和音色的心理作用，使听觉刺激能够让人产生愉悦的感觉。同时，很多情况下视觉刺激与听觉刺激是互相配合的，在体育广告设计中要利用这种强度因素，加强对人的视听感官的刺激，以收到引人注意的效果。

（2）对比。在同一时空条件下或同一类别中，与周围的刺激物反差越大越能引起注意。相反若是极其单调、毫无变化地连续出现或发生，那么即使这种刺激是比较强烈的，也不能引起注意，这在心理学上称为"感觉的适应性"。所以，在体育产品的广告设计上应注意利用这种对比的规律。在小广告中做大，在无色彩中做有色彩，在暗淡的背景下做明亮等，这些大小、强弱、深浅、明暗的对比，均能使广告给人眼前一亮的感觉，从而引起人们的注意。

（3）动感。运动的物体容易使神经感官兴奋，因而可以引起更大的注意。在体育广告中，动感的运用尤其普遍，因为这种表现形式更能切合体育的内涵，符合人们的心理，并能引起共鸣。

（4）新奇。体育广告设计中独特的构思、富有创意的语言、新颖的表现手法等新奇的东西，往往会产生特殊的效果。在常规思维占大多数的情况下，谋求与众不同，运用夸张、奇幻的手法，往往能够增强刺激的强度，醒人耳目，激发人们的好奇、兴趣和关注。

富有创意的体育广告语有：匹克（Peak）——我能，无限可能（I can play.）；彪马（Puma）——永远保持真我（always be yourself）；匡威（Converse）——这是匡威的舒适（It's Converse for Comfort.）；安踏（Anta）——永不止步（keep moving）；阿迪达斯（Adidas）——没什么不可能的（impossible is nothing）；等等。

（5）娱乐性。人们都有追求美感的天性，具有娱乐性的广告，有一定的感染力，特别容易引人注意。

在体育广告中，许多作品为了表现对娱乐审美价值的追求，刻意表现出瓦解和不连续性，打破了原有的意义，创造了与现有秩序不同的新秩序，重组了优美而非理性的视觉元素，产生了夸张的幽默效果。这种视角的转变是一种新颖独特的创作，创作者从独特的角度，结合自然和非自然、理性和非理性的对象和思想，以类似游戏的方式传达自己的想法，使观众在其身上得到乐趣和灵感，这种广告本身可以包含参与和娱乐。百事可乐和阿迪达斯在许多广告理念中都是娱乐和游戏的元素，如 ADI 的曼彻斯特联合章，百事可乐的"足球大战"，它描述了与商品有关的娱乐情节，让观众在享受幽默的背后，有一种想自己尝试的方式和欲望。

2. 内在的主体个人因素

从消费者主观状态来说，体育广告设计中应该注意以下 4 点：

（1）利用人们一定时期中的兴趣中心。所谓兴趣，是指一个人对一定事物所抱的积极态度。当一个人对一定事物产生兴趣时，他就会积极地把自己的心理活动指向并集中于这个事物。因此，兴趣和注意具有极其密切的关联性。每个人都有自己的兴趣范围，它们可能与人们的日常生活、工作、当前要解决的问题、个人爱好等密切相关。从整个社会范围来看，在一定时期内，也会有一定的事物或事件成为人们普遍关注的中心，即社会的"兴趣中心"。通常情况下，这种一定的事物或事件都是比较大型的、影响范围比较广的、与人们有密切关系的，如奥运会、足球世界杯赛等，也可能是某种突发性的事件或某个当红的明星、影视剧等。这种"兴趣中心"我们一般也称之为"社会热点"，个人的兴趣中心大都会受到这种"社会热点"的影响，受其引导。因此，在广告策划时，应该善于抓住并利用这种社会热点事件，以其作为广告宣传的主题或背景，从而提高广告的注意度。

（2）利用人们当时的迫切需要。当人们生理上或心理上的某种欲望得不到满足时，就会产生需要。公众对于符合自身需要的刺激，给予的注意往往比较高。比如，一个观众在现场观看球赛，突然感到肚子饿了，这时如果周围有食品的广告、出售食品的小摊或者食品散发出的诱人的香味，都会引起他的注意。相反，一个吃得很饱的人，对这些有关食品方面情况的注意，就相对少得多。在广告策划中，应该分析在这种特殊情况下公众会产生的需要特征，充分利用公众潜在的、可能会出现的需求，使广告作品的宣传内容与公众的关心点、兴奋点一致，满足公众的心理需求，从而吸引公众的注意。

（3）利用人们的某种特殊情感或情绪。情感或情绪是人们对客观事物独特的感受和认识，不同的人带着不同的情感和情绪去看同样的事物，所产生的效果就会不同。同样，人们在看待某个商品时，情感或情绪色彩不同也会给商品赋予不同的意义。比如，一个人是某个明星或球队的忠实球迷，那么他对由这个明星或球队做广告的产品就会产生特殊的情感，一旦看到他所喜欢的对象所做的广告就会产生特别的关注，表现为一种特殊的喜爱和偏好。在广告中制造和渲染某种情绪，也会使广告变得更有意义，使受众不知不觉地受到这种情绪的感染，在带着这种情绪观看广告后，对其留下比较深刻的印象。

（二）注意原理在体育广告中的应用

在今天的"注意力经济"，传播者所编织的一系列信息接口满足人们的心理欲望和感官上的愉悦，凭借丰富多彩的颜色、美丽的身体和聪明的拼贴画的帮助，为了吸引观众的注意，人体界面大多由复合信息组成。身体界面的解码机制也是丰富而微妙的。以身体界面为对象，以交际者和接受者的身体形象为纽带，身体界面的解码实际上是身体对身体的双重"游戏"。体育广告中出现的大多数模特都有黄金比例、强健的肌肉和优美的体态。当他们在广告中表现出各种运动形式的完美身体曲线时，观众注意到这种广告首先会被这种身体所吸引，然后在脑海中被吸引，产生与之有关的想象，一种与快乐有关的错觉是在它里面产生的。在这个联想中，身体在置换界面中的冲动很可能发生。

奥运会的纪录片"奥林匹亚"被称为英雄史诗，应该是奥运会最早的广告片，这是一个经典的运动身体的美和力量，特别是第二部"美丽的节日"。第二部，瑞芬舒丹拍摄了身体在运动时的美妙，她良好的艺术感觉在身体表现中显得很尽兴。这些美丽的身体使镜头下的她完美地表现如此傲慢和自信，在这种力量中表现出无限的卓越感和自豪感。由反射身体的力量和速度的赞美，传达瑞芬舒丹的审美观。1983 年 4 月 20 日，《奥林匹亚》首演，那是希特勒的 49 岁生日。她精彩的礼物在电影史上赢得了 4 项大奖，但也成了她永远的污点，因为在当时和现在大多人都评论说她把奥运会变成一个法西斯的仪式，而"战争"和"胜利"的叙事揭示了造物主的法西斯信仰。然而，人体的美和记录在这部电影真的让人惊艳未来的电影仪式之美，速度和力量的人的结合就像瑞芬舒丹的相机下的一个神话。

目前，大多数体育广告仍然采用这种手段来达到广告诉求，身体的美丽仍然深深吸引着观众，魅力无限。不可抗拒的"身体魅力"在广告中显得更真实、更动态，如网球美女 Anna Kournikova，互联网上的性感美女以其健美和性感的形象吸引了无数粉丝，受到许多商家的青睐。世人所选择的欧米伽并不是看中她作为代言人的网球技能，而是她的肢体语言魅力。许多体育用品选择了一些年轻貌美的年轻偶像和模特作为商品的配角，如匡威全明星经典帆布鞋平面广告——把鞋子穿在身上，象征健康的古铜色皮肤的女性身上只穿着一双匡威帆布鞋，帆布鞋的视觉效果已经成为身体完美的一部分，其质量不用说也知道了。体育广告中不可抗拒的魅力显得更健康、更有生机。

二、体育广告的感知原理

所谓感知，是感觉和知觉的总称。感觉是人脑对客观事物直接作用于感觉器官的个体属性的反映，它是主体认识的最初来源，并且是必不可少的第一步。要探索人的心理，就必须从感觉开始。人们接触到广告，最初也是从感觉开始。知觉是人与物之间的各种特性、零件和联系的综合反映。人的知觉具有整体性、选择性、理解性与恒久性的特点。另外，人的知觉还有对错之分，错误的知觉，人们称之为错觉。有时候错觉往往会被人利用。

在现代广告中，人们已经十分重视感知原理，充分利用人的 5 种感官功能组合，以达到最好的综合效果，刺激其购买的欲望。

1. 视觉的利用

俗话说："眼见为实。"一般来说，人们比较相信自己亲眼看到的东西，也就是说视觉的利用在体育广告中非常重要。美国广告学家乔治·奇里森认为，适当改变广告的位置，可能获得极佳的效果，这是利用人的视觉作用的一个方面。另外，还可以利用体育商品的包装式样、色彩来吸引顾客。在体育广告设计时要美观大方、突出重点，尽量使体育商品变得吸引人。其实，有时候真正的体育商品在我们买来后发现并不像广告中的那么出色，但又觉得没有什么变化，这就是广告技巧的作用。

2. 听觉的利用

听觉与视觉比起来，具有一个特点，那就是视觉具有可选择性而听觉则不具有可选择性，即如果声音存在人们就只能接受。因此，听觉的利用在体育广告中也是很有效的。利用听觉的时候要注意几个方面：一是内容要准确；二是语言要简练、准确、生动；三是声音要有感染力；四是频率不可太大，持续时间不可太长。

3. 触觉的利用

针对很多体育产品而言，人们习惯用手来进行触摸以判断商品的品质，这是因为商品需要与人体接触，而品质的不同会给人带来不同的触觉感受，人们都追求舒适的感觉，因此都希望能够亲自感觉，鉴别商品的品质。在广告中，我们就要尽量体现这种商品给人带来的舒适感觉，达到仿佛消费者自己亲身体验的效果。例如，Anta 的"风冷运动衫"广告展示了该产品的技术含量。一个跑步的运动员被一个大而透明的水球包围着，有一张痛苦的脸和一种艰难的步伐，他换了这件凉爽的 T 恤后，就笑着、走着，步伐轻巧，突破了那个大水球。我们都知道，过去的运动衫大多是棉制的，出汗后衣服会变得越来越重，因为棉花会吸水，现在 T 恤是由特殊材料制成的，不但不吸汗，而且干得很快，即使出汗也感到非常轻松舒适，还能锻炼身体。在广告中，汗水被比作大水球，非常有创意性，用明亮的色彩效果，可以捕捉人的眼睛，使产品的利益点一目了然。

三、体育广告的联想原理

联想是体育广告心理中非常重要的一个方面，它既能影响消费者对广告的注意，又能影响消费者对广告的感知，对广告的记忆同样会起到作用，最终将影响消费者的购买行为。联想作用对消费者的购买行为可以起到两方面的作用：其一，广告联想能促使消费者产生购买行动。如果一则体育广告能够使消费者在看到或听到该广告后，产生积极的联想，如运动服装的广告使消费者联想到自己穿上后会是如何舒适等，这样就增强了消费者的购买欲望，能够有效地促进消费者的购买行动。随着广告心理学的不断发展，人们在研究中发现心理作用在影响消费者行为中占的比重越来越大。广告最重要的就是要"攻心"，要使消费者产生心灵上的震撼，只有先让其"心动"，才能使其"行动"。其二，广告联想也能阻碍消费者的购买行动。如果一个广告宣传的内容是人们普遍不喜欢的，那么人们在看到这个广告的时候联想到自己如果买了这种产品也会不受人欢迎，那他肯定不会去购买。因此，要尽量深入研究每一种体育产品的消费者群体的心理，使这种体育产品的广告给人带来积极的联想。2018 年阿迪达斯世界杯广告，众多文体界名人一起运动起来。广告中，球员们帅气灵活的踢球动作瞬间使消费者联想到俄罗斯世界杯，运动员展示不同颜色型号的运动服、运动鞋等产品成功吸引了消费者的目光。阿迪达斯世界杯广告运用当下热点，将产品与足球比赛关联起来，提升品牌的热销度，诱导消费者购物激情。

有针对性地创造各种易于激发消费者积极联想的广告因素，使广告信息产生的联想效果适应消费对象的知识经验和欲望感觉，令其相信、向往、追求、愉悦，使其产生共鸣和情感的冲动，从而导致消费行为，这正是体育广告要做的。而体育广告联想的心理方法主要有以下 3 种。

（一）创意与联想

一个成功的体育广告作品必须要有好的创意，要有鲜明的个性特征，才能在纷繁众多的体育广告海洋里脱颖而出，别具一格地引起观众的注意。推陈出新、出奇制胜是当今很多优秀体育广告普遍利用的创意方法。这种方法能够有效地增强人们对体育广告的注意度，增大体育广告的宣传效果。在体育广告中有意识地把两个生活中互不相干的事物组合在一起，使人在惊异中有所发现，引起联想。

David ogway，一个广告学硕士，他曾说："产品之间的差异越小，可以选择的原因就越少，并没有更多的富有逻辑和理性的体育广告词来打动消费者。"

以行业里的模范耐克为例，"一球成名""运动无处不在"是耐克的两个视频广告，前者很有创意，是在第一人称视角下对足球运动员的拼搏经过的拍摄，在电影中每一位观众都是主角，你自己通过刻苦训练磨炼球技，最终与罗纳尔多、伊布、鲁尼和 C 罗等明星在同一场比赛中竞争，你也可以享受出名以后和一个著名的美女模特约会的好处。第一视角的创造性在广告中起着重要的作用，使观众具有强烈的代入意识。

"运动无处不在"是利用创意将体育与各种场景相结合，运用无限的想象力和创造力，将普通生活场景与体育相结合，使耐克"运动无所不在"的品牌理念得到很好的传达。在电影中，老师和迟到学生之间有一场接力赛，他们进行击剑比赛，并赶上公共汽车。创意在这部广告影片中的作用是最大限度地润滑日常生活场景和体育运动之间的过渡，使观众不至于感到过于突兀，而是露出一个合理的微笑。

（二）借代与联想

所谓借代就是避开所要描述的直接相关的事物，寻找一个表面看来没有什么关系，但实际上却含有某种内在联系的相关事物，来暗指原本要描述的事物。一般来说，体育广告上所用的借代物都是人们所熟悉的，司空见惯的，能与自己的生活经验联系起来的。因为只有这样，消费者才能"睹物思情"，展开丰富的联想，从而受到启发，理解体育广告所要表达的内容。这种联想方法，比直接以原物示人或向消费者灌输效果要好得多。因为这种借代的方式，让消费者的思维起到了作用，他们在看或听体育广告的时候思维是活跃的，他们在接受了体育广告以后通过联想对体育广告进行了再创造，形成了自己的感受且印象深刻。

在《谁杀了兔子乔丹》中，广告片里几乎没有出现"耐克"。它并没有像其他广告那样宣传这个产品，讲述"卖点"，只是用引人注目的飞人乔丹和兔子来演绎了一个荒谬的游戏或一个故事。这种"无声胜有声"的体育广告创意，让耐克产品赢得了非"卖点"的卖点，让消费者感觉十分亲切。例如，在 20 世纪 90 年代，耐克还设计并推广了一款夸张的电脑游戏，允许参与者在游戏中与乔丹共同打篮球。从"乔丹穿耐克鞋"想象到"我穿耐克鞋"，让消费者想象自己与 NBA 赛场上的乔丹相比，这种夸张的广告技术让消费者体验到与现实世界不同的一种兴趣，从而使耐克能够与目标市场进行沟通。在这种"无声胜有声"的现代艺术表现中，潜移默化地将耐克公司的产品植入消费者的内心，与消费者产生共鸣。例如，1977年，耐克推出了"这儿没有终点线"广告，描述一个年轻人穿着耐克鞋在峡谷的中部跑步，前方只有一个地平线的呈现。这一体育广告案例，以体育精神为背景，不仅运用人物来简单地反映产品的特点或性能，而且直观地表达人物与产品之间的哲学思想——从最终到永不败的"体育精神"。它使目标物体永无止境，冲击和撼动了消费者的精神，达到了让消费者感觉亲切的理想效果。

（三）意境与联想

体育广告意境即一个体育广告所营造出来的一种氛围，一种情调，它是体育广告给消费者所带来的心灵上的感受，是体育广告的一种感染力。利用意境引发消费者的联想，是利用了事物之间的联系，诱发人们的想象，从而想到体育广告所宣传的事物。通常情况下，使用这种方法能够有效地弥补很多产品单纯靠其本身无法给消费者带来的使用效益的不足，特别是当这种效益属于层次比较高级的效益的时候，通过意境的营造，利用一些具体的、为人们所熟知或向往的事物来打动消费者，可以从感情上增强说服力。比较常用的营造体育广告意境的方法主要有浪漫手段、幽默风格和动画样式等。但在意境的创造中，要特别注意避免惊恐或胁迫，以免引起消费者的负面情绪和不良的社会影响。

耐克有一则人和动画结合的广告"恐惧斗室"在中国播过。篮球明星詹姆斯是广告的主角，为了打破对自己内心的恐惧，每一级的对手都被他打败了，他们是"夸张失实""诱惑""嫉妒""自鸣得意"和最后的"自我怀疑"，最终克服了自我赢得了成功。整个广告是连续流通的，有丰富的情节，加上詹姆斯从头到尾的扣篮表演，让球迷们享受到篮球的美。因地制宜是广告的最大特点，充分融合中国元素，无论是中国古代的老人、古代壁画中的仙女图案，还是象征性的中国功夫，都与詹姆斯进行奇妙融合，与观众的距离也被拉近了。

第二节　体育广告设计引发公众心理

体育广告设计是把广告创意予以实施的过程，即把广告创意以一定的形式表达出来。体育广告有了好的创意还必须有好的设计方案，只有将这两者结合起来才能产生好的体育广告作品。同样，体育广告设计必须考虑公众的心理。只有在适应消费者心理的基础上，满足消费者的心理需要，并引导消费者的心理走势，才能算是成功的体育广告。从体育广告设计角度来看，所要涉及的心理学内容主要有以下几方面：

一、体育广告设计与审美心理

体育文化与精神艺术的结合，是现代文化发展的流行趋势。人类本体性本质力量的、精神自由的追求叫做审美。随着社会的发展，人类在思想观念上也有了更高层次的追求，这意味着审美文化正在向我们生活的方方面面渗透，体育当然也不例外。体育，顾名思义是身体锻炼教育，它是以身体和智力活动为基本手段的教育。它的最初目的是对人身体的解放、健康的恢复、体能潜能的挖掘。而在现如今复杂的文化背景下，它的重点不再强调身体的自由，更强调人精神的自由。现代体育与审美结合了人类身体和灵魂对自由的追求，从而衍生出一个新的名词，那就是体育精神。它赋予了传统的体育文化活动一层新的意义，为现代体育文化注入了新的生命力和吸引力。从现代体育发展的实际情况来看，体育与审美形式的结合，不仅使现代体育文化有了新的精神含义，更像是作为一块磁铁吸引了更多的人民群众参与到体育文化建设当中去。而且，新的体育文化的产生也丰富了人类的精神生活，在倡导全民体育中起到了积极作用。这一切都是现代体育与审美的融合统一，通过潜在文化内涵向一种独特的美感发展。

美感是人类在认识自然和社会的过程中自然产生的一种心理现象。审美心理是一种特殊的心理活动，不同的个体对同一件事物的审美心理会有不同。体育广告审美心理应该从美感的普遍性与特殊性中探索规律，从而提高实施体育广告的针对性及其效果。

（一）体育广告审美特征

体育广告策划者要通过一定的艺术形式来表现其意图。体育广告作品要想使人得到视觉、听觉上的美的享受，进而达到体育广告要实现的目的，就必须依照当代社会中人们对美的共同向往和审美观来塑造艺术形象。体育广告的审美特征主要有以下4点：

1.体育广告审美的形象性

艺术美不是抽象的，并非只可意会不可言传，它可以用具体的艺术手法表现出来，不同的艺术手法所表现出来的艺术形象也是千差万别的。体育广告设计出来的艺术之美是要以现实的表现方法，充分展现出体育商品的内部细节美和外部造型美，最后以其材料上的质感、色彩等再现出来，如李宁品牌作为代表中国人的运动品牌，需要走出别人的影子而重新建立自身的文化底蕴。李宁要通过形象和口号的更新，来展示改变，表达中国的运动精神，开创运动新时代。在新形象中提出"人"的核心思想，共同发展，最终由LN团队定出最终方案。李宁品牌新标识不但传承了经典LN的视觉资产，还抽象了李宁原创的"李宁交叉"动作，又以"人"字形来诠释运动价值观。新的标识线条更利落，廓形更硬朗，更富动感和力量感，鼓励每个人透过运动表达自我、实现自我。另一方面，新一代销售店面的空间视觉设计，从中国现代生活出发，提取属于中国人的文化元素，配以现代化的插图、字体及版式设计，创作了李宁英雄墙、空间导引系统及产品推广画面系统，为中国运动精神套上全新的视觉包装，呈现出具有生命力的李宁新形象。这样的艺术手法的形象性比其他的艺术手法表达更加准确、直观和完整，其审美的特殊之处也在于此。

2. 体育广告审美的对象性

由于每一种商品都有一个相对应的消费群体，而基本上不会以所有的人为对象，所以，体育广告作品的对象性比较严格。有效的体育广告应该是准确地针对每一个特定的消费群体进行体育广告宣传，否则就不会起到应有的效果。体育广告作品在进行初步设计时要注意两个方面，第一要注重消费者审美的不同性，第二要把握好艺术的亲民性，即要符合大众口味。对于那种普遍能为大众所接受的产品，在生产过程中可替代性显得尤为重要，要做到产品使各个阶层的人都能在审美意识达到认可的效果。而对于存在个体差异性的产品，可以刚好借用这种个体差异，使人们产生一种此物非我莫属的感觉，以此来刺激消费者采取行动。

3. 体育广告审美的感染性

感染性是指艺术作品对人类精神层次所造成的影响。比如，吸引力、诱惑力和魅力。具有艺术价值的事物，总是容易诱导人们的情感活动。体育广告作品作为美的创造者，必须具有强烈的感染力。体育广告作品无论采取什么样的语言形式和表现技巧，只有引起消费者的喜爱、神往、探求，才有机会诱导消费者的购买欲望，同时可以给消费者亲切感和信任感的形象，才能唤起消费者的注意和兴趣。

4. 体育广告审美的功利性

这里所说的功利性是指事物能够给人带来的一种有益无害的利益。人与艺术之间的向上关系属于功利性，这是体育广告审美心理的基本属性。体育广告宣传中那种失真或过分夸耀之词，包装装潢同内在体育商品质量不符等带来的欺骗性宣传，都是不符合体育广告的审美原理的。

（二）体育广告审美的差异性

由于体育广告审美属于人主观意识的活动，具有强烈的个体特征，会因为人的审美能力、审美观念、审美趣味、当时的心境等而有差异，同时受到社会环境等因素的影响，所以体育广告审美在具有普遍性的同时，表现出一定的差异性。

1. 体育广告审美的时代差异性

一切精神上的东西都要建立在物质的基础上，人类的审美需要也是在物质生产发展的基础上发展起来的，同时随着物质基础的发展而不断发展。因此，人类在各个历史阶段所形成的审美标准也各不相同。

实践发展了，时代不同了，人们用以判断美的标准也会不一样。原始人与现代人，20世纪的人与21世纪的人，很显然审美标准是不同的。虽然有的审美观念会在多少年后重新轮回，但是这种轮回也不是完完全全的重现，必定是有了一定发展和改变的。

人们的审美观念改变了，体育广告中的审美价值也要相应改变。特别是现代社会发展越来越快，人们的审美观念也紧随时代发展的脚步而变得越来越追求高层次，因此新的流行时尚不断出现。如果体育广告审美设计跟不上潮流的脚步，肯定是失败的，而且成功的体育广告应该敏锐地发现新的流行方向，并能引导潮流的发展。

2. 体育广告审美的个体差异性

不同人的审美趣味都因其共性相联系，又因其个性相区别。一般来说，属于同一个群体的人的审美心理会有一定的相同性。比如，年轻人喜欢鲜艳、活泼，老年人喜欢朴实、典雅，女性喜欢柔美，男性喜欢阳刚等。但是，消费者的审美情感又受到多方面因素的影响，包括消费者的个人经济状况、思想志趣、文化素养、身份职业、年龄经历、性格爱好以及其他外界刺激等。由于上述诸因素不尽相同，消费者的审美观点也就表现出千差万别的个体特征。因此，体育广告设计应顾及消费者的审美个性，在设计时需要设计出包含消费者的审美和爱好以及赋予人类感情色彩、运用创新的艺术手段来表达的原创作品。只有保证了该作品有其独特的特点和美感以及一切设计灵感来源于该消费者对此设计的需求，设计师才可以为社会贡献出更多的有创新意识的、有灵魂的、有艺术感的以及独特的体育广告产品。

（三）体育广告色彩运用的启示：时尚与古典的完美融合

相较于其他行业而言，体育产业有其自身的特殊性，主要体现在体育广告的色彩应用上。由于主消费群体是年轻人或者青少年，所以在体育广告的设计中自然而然会以当下最流行的时尚元素为素材体现在体育广告当中，通过时尚元素来激发创意，如将现如今年轻人都喜欢的极限运动（攀岩、蹦极、冲浪等）、流行舞蹈、HIP HOP说唱或者网络手游等时髦的元素运用到体育广告创意当中去，有了这些元素在其中的广告自然就会起到一个引人注目的效果。目前来看，国内多数广告都是使用这种传统手法去设计广告，难免显得传统和无力，很难达到震撼和让人印象深刻的效果。那么，应该怎样进行广告创意的创新呢？可以选择将时尚与古典结合，让传统文化与时尚元素相互碰撞，找到其中的平衡点，使广告主题有内涵有深度，追求一种意境美。如果能结合传统艺术形式，将古典和时尚统一起来进行广告创作，现代的表现手法以传统文化做底蕴，那么既能欣赏到经久不衰的传统艺术，又能感受到浓烈的、时尚的现代气息，广告的审美价值就得到了提升，同时丰富了品牌内涵。

由中国广告协会主办的第十三届中国广告节，李宁品牌选送的"水墨篇"电视广告凭借出色的创意和丰富的中国元素，一举夺得中国元素国际创意最高的"全场大奖"。另外，其世界杯、飞甲篮球鞋、NBA皮影戏、李宁弓等电视广告还获得了长城奖的四项大奖，而"水墨篇"广告所宣传的产品"飞甲"篮球鞋更是夺取了德国"iF Design Award China 2006"工业设计大奖。这是近年此类体育广告中的经典之作，完全颠覆了球鞋广告的传统表现形式，其创意精妙在于完美融合中国古典设计元素与现代简约艺术，将古典美和现代美巧妙地在同一个画面中展现出来而无生硬之感。

其中，飞甲篮球鞋的广告，演示"东方篮球"玩法：白色素净的大面积空白用笔墨重染的商周青铜器纹样夔龙纹，由上至下呈二方连续的带状，由轻至重慢慢晕染扩散成一个一身黑色篮球装的运动员，脚穿黑色运动鞋，用具有东方武术招式的太极动作正在练习转玩篮球。广告的创意取自中国传统艺术"墨染"，将富有浓烈的中国本土气息的手法代入到时尚的体育活动中，以此来象征中国人对待体育精神的高层次追求和对运动的感悟，让人在充分体验新鲜感的同时，感受到一种东方艺术带来的强烈震撼。篮球的旋转规律好似是山水画中的泼墨手法，飞溅畅通的墨点球鞋在地面上的摩擦跳跃更像是用笔激情地书写着狂草，墨点球鞋的运动规律如同毛笔行云流水般在纸上跳跃、旋转，极富动感与美感。最后，画面中间一滴浓重的墨在白色宣纸上四溅开来，李宁红色的标志放置在黑色的墨滴中央，宛如在白色宣纸和黑色线条流动的书法作品中印上了枚鲜红的印章，色彩对比强烈，传统韵味与现代气息和谐统一、相得益彰。在书法和水墨的传统文化背景下，男主角将东方武术动作与篮球结合，利用了中国书法顿笔蓄意、挑笔出锋的效果，使画面整体刚劲有力，可谓中国传统文化的大写意。

同样，另一款"天羽"慢跑鞋的电视广告中一样运用水墨淡彩的表现手法，淡雅的色调、流畅的线条、高雅的趣味配合轻灵飘忽的音乐，把观众从繁杂的城市喧嚣中解放出来，穿过滴水的翠竹林，晕色的桃花丛、摇曳的荷花池轻盈地从水面上越过。墨汁在宣纸上悠远静谧，让画面动静有致、浓淡相宜，在视觉上与广告语"跑出轻的意境"紧密呼应，贴合了一部分城市消费人群向往亲近自然、"天人合一"的心境。利用中国国画中水墨丹青的表现手法，两位主人公在荷塘间慢跑犹如蜻蜓点水，画面的整体效果唯美、生动，将古典和现代完美结合。李宁公司东方元素的品牌差异化营销战略，不仅赢得了目标消费群体的认可，其创新思维也在国内外屡获大奖。

水墨是中国书画艺术的主要表现手法，是中华艺术形式的代表，是中华文化的注册商标。在传统艺术理论中把墨分为干、湿、浓、淡、枯五色，两款广告正是运用不同的墨色给人完全不同的视觉效果，"飞甲"的厚重强烈、"天羽"的轻盈含蓄使人不得不感慨中国传统艺术的博大精深，尤其是"飞甲"篮球鞋的广告与时代的结合更为紧密。传统观念中如果说中国艺术的表现过于含蓄温婉，那么"飞甲"强烈的视觉冲击力足以令人震撼。如果说传统艺术因循守旧，"飞甲"却用简洁的画面带动脉搏的跳动，不断彰显着时代的活力。

二、体育广告设计与色彩心理

在体育广告作品的各种构成要素中，广告色彩的影响作用最大。色彩通过视觉效果产生作用，传达信息十分迅速，能在极短的时间里刺激人的感官，唤起注意产生印象，并引导公众的联想。色彩也称第一视觉语言，它的视觉作用先于形象，对人的大脑皮质有很强的刺激作用，能够有效地捕捉人们的目光，对人有很强的吸引力，很容易引起人们的联想，具有诱发情感的作用。在体育广告作品的设计中，色彩设计并不仅仅指各种颜色的组合搭配，还要涉及大量的色彩美学和色彩心理的问题。因此，体育广告设计在追求色彩效果时，必须懂得运用色彩的心理功能。

（一）体育广告色彩设计的特点

1. 色彩的鲜明性

根据心理学家的研究，人类 70% 的信息是从视觉获得的。而色彩对于视觉来说，又是最为敏感的。一般来说，色彩鲜明的体育广告比较容易引人注目，但所谓鲜明的色彩，并不是指大红大绿，不顾具体的视觉要求与体育广告目标。随意增强色彩的刺激性，反而容易引起人们的烦躁与反感。真正的体育广告设计应该更多从人的色彩心理出发，考虑如何能给人以清新醒目的感觉。

2. 色彩的新奇感

人们总是对新奇的东西感兴趣，色彩给人以新奇之感，同样十分重要。新奇感能够驱使人们去研究、探索、进一步了解，而且亲自参与的东西，印象会比较深刻，自然不会很快就忘记。所以，体育广告创意要不拘泥于现实生活中的真实颜色，可以用超常规的想象，为事物赋予色彩，让人觉得妙趣横生或格外优美，从而产生不同凡响的良好效果。

3. 色彩与体育广告形式的协调性

随着现代科学技术的发展，体育广告的形式也越来越多样化，有电视、广播、报刊、招贴画、体育广告牌等。在进行体育广告设计时，要注意研究不同体育广告形式在色彩运用上的特点，不同的体育广告形式采用不同的色彩设计方法。比如，道路两旁的大广告牌因为面积比较大，人又是远距离观赏，所以要考虑到远距离的视觉效果，其体育广告的色彩必须是简洁的、鲜明的、对比强烈的，才能引起人的注意。

总之，体育广告要向人们传达信息，而色彩是传达信息的一种载体。体育广告又是一门艺术，应该给人以美的享受，而色彩是构成美感的重要因素。体育广告色彩在设计时应充分考虑体育广告色彩设计的以上特点，以达到体育广告的目的。

（二）体育广告色彩设计的象征效应

色彩具有一定的象征意义，即色彩具有某种意思，它是通过与观念、情绪以及想象联系起来的一种特殊的意念。色彩的这种象征意义具有很大的共同性，但也会因国家、地区、民族的不同而有差异，这是因为在不同的生活习惯中形成了对颜色的不同偏爱、好恶。

色彩的象征效应是体育广告的重要宣传手段，极易引起人的情感反应，促使消费者产生联想，而且在通常情况下，更容易传达情感。体育广告在设计时要运用与产品搭配的、有利于促进消费者向积极的方面联想，产生美好情感的色彩。逐步认识体育广告色彩对心理影响的客观规律性，掌握好"色彩语言"的特点，在体育广告设计制作上充分地加以利用，使所用的色彩发挥它们有利的作用，突出商品的特有优势，说服消费者去购买。

（三）体育广告色彩与消费心理

人们的消费心理受到多方面的影响，其中对于色彩的审美心理也是极其重要的一个方面。不同的消费者因为年龄、性别、性格、知识结构等不同，对于色彩的感受不同，对色彩的偏好与兴趣也就不同，而这些不同就会影响到消费者的购买行为。不同的体育商品有自己的特点，所面对的消费对象也有各自的色彩心理特点，在体育广告设计时要分别研究它们的差别，体育广告色彩于是也有千差万别。

不同的色彩有不同的象征意义，给人的感受也各不相同，主要是因为不同的人对色彩的联想不同，有研究表明人对色彩的联想会随着年龄的增长而越趋复杂。一般来说，年纪越轻的人由于阅历浅，对颜色的联想会越简单。儿童看到某种颜色会想到具体的某种事物，而成年人往往会联想到某种感觉。所以，在设计体育广告色彩时，可以根据这个规律进行。宣传儿童体育用品的时候多采用与商品颜色相近或类似的颜色，以使其在以后每当看到这种颜色的时候都会想到这种产品。而成年人的体育用品则要考虑到它能给消费者带来的价值、作用以及所能满足的各种情感需要，尤其是能满足的情感需要，选择与这些感受相对应的色彩来使用。

三、体育广告设计与线条心理

线条是构成图案的基本要素，而体育广告作品当然离不开图案，好的构图对于很好地传达体育广告所要传递的信息以及使受众产生良好的心理感觉来说都是非常重要的。所以，在体育广告作品设计中，线条的运用也是极其重要的。线条运用恰当，可以提高体育广告作品的审美价值。

在体育广告设计中，线条的运用占据重要地位。线条运用恰当，不仅可以增强宣传作品的视觉效果和心理影响，而且可以提高体育广告作品信息传播的有效度。

在设计体育广告作品运用线条时，既要考虑产品本身的特性，使用与之相匹配的线条，又要考虑公众的线条心理特征，使公众在线条的暗示下产生联想和感觉，符合体育广告设计者创作的意图，有利于实现体育广告的目的。

百事流行鞋在为中国奥运队喝彩的体育广告中，就巧妙地运用了线条的艺术。在3张平面画中，分别放有一只或一双百事流行鞋，每幅体育广告所要喝彩的对象分别是中国奥运田径队、中国奥运体操队和中国奥运划艇队。这些体育广告的构思极其奇特：百事鞋的鞋带曲折回旋，竟变成田径跑道、体操飘带和划桨，其画面简洁明快，形象自然生动。由此，百事流行鞋就与其喝彩对象的运动项目天然结合在一起，使其主旨鲜明地跃然纸上，让人过目不忘，令观众为其"妙笔生花"的高超艺术而叹服。

四、体育广告设计与文化心理

（一）文化心理在体育广告中的体现

体育广告本身是一种文化，而且随着社会的发展，人们在商品的消费过程中越来越追求高层次的精神领域享受。文化在体育广告中的特殊价值体现在，可以对公共行为、文明消费行为和商业文化建设都产生良好的促进作用。当然，这里所说的文化都是指健康的、积极的、向上的。具体来说，文化对体育广告的影响表现在两个方面：一是对人们理解、判断和接受体育广告作品产生着影响；二是在体育广告的创作上，也深深地打着文化的烙印。

我国历史上"重农抑商"的观念使商品经济长时间得不到重视。体育广告直接与商业相连，人们对其有一种不信任感甚至抗拒的心理。不过，随着改革开放的不断深入，外来文化越来越多地被人们接受，人们的思想也变得逐渐开放起来，对于体育广告的看法也有所改变。体育广告的文化心理特点，还表现在民族化的风格上。

1. 色彩

鲜艳的色彩是我们民族的一大审美特征，红黄两色是我国人民所喜爱的颜色。而西方民族比较偏爱淡雅的色彩，如白色象征纯洁等。同时，不同的民族还有自己的禁忌或特殊意义的色彩。体育广告设计者在进行设计时就要使用人们喜爱的色彩，以符合消费者的心理感受。

2. 图案

体育广告中必定要用到图案，中国的图案往往会用到绘画和一些传统的人物形象。中国的绘画追求神似，神似的表现手法可以为中国体育广告创作开辟广阔的思想天地，而不一定是商品的简单重复，也就是说体育广告可以传神。而人物形象的运用则可以让人产生熟悉和亲切感，但在使用的时候要注意不同的图案所代表的特殊含义，避免让人产生不好的心理感受。

例如，体育广告中出现的北京奥运会吉祥物——福娃标志，是5个拟人化的动漫卡通形象，其设计的灵感来源于"以人为本，天人合一，自然和谐"的概念。5个福娃头上的头饰图案分别是大鱼、火炬、藏羚羊、沙燕风筝和熊猫，分别代表海洋、森林、人类、动物和火几大类自然界事物归于和谐统一。5个福娃的名字分别为贝贝、晶晶、欢欢、迎迎、妮妮，谐音为北京欢迎你，寓意为欢迎各国人民齐聚北京，喜迎奥运。

5个福娃每一个都代表了一个美好的祝愿：贝贝表达了繁荣昌盛的祝愿、晶晶表达了欢乐幸福的祝愿、欢欢代表了奥运精神即拼搏向上的祝愿、迎迎代表了身体健康的祝愿、妮妮代表了吉祥好运的祝愿。福娃的设计运用了中国传统艺术的表现方式，体现了中华文化的博大精深。

3. 音乐

对于电视体育广告来说，并不仅仅限于形象和语言的表达，很多体育广告还要配以音乐，对广播体育广告来说更是如此。音乐的运用能够增加体育广告作品的美感，有效避免产品宣传中的枯燥单调。在音乐的使用上要特别注意选择与体育广告所要宣传的意境相吻合，而且要考虑体育广告所要面对的消费顾客群，考虑消费者的体育广告文化审美心理。比如，著名体育品牌耐克奥运系列的广告："定律是用来打破的。"

短片开始是一段悬念的音乐，随着黑白画面的切入，出现了一个体育场起跑线的镜头，一位拥有小麦肤色的亚洲运动员，小腿上的肌肉随着节奏有规律地跳动，为起跑做着最后的准备，镜头一切，回到了主题：穿在运动员脚上的耐克鞋。就在此时，音乐中断，在画面中间出现一行字："定律一，亚洲人肌肉爆发力不够？"

接下来随着镜头的拉近，在黑白栏杆旁边，在起跑线上的运动员像是拉紧的弓上的箭一般，准备随时起跑。紧接着枪响，运动员拼尽全力地向前奔跑，音乐又一次中断，画面上再次出现一行字："定律二，亚洲人成不了世界短跑飞人？"

随着音乐节奏的爆发，运动员们各自在跑道上拼搏，镜头拉近耐克跑鞋，画面一切，一位带有小麦肤色的运动员的大腿肌肉特写镜头，紧接着我们的奥运冠军刘翔慢慢进入画面，音乐又一次中断："定律三，亚洲人缺乏必胜的气势？"

与此同时，广告曲开始变得振奋人心，画面中，刘翔在跑道上拼搏向前一路领先，必胜的态度和绝对领先的距离，毫无悬念，屏幕上再次出现："定律就是用来打破的！"刘翔脱颖而出成为新一届奥运冠军。在镜头下，刘翔欢呼雀跃，庆祝自己的胜利，而此时刘翔脚上穿着的就是耐克跑鞋。这刚好体现了耐克公司的广告主题"我能比你快"的理念，可以称之为画龙点睛之作。

4. 节日

每个国家根据文化和民族的差异都有各自不同的节日，而在节日里他们都有通性，那就是会选择消费，有的商家就会选择节假日去进行打折促销。在体育广告设计时要突出这种节日的气氛，并把所要宣传的产品与这种节日的气氛巧妙地联系起来，使人们觉得这个节日需要这样的体育商品，甚至在以后每当这个节日来到的时候都会想起这种商品。在运用这种方法的时候要特别注意的是时间的选择，一般来说，到节日临近前进行宣传能够收到比较好的效果。

5. 价值观

价值观是每个人都有的对世界的看法，不同的人的价值观也会不同，而价值观会影响到人们的各种行为，当然也包括对商品的购买行为和对体育广告的接受。人们的价值观除了受自身因素，如文化修养、经济情况、个人性格等的影响外，还会受到所处大环境的影响，也就是说会随着社会的变迁而不断有新的变化，体育广告要突出人们的积极价值理念。

（二）中外体育广告文化心理的融合

体育广告必须具有一定的民族性，但这并不意味着排除一切外来事物。事实上，任何国家的文化都是在外部影响的过程中不断形成和发展的。尤其是在现代社会，国家与民族都在变得越来越开放，文化的交流也越来越频繁。我们必须要借鉴国外优秀的体育广告作品，丰富和提高自己的创作。当今世界上的体育广告，式样千变万化，表现手法无穷无尽，蕴含的文化知识也越来越丰富，有很多是值得我们学习和借鉴的。比如，西方体育广告强调变革，创意体育广告更为普遍。体育广告的内容基本上呈现情节性，体育广告中重事件、用场景等优点。而中国的大多数体育广告还是普遍停留在直接告知产品优点的阶段上，且中国的文化背景决定了中国的体育广告表现形式比较趋同，手法上单一化，创作上流于俗套。体育广告失去了个性也就失去了生命，这已经对中国体育广告产生了极为消极的影响。借鉴国外体育广告的长处，不代表完全的照搬照抄，而是应该在坚持中国民族风格和特色的基础上，融合世界先进的体育广告文化，学习长期以来世界体育广告在发展过程中总结出来的宝贵有效的规律性原则。

例如，耐克介绍 4 个小贩和车（自行车）在中国一个嘈杂的市场的广告，他们把货物放在一边，开始了他们的自行车比赛。4 个小贩匆匆穿过街道，来到郊区，在牛粪街上冲刺。在这个广告里，它体现了中国人的真实生存状态和 4 个小贩在自行车比赛中的勇敢无畏的体育精神。同时，揭示了西方人追求体现个人能力的西方文化因素。在中国，体育广告、西方文化的融合是无处不在的。例如，在中国移动公司的"NBA 来到我的地盘"的广告片中，它运用中国人民对美国 NBA 的热爱，以 NBA 文化的名义代表中国体育广告，以 NBA 为例，用独特、自由和创造性的氛围来渲染企业精神。

在这里有必要进一步指出，虽然中国和西方文化有慢慢统一的趋势，有必要认识到中西文化的统一，不应基于一种文化，它是多元文化的容纳和统一，文化共性与个性的有机融合，不需要消灭另一文化类别。从本质和形式上看，中国现代体育广告是对西方文化的认可。这种认识实际上是对西方文化的接纳过程。这个过程是一种战胜、认可与扬弃。这一过程也可以说是一个吸收西方文化、自觉或不自觉地吸收当地文化的过程。具体来说，建立体育广告中的文化内容不能完全汉化和西化，所以我们应该看到西方文化对中国文化的影响，在体育广告中的中国和欧美地区之间的文化整合过程，西方文化的认可与中国文化的遗弃。这种认可与放纵不是取代体育广告中的西方文化，而是中国本土文化制约了移植过程中的西方文化，以实现西方文化在中国体育广告中的再发展和成长。当然，这个过程充满了奋斗、对抗、融合甚至退让。因此，中西方体育广告文化的跨文化传播要求我们以开放的政策、开放的制度和良好的心态来面对西方体育广告。在推进体育广告文化中国和西方之间不断融合的过程中，中国体育广告也逐渐变得坚强，具有时代的活力与气息。

第三节　体育广告的心理策略

一、消费需求策略

（一）需要与消费者行为

需要是人类活动的基础，是在一定的生活条件下有机体对客观事物的需求。促成消费者购买行为的原因很多，从内部原因来看，消费者的购买动机主要是由生理和心理上的需要决定的，这种需要直接表现为购买商品或使用劳务的愿望。

在正常状态下，有机体的生理状态和心理状态是趋于均衡的，倘若生理上或心理上出现某种缺乏，便会导致均衡状态的失衡。这时，有机体就会出现不舒服、紧张的现象，这就是有机体产生了需要，只有对这种需要达到满足，才能减少或消除这种紧张，恢复到满意状态。

但是，是不是所有的需要都能转换成购买行为呢？回答是不一定。原因有两个：一是并非所有的需要都能被意识到。有时候我们的身体其实已经有某种物质缺乏了，但我们并没有意识到。二是需要的满足有一定的客观条件。我们要满足需求，必须借助一定的外界事物，靠我们自身是无法解决的。而外界事物是客观的，当客观外界事物不存在或条件达不到时，人的需要还是不能转化为购买行为。

另外，并不是只有需要产生了才会有购买行为。在无任何生理和心理需要的情况下，也有可能产生购买行为，这种情况一般来说是由于外界存在强烈的刺激。心理学家经过探索发现，适度的刺激是个体所追求的。体育广告要对消费者进行一定的刺激、解释和启发，并且要针对消费者的心理需求，这是广告攻心策略的核心。

（二）需要的分类

人的需要是多方面的，可以从不同的角度对其进行分类。从促成消费者购买动机的原因上来分，主要有以下4类：

1. 生存的需要

生存需要也称为生理需要、先天需要、本能需要等。它是个体为维持生命及日常生活并延续后代所必须的需求，简单来说就是人类对衣、食、住、行等方面的需要。这种需要是人类最根本的需要，如果这种需要得不到满足就不能维持生存，还会对人的心理产生影响，所以这种需要是人类先要满足的。

2. 健康的需要

这种需要是比生存需要更高一级的需要，但仍属于层次比较低级的需要。健康也是人的本能需要，但它要在生命得以维持的基础上进行。在基本的生存需要能够满足后，人类不再满足于吃饱穿暖，而是进一步有了质的要求。这时，考虑更多的是什么样的消费品能够更好地使自己变得更健康，这种需要的满足更依赖于高品质的商品。

3. 情感的需要

人具有情感上的需要，这属于比较高层次的精神需要，它是人类所特有的心理需要。对于任何一个产品来说，无论是否能满足消费者的物质需要，往往都可以满足消费者的精神需要。如何更好地向消费者渗透这种产品能够带来的精神需要，将直接影响到消费者的消费行为，从而影响到该产品的销售。所以，体育广告不再仅仅突出产品本身的质量，而往往强调它所能够满足的消费者的精神需要。理性说教不如诉诸感情更吸引人，赢得广告的关键是唤起消费者情感上的共鸣。

例如，在刘翔演绎的可口可乐新年贺岁广告"带我回家"的广告片中，情节与刘翔自己的真实生活经历非常相似，并给出了一个生动、自然的描述，是刘翔的"回家记"和一种中国本土风格。广告讲述了刘翔参加巴黎的比赛，身在法国却是春节前夕，又不能回家与家人共度春节。当刘翔充满乡愁，独自走在唐人街，观看了一串又一串的红灯笼、一幅又一幅快乐的春节对联，行人在道路上有着快乐的步伐，引起他无限的乡愁。当他看到一个中国餐馆的邀请海报，有他最喜欢的食物"美味饺子加可口可乐"，刘翔激动地走进餐厅点菜。不仅吃到了地道的中国饺子，而且可口可乐也用最生动可爱的卡通人物"阿娇阿福"帮助刘翔完成回家的愿望。这篇广告很好地引起消费者在情感上的共鸣。

4. 自我实现的需要

根据马斯洛的需要层次理论，自我实现是人的最高层次的需要。它包括人的社会交往的需要、实现自己社会地位的需要、获得认可和尊重的需求等。产品的消费可以代表某一社会阶层的成员，也可以传递一些关于消费者社会关系的信息。例如，买车不仅是为了交通便利，也是为了给他们一定的社会地位或声誉；去高级酒店进餐，不仅仅是为了解决饥饿的问题，更是为了身份的体现和社会的尊重。

例如，耐克的经典广告"活出你的伟大"。这则广告是在 2012 伦敦奥运会上拍摄的，耐克不是奥运会的赞助商。奥运会开幕式当天在 25 个国家正式发布，其中文版"活出你的伟大"的文案与中国心理学不谋而合，得到了观众的高度重视和共鸣。

在镜头的开头，映入眼帘的是伦敦广场，似乎提醒了耐克和伦敦奥运会之间的联系，伦敦奥运会上，黑人运动员在比赛中的表情，在旧球场上奔跑的自行车，传递橄榄球的孩子们，努力摔跤的女拳击手以及充满孩子气的棒球手，空中棒球运动员，冲刺的女长跑运动员，残疾人自行车运动员，都引起了人们的注意。当然，还有最后一个克服心里恐惧的孩子，以一种非常奇怪的姿势跳下十米台，这些普通人的不普通和平凡人的不平凡，观众们通过镜头感受到他们的伟大。这就是耐克广告的成功之处，它把社会的每一个人的日常理解为冠军的伟大，引起了极大的心理认同。广告充分利用了蒙太奇效果，镜头切换频繁自然，让人们感到非常享受和舒适。这里没有隆重的仪式，没有激动人心的演讲，没有耀眼的灯光，但这里有伟大的运动员。很长一段时间，我们只相信伟人属于少数人，只属于那些超级明星。但事实上，我们都是伟大的。这不是为了降低伟大的标准，而是为了增强我们每个人的潜能。伟大是无限的，不局限地点和身份，伟大属于追求它的每一个人。

二、消费心理过程

心理过程是运用心理方法激励消费者完成购买过程的。消费者从了解体育广告到购买商品将经历一系列的心理变化，这个过程是相互联系、逐步进行的。国外广告专家把这个过程分为五个阶段：注意（Attention）——兴趣（Interest）——欲望（Desire）——记忆（Memory）——行动（Action），也叫 AIDM 阶段。

（一）唤起注意

在心理学中，吸引消费者的注意力就是一个"注意"的问题，我们应该充分利用广告的注意原则和感知原则来吸引消费者的注意力。

1.增加刺激强度，如采用鲜艳的颜色、显眼突出的图案和文字、具有动态的图片和特殊的声音

这些在前面的注意原理中都已介绍过，在这里再对最后一点加以特别说明。现代广告都很注意音效的使用，广告的声音往往会比其他节目的声音增大好几分贝，以引起人们的注意，这已是普遍使用的方法。声音是传达信息的有效方式，但使用不当也会过犹不及。特别是在大容量的广告世界里，我们的耳边充斥着无数的信息，对于不断而来的广告具有本能的抵制情绪。这个时候，如果在喋喋不休的话语声中突然变得安静下来，只配有轻缓悦耳的音乐，没有话语，反而会引起人们的好奇，从而注意。因此，这应该不失为一种好的广告技巧。

2.凸显刺激元素之间的对比，如动态对比、虚拟现实对比、色彩对比、节奏对比等

广告引人注目的价值在于相对性的影响因素，毫不顾及对照的广告无法引起人们的注意。一般来说，煽情的广告文案的大胆对比会立刻吸引读者的注意力，

但我们必须注意这样一个事实，虽然对比可以提高广告的关注度，但是我们不应该忽视与商品的自身调和。

例如，耐克的广告公司创造了 TAXI Toronto NikeSpeed 的奔跑速度的户外广告，展示了加拿大选手 Perditafelicien 身穿迈克运动鞋极速跑步的快镜。如果它只是一个平面广告的画面，观众可以了解广告的主题，但不能体验运动的速度与爆发的感觉。这个广告巧妙地利用距离两建筑和在玻璃墙两侧的公交车站之间的视觉幻象，它形成了跑步者穿过墙的错觉。当观众看到两静态图像上的透视线，自然会想象到运动员追风逐电一样穿过墙的动态过程，像在电影里展示的两个连续的镜头，不露痕迹也不做作，也给观众留下了更丰富的想象空间去补充，它的创意静中有动，用静态来描写和表现动态，与中国国画大师齐白石的美神似——"蛙声十里出山泉"。现代著名书法家沈尹默说，"无论石刻或者油墨，它始终直观看来是静止的情况，而之所以能达到这样的情况，是动态的结果和作用，所以现在处于安静的状态。如果要让事物静态恢复动态，就得通过玩者发挥主观想象力经验活动，才能期待它重现在前面。"因此，在既定的形式下，我们将欣赏到来往不定的内在机制。在这一刻，可以接触到外观和感觉，感受音乐般的轻重缓急的节奏，所有有活力的书法和绘画都有这种魔力，使你越来越生动。

3. 为了增强兴奋物的传染性，在体育广告的设计中，采用新颖独特的创意、生动活泼的形式和吸引人的主题，并选择合适的时间和空间

一般来说，新事物容易引起我们的注意，在商业界越来越多的广告中，除非投放新的广告文案，否则消费者很难注意。

例如，我国彩票以筹集公益资金为根本目的，这也是人们所关心的问题。为此，我国彩票广告体现的"公益性"，可以使人们在每次宣传彩票广告时一眼就看得很清楚。通过彩票广告，我们将公益性资金的使用向公众宣传，让公众知道"善款"的去处。以"中国体育彩票公益电视广告片"为例，30 秒的公益广告是由一个空前繁荣的事件开始，当一辆写有"中国体育彩票·全国贫困地区学生关爱行动之阳光体育"标记的北汽福田汽车开到村里的学校，广告进入公益核心，内容环绕着中国体育彩票的公益目标展开：孩子们欣喜若狂地搬移着捐赠物品和每一个健身器材，由城市中体育彩票捐赠的礼物，给他们的生活带来了极大的快乐。笑脸背后是水到渠成的彩票故事，从每个小小的细节中扩大了它对全民健身概念和公益彩票目的的影响。

（二）激发兴趣

传播信息，使消费者更多地了解广告中的商品或服务，引导消费者对商品的良好感觉，进而形成对商品研究的兴趣，这属于心理学的"认知"和"兴趣"问

题。兴趣由两个点出现：一个是由强烈刺激引起的，另一个是由内心的需要引起的。欲望往往是由兴趣引起的，而兴趣往往是由欲望增加的。

（三）刺激欲望

通过与心理学上相关的"信念"问题来刺激消费者购买商品，提高其购买产品或服务的信心和欲望。激发欲望的最好方式是强调兴趣和产品能带给消费者的好处和满足。

（四）增强记忆

在商品和服务上给消费者留下好印象，让消费者看过就不会忘记，这是心理学中的一个记忆问题。广告是一种间接的促销方式，消费者从了解广告到实际购买，有时间和空间的隔绝，并不是所有的广告都能立见成效。有些消费者只会在潜意识里储备广告信息，以后可能在需要的时候才会被提取出来。体育广告要不断重复，通过各种媒介进行宣传，以增强广告品牌对于消费者的记忆和识别率。

一般来说，消费者往往通过体育广告在记忆中形成印象，记住商品在广告中的出现，所以商品的包装必须与广告中包装的颜色和风格完全相同。不然，体育广告就没有意义。而且，商品一旦销售得很好，商品包装自身就是一种无声的广告，它也是一种广告媒介，在广播电视媒体中扮演着重要的角色。如果广告包装与商品包装不一样，那么商品包装的媒介功能也会减弱很多。因此，体育广告中为消费者留下的商标和包装的印象必须与商品相同，平面广告、电视广告也要使用商品自身的图片，灵活运用包装上的文字等。利用视觉和听觉共同吸引消费者，使消费者在看到商品时更容易思考商品，让消费者和商品之间的名称、商标、图案的关系很容易接近。当买了电视上常出现的产品，无形中会有身价抬高的感受。

（五）促使行动

促使消费者下定决心，最终采取购买行为，这在心理学上属于"信心"和"意志"的问题。促销是广告成败的最关键环节，虽然这是一步之遥，但它可以尽一切努力摆脱它。因此，销售当场的广告配合也是必不可少的。

以上 5 个过程是紧密相连的，如果人们在接受体育广告的过程中，心理活动联系中断，广告也不会起作用。一个好的体育广告通常是由消费者的注意力或出色的头衔和图片引起的，精彩的开场白激发了持续关注的兴趣，欲望被广告内容所刺激，人们的记忆在不同的时间和地点不断加强。最后，用鼓励购买的结尾或副标题来推动购买行动。

第九章　体育彩票业彩民购彩心理探究

购彩行为（或者称彩票消费行为）作为一种特殊的购买行为，最早起源于国外的博彩业，随着我国彩票事业的发展，购彩行为逐渐从博彩行为分离出来。购彩行为是指个体购买彩票用以满足自身需要过程中的具体表现和各种活动，包括购买频率、购买金额、购买前的研究等。购买各种彩票（包括体育彩票、福利彩票、团体彩票等国家法律、法规允许的各种彩票）的个人称为彩民。本章探究彩民的心理过程，如彩民购买彩票的行为特征与心理变化。

第一节　体育彩民购彩心理与行为理论基础

一、体育彩民概念

（一）彩民的相关界定述评

通过中国知网的学术期刊数据库、会议论文数据库、优秀硕士论文和博士论文数据库检索可以发现，已有文献采用"博彩者""购彩者""彩票购买者""彩票消费者"和"彩民"等词汇来定义"购买彩票的人"。

廖海波和唐柳指出，"博彩者"的称谓主要是沿用欧美国家对于彩民的定义，该称谓凸显了体育彩票的赌博属性，它与国家发行的体育彩票的公益性相违背；"购彩者"是"彩票购买者"的缩写，两个术语的含义基本相同。"在过去半年中至少购买过一次彩票的购买者"，这是王毅和高文斌所定义的彩民。"彩票消费者"的后缀是"消费者"，彩票是一个限定词，因此彩票消费者理应是消费者中的一个群体，只是购买的对象仅限于彩票。隋洪明研究指出，国内外关于"消费者"的定义不尽相同，传统理论认为消费者是指购买、运用商品或者接受服务以满足个人消费需要的自然人。美国《布莱克法律词典》将消费者定义为从事消费的人，也就是购买、运用、持有和加工货物或服务的人。借鉴"消费者"的定义，"彩票消费者"的操作性定义是到彩票投注站或彩票零售点购买彩票的人。"彩票购买者"与"彩票消费者"的区别在于，前者是执行购彩行为，有可能是为自己购买彩票，还有可能是代他人购买彩票；后者是出资产生购彩行为且是彩票的最终使用者，是为了个人目的而去购买彩票。"彩民"一词于 1999 年首次出现在中国知网，研究者使用"彩民"这一词汇的频率最高，约占 71.3%。因此，研究者倾向于用"彩民"这个词来定义"购买体育彩票的个人或团体"。彩民与彩票消费者之间是包含关系，彩民必须是"彩票消费者"。两者的区分在于，"彩票消费者"可能投资购买过一次彩票，但不能称其为"彩民"，就像一年内吸一支或两支烟，不能叫"烟民"，一年内上一两次网不能称之为"网民"。

（二）体育彩民的定义

"彩"是彩票的前缀和缩写。"民"是指一个人，指经常参加彩票活动的人。从语体分布的角度来看，"民"的使用范围更为宽泛，如烟民、股民和网民等。2005 年，现代汉语词典第五版录用了"彩民"，它的意思被定为"购买彩票或奖券的人（一般指经常购买的）"。Felsher 和 Derevensky（2004）界定为每周或每月至少一次。然而，研究者为了方便取样以及获得"精确"的研究结论，往往窄化彩民的定义或者直接避开彩民的界线，把"正在彩票销售点购买彩票的人"界定为彩民。

以上界定可以归纳为两种倾向，一是要凸显购买彩票的稳定性，二是要重视彩票的购买频率，这表明彩民使消费者产生了平稳和重复购买的活动。这次研究所讲的"体育彩民"是"彩民"的一种，只是指体育彩票购买中的"彩民"。"体育彩票"的概念应以消费习惯理论为基础，以彩票期限和彩票频率 2 个标准为评价准则。所以，体育彩民的界定定义是指购买体育彩票 3 个月和以上的消费者，每月至少购买一次体育彩票。

（三）体育彩民相关概念的界定

1. 购彩认知

购彩认知是指彩民对体育彩票根本属性的认识。王天生觉得，体育彩票购买态度的核心是对于体育彩票的认知，它是彩票的概念和彩票评价的带领者。王树明的钻研成果表明，认知偏差对彩票的购买行为影响是非常大的，高认知偏差彩民将会有更明显的博彩行为。此外，Ariyabuddhiphongs 和 Phenghpol 证实了对差异取胜的心态的影响，赌徒的谬论和沉没成本效应对彩票的购买行为（彩票的频率和金额）作用。结果说明，差异取胜心态对彩票购买行为有显著影响，在对赌徒谬论和沉没成本效应的预测中，差异取胜心理起着媒介作用。根据罗杰斯的研究，一些彩票使用者常把他们的成功归因于迷信。综合来说，彩票购买的认知对购买行为有重要影响，体育彩民可能会出现这样的认知偏差作为控制的错觉，比如赌徒的谬论，冷、热号码的信仰，迷信思想，等等。

2. 经济效用

经济效用是彩民参加彩票购买活动的主要推动力。Lam 的研讨表明，大家参与赌博是为了金钱和挑战。Sprott 认为，大家参加彩票购买的主要念头是想赢、刺激、好奇、试试运气和娱乐。福雷斯特的研究指出，彩票能给彩票中奖者赢得大奖的梦想。Ariyabuddhiphongs 和 Chanchalermpom 的研究也表明，赢得奖金才是最重要的。克拉克也认为彩票玩家玩老虎机的动力源于对奖金的企盼。排除经济效用以外，还有一些其他想法也会感染购买行为。比如，Adams 的研究说明，彩票购买是一种和与朋友娱乐的形式。在我国，研究者在对彩票购买者想法的探索中还察觉，除了奖金，买彩票的想法还包含人们娱乐的消遣、受他人的感染（从众）、投资与财务管理等。但是，所有这些研究都指出彩票的经济效益在彩民的购彩目的中所占比例是最高的。国内外的探索说明，彩票购买者的想法首要是为了得到奖金。也就是说，体育彩民购买彩票行为的主要原因是经济效用。

3. 风险偏好

风险偏好是指体育彩票彩民愿意在彩票消费中经受风险的行为。彩票购买行为是一种需要承担一定风险的行为，因为彩票中奖是一种概率事项。之前的研究表明，风险偏好对彩民购买行为的影响较大，对彩票购买行为的预测效果可能优于五大人群。例如，Kahneman 的研究表明，连续参加赌博是由于风险厌恶情绪导致风险偏好。通过对传统经济学消费行为的分析，李英还发现，大多数体育彩民属于风险爱好型的人，当然是可以接受的财富范围内。王升的研究说明，大部分购买体育彩票的人是风险偏好型，主要是为了探索挑战和刺激带来的经验和知足感。因为购买彩票和赌博是一样的，它的结局是不确定的，彩票的回报率一般在50%~60% 左右。因此，购买彩票必然要冒一定的风险。

4. 外部信息作用

外部信息作用是指扰乱体育彩民体育彩票消费的外界客观原因。就算是同一消费者在不同情况下也会有不同的喜好，那是因为消费者购买行为的繁杂性和多样性。所以，体育彩民的彩票购买行为将受到许多外在情况的干扰。有学者发现，在彩票购买的干扰原因中，传播彩票广告有着很大的影响，如多种宣传方法和途径，进行大批的专业、系统、正确的不良传播，从而加强彩民的不良心情。吴剑指出，对彩民有不同程度影响的是兑奖方便程度，重点放在彩票中奖率上。Ariyabuddhiphongs 对泰国体育彩票购买者的探究说明，影响彩民购买体育彩票的主要因素是环境因素，随着彩民购买意向不定。其他研究表明，影响青少年的彩票购买行为主要是亲戚购买彩票。Wood 和 Grifths 的探究表明，有 71% 的未成年人的亲戚已经买了彩票以及他们的亲戚 57% 给孩子买即开型的彩票。Howard 报告说，15% 的未成年人第一次参加赌博是与父母一起，与其他家庭成员在一起的未成年人有 20%。这说明，体育彩民的赌博行为不但受彩票销售进程中相关信息的感染，也受家庭和团体气氛等外部环境的作用。体育彩票购买的外部环境、彩票购买、销售环境、服务程度和宣传对彩民的影响被划分为外部信息功能维度。

5. 购彩意向

作为一种没有分化和未察觉的需求意向（Intention），可能被转化为动机发生的某个阶段的意图，造成行为的出现。彩票的购买意向（Purchase intention）是指个人在某一期间购买体育彩票的可能性。彩票购买者的购买意愿与其彩票购买行为密切相连。对于销售者来说，他们经济收入的主要来源是重复购买的消费者。因此，重复购买的消费者特别受到商家的青睐。体育彩民作为体育彩票的主要消费者，经常有连续购买举动，对体育彩票有较高的忠诚度，这样的购买彩票的意图和购买彩票的实践直接影响体育彩票业的发展。

6. 购彩行为

消费者的动机是购买意向，购买商品的行为就是购买行为。购彩行为的研究是从购彩金额、购彩前研究时间、购彩频次 3 个方面来衡量的。作为消费者行为的搜索对象，购买行为是消费心理，活动集中体现的是消费活动中最有意义的部分。消费者行为研究密切影响消费者心理和行为，应深入探讨消费者行为的购买过程、购买决策以及立场、偏好、叛逆的态度、期望和他们对购买决策和行为的影响。购买彩票是一种特别的购买行为，起源于国外的赌博行为，外国学者一般将彩票视为一种赌博行为。例如，张亚维认为，购买彩票、参加赛马和其他比赛或在赌场花钱的球员都是赌博行为。随着我国彩票产业的发展，彩票消费逐渐与赌博行为分离，成为国内众多学者的研究热点。

二、体育彩民购彩行为理论

国内学者关注的重点问题之一就是体育彩民购彩行为。关于彩民购彩行为的研究主要包括玩彩票，购买的金额，购买频率，确定购买次数和年龄等。期望理论和计划行为理论是解释体育彩民购彩行为的重要理论，对相关理论的回顾，有助于我们加深对体育彩民购彩行为的理解。目前，国内有关体育彩民购彩行为的研究存在两大问题，一是缺乏全国范围的调查，导致样本缺乏代表性，结论推广度不够；二是缺乏统一的标准化的购彩行为指标，这制约了不同研究之间的整合。

（一）期望理论

外国经济学家经常使用期望效用理论来描述行为。伯努利建议减少财富的边际效用，然后使用弗里德曼和野蛮预期效用理论来理解人们购买彩票和保险的风险偏好。他指出，既购买保险又购买彩票是拥有与函数拐点处及其附近区域相对应的财富水平的人。期望效用理论为国外研究者解释哪些人会参与购彩的问题提供了一个经济学视角，并且随着研究的深度进一步细化。

随着我国体育彩票研究的兴起，我国一些学者也运用期望效用理论来解释购买体育彩票的行为。费鹏和杜梅承认个人购买彩票是一种风险偏好，个人风险偏好随着账户占总资产比例的减少而增加，彩票价格低，占总资产的比例很小，因此可以大量购买。同时，他们认为购买彩票的效用不仅可以反映在预期的收入中，还可以反映在主观满意度上。周珂和周艳丽认为，体育彩票的消费者应该是冒险者，他们购买彩票的动机是他们的风险折扣超过了体育彩票本身的价格。此外，研究表明体育彩民群体是由风险偏好型消费者构成的，影响体育彩票消费行为的主要因素包括生存风险程度、精神效用、对奖励的偏好和对运动的热情等。

由此可见，研究人员对体育彩票购买行为的基本理论问题进行了解释，并普遍采用了预期效用理论，即使用期望效用理论的观点来解释为什么体育赌徒买彩票，但是简单的逻辑和数学作为工具来创造期望效用理论是很难有效地解释体育赌博者购买行为的。消费过程是一个复杂的心理过程，除个体风险偏好外，还有许多因素都会影响人们的消费行为。因此，从期望效用理论的角度，不能有效地解释人们购买体育彩票行为。即使期望效用理论没有完全解释购买行为，理论也提出了影响购买彩票行为的重要变量——风险偏好，它在购彩行为中扮演着重要角色。

（二）计划行为理论

在对博彩行为的研究中，中国学者经常运用计划行为理论进行研究。例如，对 Oh 和 Hsu（2001）的研究表明，赌博意图可以通过态度、主观规范和感性行为控制来预测，意图可以预测赌博行为。此外，由 Sheeran 和 Orbell 在英国进行的一系列调查发现，示范规范和态度（包括情绪和工具组）能够预测个人购买意愿。邱奕文采用计划行为理论对足球运动员的购买行为进行了研究，结果表明，足球博彩运动彩票有一种更年轻的倾向，他们认为在体育彩票上的赌注可以增加生活乐趣，持有一种积极的态度。此外，感知行为控制和行为态度可以有效地预测足球运动员在体育彩票上下注的意图。

计划行为理论在解释赌博行为方面具有一定的适用性。研究表明，家庭规范、朋友、态度和自我效能感与赌博意图有显著的相关性，博彩意向和过去一年的博彩行为有显著相关。然而有学者指出，虽然计划行为理论能解释部分购彩行为方差，但是大多数购彩行为的方差并没有被解释，在日常生活中，具有相同行为意图和感知行为控制的个体的实际行为是非常不同的。为探究其中潜在的因素，近年来研究者以探索行为与行为意向之间可能的认知机制为渠道，寻找一种可能的认知机制——行为的执向。

（三）行为主义理论

对购彩动机的解释植根经典条件反射和操作性条件作用强化机制的行为主义理论，强化包括正强化和负强化。具体的强化体现在很多方面：购买彩票活动有利于引起人们的关注，转移人们对现实问题的注意力。这有利于消除消极情绪，使购彩动机负强化；赢钱能产生兴奋感和成就感，它是对购彩动机的积极强化。与彩票相关的环境线索可以通过经典的条件反射和赢钱、刺激、生理刺激和最终条件刺激相联系。当有彩民接触到彩票的环境暗示时，条件反射将使他们产生兴奋和生理唤起，这将增强他们的购买动机。此外，购买可变强化序列的彩票也有丰富的激励措施，下次准确预测获胜的结果，下注者停止购买彩票就有可能错过获胜的机会。为了防止这种令人厌恶的情绪反应，彩民往往会选择继续购彩。行为主义理论对于购彩动机有很强的解释力，不过也有一些局限性，如它往往强调彩票购买行为的强化机制，忽视家庭冲突、金钱损失、负面情绪等因素对于购彩行为的惩罚作用。

（四）社会学习理论

班杜拉的三元交互作用理论认为，个体、行为与环境是相互作用的，环境会对个体的心理和行为产生影响。Ariyabuddhiphongs 和 Chanchalermpom 认为，影响购彩的环境因素包括家人和朋友的购彩行为、媒体宣传等。Coups 研究表明，购买彩票的人的频率与他们的朋友购买彩票的频率呈正相关。而 Griffiths 指出，孩子们的购彩行为与其家长购彩行为有显著的正相关。那么，环境因素的作用机制是怎样的呢？个体一方面购买彩票技巧可以通过向父母和朋友购买彩票的行为学习，提高购买彩票的能力；另一方面，会接受父母和朋友的支持态度去买彩票，把彩票当作一种赚钱的游戏。参与购彩活动的个人也可以提高他们在同伴群体中的社会地位，提升他们的自我形象，这种效用体验增加了个人购买彩票的动机。随着购买力的提高和购买的动机，个人将更多地参与到彩票中。媒体的宣传也大大增加了个体的购彩动机，Monaghan 等学者总结表明，彩票游戏的简单规则、返奖概率高以及购买彩票可以在一夜之间实现暴富、成本低，这些具有诱惑性的信息刺激了彩民的购彩动机。特别值得一提的是，大奖的大肆宣传导致了这样一个事实：彩票可以很容易地从"可获取的启发式"的行为中提取出获奖的线索，而忽略了没有获奖的情况。这种记忆偏差让彩民以为中奖随时随地都在发生，自己中奖也不是那么遥不可及。对彩票中奖概率的过高估计导致了彩票的成功和彩票的乐观，这导致了控制错觉的产生，这对彩民的购彩动机有增强作用。除此之外，销售网点的增加，网上购彩的出现，彩票种类的丰富，玩法更富趣味性，这些外在因素在一定程度上都对彩民的购彩动机有增强作用。Ariyabuddhiphongs 和 Chanchalermporn 在总结前人研究的基础上提出了彩票消费中的三元交互作用模型，并通过实证研究证实了各变量间的关系，如图 9-1。

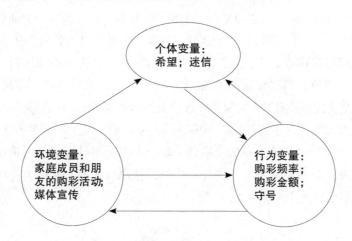

图 9-1　个体、环境与博彩行为的三元交互作用模型

（五）有限理性理论

彩票是国家为支持社会事业而发行的。一般来说，买彩票的人或多或少都在亏损。然而，一些人却积极地参与抽奖，并试图赢取奖品，甚至是沉迷于彩票中，从而表现出有限理性。Simon 认为，在不确定的情况下，人们的认知能力有限，不能完全准确地预测未来，不会按照理性的方式，只能依靠理性的过程来减少不确定性的风险，这些个体的行为是有限理性的。在有限理性决策理论中，以 Kahneman 和 Tversky 的前景理论最具代表性，前景理论中的代表性启发式、易得性启发式、锚定启发式、损失规避等概念对个体的认知偏差有重要解释作用。代表性启发式是指人们倾向于根据样本是否代表总体来判断其出现的概率，越具有代表性，被判断为越可能出现。例如，一张号码是 2-5-9-12-18 的彩票似乎比 5-6-7-8-9 的彩票更有可能中奖。虽然这两种彩票的兑换率是一样的，但是前者更能代表随机数字，因此被认为中奖机会更大；易得性启发式是指人们根据感知或记忆中某一物体或事件的可用程度来评价其发生的发生率，这通常被认为是在感知或回忆时更容易发生。媒体对彩票中奖者进行大肆渲染和报道，而忽略对未中奖者和客观中奖概率的报道，这很容易启动彩民的易得性启发式，给彩民造成一种暗示，即中大奖并不是遥不可及的，从而导致彩民高估中奖的概率。另外，如果彩民早期有过中奖的经历，而且这种经历长久地保持在彩民的记忆中，那么彩民就很有可能通过易得性启发式高估中奖的概率，从而更多地参与购彩活动。损

失规避指的是在风险决策过程中损失的心理效应。例如，失去 100 元的痛苦经历比得到 100 元的快乐体验要强烈得多。Kahneman 和 Tversky 将个体对等量收益和损失的心理效用不对称效应整合到前景理论的价值函数中，从而提出了"S"形价值函数（Value Function）。该函数的一个重要特征是价值受损区间的曲线比收益区间陡峭（图 9-2）。当前期投入的金钱变成沉没成本时，很多彩民会有一种"翻本"的心理，出现沉没成本效应，这是彩民过度购彩的一种重要心理机制。损失规避可以解释这一现象：当以往投入的成本没有获得相应的收益时，人们会规避这一损失，不愿意关闭损失账户（关闭损失账户会体验到痛苦），而会继续购彩。另外，前景理论认为人们倾向于高估发生小事件的概率，低估发生高概率事件的可能性。人们面临金钱决策时更关注小概率事件，赋予小概率事件更高的决策权重，这就可能导致彩民过分关注中奖，而忽视不中奖的情况，这就是彩民为什么会花很多钱去购买彩票的原因之一。

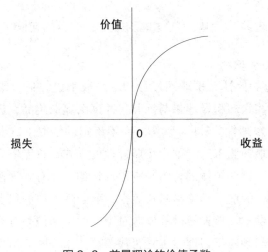

图 9-2　前景理论的价值函数

第二节　不同彩民群体购彩心理与行为特征

一、不同阶层体育彩民购彩心理与行为特征

随着我国体育彩民群体的不断扩大，不同社会等级的体育彩民群体规模也越来越大。不同社会等级在价值观、生活方式、消费行为等方面有自身的特征，消

费心理与行为的研究者常常将消费者关注产品的态度与社会阶层结合起来，进而检验社会等级对产品消费的实际影响。当前，中国各等级之间在社会、经济、生活方式及利益认同上的差异日益明显。与此同时，随着我国经济的迅速发展和人们生活水平的不断提高，人们对于彩票的认识也发生了深刻的变化。本书该部分从不同社会等级的视角对我国体育彩民的购彩心理和行为进行分析研究。

根据《当代中国社会阶层研究报告》的分类标准，分为上、中上、中、中下、下 5 个社会阶层。其中，社会上层包括国家和社会管理者、经理；社会中上层包括私营企业主和专业技术人员；社会的中产水平主要包括文员、个体工商类；社会中下层主要包括业务服务工人和产业工人；农业劳动者、失业人员是社会的底层。

（一）体育彩民群体的等级分布特征

根据相关调查显示，我国体育彩民以中层和中下层彩民居多，而上层和底层人数较少。这与以往的研究结果相似，体育彩民中以个体工商户和工人为主，一般占到彩民总体的 50%~60% 左右，而个体工商户和工人分别属于中层和中下层。这表明在体育彩票业的营销上，社会等级高的群体具有较大挖掘潜力，可以成为体育彩票营销的一个侧重点。

（二）各等级体育彩民的购彩行为特征

在了解体育彩票途径上，上层主要通过网站了解体育彩票，而底层主要通过店前广告了解体育彩票。原因可能由不同等级彩民的工作生活环境导致，上层家庭生活宽裕、工作环境较好，不论在家里还是在工作地点都可上网，随时可以通过网络接触到体育彩票的信息。而底层则相反，只能通过去体育彩票销售点获取中奖信息、号码走势分析等获得彩票信息。可以根据各等级了解途径特征，制订各等级不同的宣传、营销策略。

在玩法选择上，数字型体育彩票是各等级选择最多的玩法。数字型彩票设有大奖，且玩法种类众多，如超级大乐透、排列 3、七星彩和 22 选 5 等，因此喜欢玩数字型彩票的体育彩民数量较多。另外，上层彩民比底层彩民更偏好玩竞猜型彩票，而后者则比前者更偏好玩即开型和视频型彩票，这也许是由于经济地位和受教育程度的差异所致。等量的收入，对低等级彩民边际效用比高等级大。因为底层大多为社会中的弱势群体，所以他们只要得到一定的奖金便能获得较大的效用，因此他们与高层彩民相比更倾向于购买中奖概率较高而奖金相对低的即开型和视频彩票。

（三）各等级体育彩民购彩意向影响因素特征

随着社会等级的降低，各等级体育彩民的购彩意向中经济效用的作用不断加大。在中奖后是否加大投入层面，上层显著低于其他 4 个等级，且与底层的差异最大。这可能是由于社会等级越低，越能激发人们购买彩票来改善自身经济地位的投机心理。对于彩票在高等级中的认同度较低，主要原因是这部分人的经济地位相对稳定，其投机心理也就相对较弱。

随着社会等级的下降，各等级彩民的外部信息作用不断加大。在大奖频出的宣传是否会促进自身购彩层面，上层彩民在5个等级中呈现出最低的意愿。这说明以大奖作为宣传的主题对上层彩民影响不大，上层彩民购彩的目的更侧重娱乐和公益。因此，在制定上层的宣传策略时要避免只注重大奖的宣传模式。

（四）高收入体育彩民购彩心理与行为特征

1.购彩心理特征

国外研究表明，高社会阶层比较关注消费品的品位和时尚性。而通过对高收入者的访谈可以看出，他们普遍对彩票不了解，且身边的朋友也较少购彩，故彩票的时尚性认知较低。这表示提升彩票的时尚性宣传，是吸引高收入者购彩的一个重要因素。

风险偏好上，高收入体育彩民比低收入者更加认可"偏好彩票这种刺激性的活动"这一观点。购彩本身具有一定的风险性，这两类群体对这一风险的偏好截然不同。高收入彩民普遍认为，虽然明知中大奖的概率较低，但是每次在等待开奖的过程中仍然感觉很刺激，因为高收入者普遍表示购彩风险太大，收益不高，所以对购彩不感兴趣。这就表明决定高收入彩民是否购彩的一个重要因素是风险偏好。

经济效用上，低收入体育彩民大多认为购彩是一种改善经济的有效方式，而高收入者则不认同。李英运用传统的消费者效用理论对体育彩民的消费行为展开分析，结果显示当效用函数大于金钱效用时，体育彩民选择购买体育彩票与彩票所能带来的收入有关。可见，对彩票的经济效用的度量可能会直接影响高收入者参与购彩的意愿。实际上，彩票在发行的过程中需要提取公益金和发行费，导致单注彩票的期望收益低于其成本，所以彩票根本不具备投资价值，彩民要把购买彩票作为一项娱乐消遣而非投资手段。这提示即使高收入者会因为对彩票的经济效用感知较低而不愿参与购彩，彩票宣传中还能从彩票具备的其他非经济效用来吸引高收入者购彩，如为社会福利做贡献、成为一种爱好等心理效用。

外部信息作用上，高收入体育彩民比较关注购彩方式销售点环境和彩票的玩法设计等彩票外部信息。这可能是因为高收入者普遍生活节奏快，闲暇时间较少，因此要求购彩方式便利。此外，高收入者喜欢生活情趣和追求环境舒适等消费心理特征，让他们在购彩中重视销售点环境和彩票玩法设计。Ariyabuddhiphongs对泰国体育彩民研究时发现，影响体育彩民购彩的主要因素之一是环境因素，而且与购彩意向之间存在交互作用，说明良好的外部环境可以促进彩民参与购彩。因此，针对高收入者，应该通过加强购彩方式的便利性、销售点环境优化以及具有吸引力的玩法设计等来促进他们参与购彩。

2. 购彩行为特征

相关研究表明，绝大部分的高收入体育彩民是通过网站来了解彩票，并且这一比例明显高于一般体育彩民的比例。这是因为高收入体育彩民一般属于社会地位较高的阶层，工作环境普遍较好，电脑已成为他们办公的必备品，因此他们更容易使用网站来了解彩票。

低收入体育彩民的购彩方式相对比较单一，绝大部分都是通过销售点购买，但高收入彩民通过网络购彩的比例会比一般彩民要高。这表示网站购彩方式比较符合高收入彩民的空闲时间少的特点。所以，通过发展网络购彩，使高收入体育彩民能够快捷、便利地购彩是体育彩票销售过程中需要解决的问题。然而，许多高收入彩民对网络购彩还不太认可。究其原因，一部分对于网站合法性难以认定，另一部分怕中大奖后网站不予兑奖而引发纠纷。

虽然高收入体育彩民的购彩金额较多、消费能力较强，但是高收入彩民购彩金额与月收入之比只是一般彩民比例的1/3左右。由此可见，高收入彩民的购彩金额还有较高的提升空间。

在玩法选择上，高收入体育彩民较一般彩民更偏爱购买竞猜型彩票。这可能是因为高收入体育彩民与一般体育彩民在经济地位和生活追求上不同所影响，高收入体育彩民参与购彩主要是为了娱乐，体验竞猜过程中的刺激性，而一般体育彩民则表示更希望博得大奖，所以他们普遍喜欢购买乐透型彩票。

二、女性体育彩民购彩心理与行为特征

随着社会的发展、文明程度的提高，女性地位有了显著改善，收入水平也大幅增加，女性消费者逐渐成了市场的宠儿和消费领域的主导者，有经济学家将21世纪称为"她世纪""她营销""她服务"时代。新时代的女性不仅大多掌管家庭消费的主动权，而且拥有个人收入的绝大部分自主权，她们有足够的资金做消费保障。此外，第6次人口普查显示，我国有6.5亿女性，占总人口的48.73%，女性构成了巨大的潜在的市场。将"女性"与"消费"结合在一起，能带来巨大的社会经济效应。原因一是女性有较强的购买意愿、需求和能力；二是女性消费者乐于将购买商品的使用感受和经验心得与他人分享，能带动周围的人一起参与消费。

体育彩票消费作为体育消费的一种表现形式，也是可供女性消费者参与的一个重要选择。如果体育彩票能吸引更多的女性消费者参与其中，不仅能改变目前

男女彩民比例严重失衡的现况，还能促进体育彩票业的稳定发展。从近几年的研究报道来看，专门针对女性体育彩民这一特定人群进行深入分析的研究并不多见，有关该群体的研究大多出现在体育彩民的整体现状调查分析中。研究者通过对既往研究的总结分析发现，参与体育彩票消费的女性彩民在逐渐增多，她们购买体育彩票的频次、时间和金额相较于男性彩民要更为固定，大多数女性彩民更为偏好购买玩法较为简单、彩票外观精美和头等奖金较高的彩票品种。可见，女性体育彩民正成为体育彩民群体中的一个非常重要的群体。因此，从体育彩票市场开发与推广的角度出发，怎样将女性的消费倾向向购买体育彩票转移以及如何留住现有的女性彩民，是体育彩票业发展过程中亟待解决的重要问题。

（一）女性彩民购彩心理特征

1. 不同学历的女性彩民购彩心理特征

不同学历的女性彩民在风险偏好、经济效用、外部信息作用以及购彩意向各维度上均存在显著性差异，表明女性购彩的心理活动会在不同角度上被学历所影响。学历低的女性彩民购彩动机主要是中大奖，且随着学历的升高，经济效用呈下降趋势。可能是因为学历高的女性的购彩心理更为理智，购彩中奖是一个概率性的事件，学历高的女性更容易明白什么是概率性事件，所以对于中奖可以改善自己的经济处于不相信的态度。高中、中专、职高学历的女性彩民更加偏向于购彩的风险效应并且依赖于彩票的外部信息，学历低的女性彩民在外部信息作用上与本科及以上的女性彩民有显著性区别，可见本科及以上的女性彩民不相信彩票的外部信息，相对比较理智。

2. 不同收入的女性彩民购彩心理特征

收入不同的女性彩民在经济效用维度上存在显著性差异，表明月收入不同，女性的购彩意向中经济效用所发挥的作用不同。较低收入的女性彩民购彩的动机明显，她们对于中奖抱有较高的期望，想要通过购彩中奖来改善自己的经济状况。月经济收入越高，购彩的动机越模糊。

（二）女性彩民的购彩行为特征

1. 女性彩民了解彩票的途径及购彩方式

店前广告具有吸引力主要是由于中奖信息的发布。女性的心理更加细腻，店前广告会使女性萌生一种原始的自信和动力，然后激起她们购彩欲望。相关研究表明，通过电视了解彩票的女性彩民比例显著高于男性彩民，而通过网站了解彩票的比例则低于男性彩民。这可能是由于女性较男性更家庭化，看电视是她们在家中娱乐消遣的一个主要项目，而男性相对女性而言更喜欢使用网络来了解各种信息。

在购买彩票方式的选择上，部分女性彩民是通过销售点购买，可能是因为销售点比较普遍，购彩相对较方便。通过调查发现，部分女性彩民是通过手机短信购买和电话委托购买。销售点的距离及环境是影响女性购彩的重要因素，女性彩民不爱"蹲点"，而网购已逐渐兴起为一个新行业，成为女性消费的流行趋势。一些女性对彩站内环境不够满意，更愿意尝试其他方式购买彩票，这也促进了新投注方式的发展。女性彩民的购彩方式反映了彩票销售形势的单一性，缺乏其他有力的销售形势。针对彩票点环境以及地点，女性彩民对彩票销售点的设置有不同的期待，因此可以根据女性对销售点的期待设置出不同女性群体的理想购彩场所。

2. 女性彩民的购彩金额

女性彩民月购彩金额占月收入的比例显著低于男性彩民的比例，且单次购彩金额的女性彩民显著低于男性彩民。可能是由于女性彩民随意、小投入玩一玩的心态比较大众。体育彩票是一种特殊的消费品，购彩是一种可以满足冒险消费欲望的投资行为。女性购彩只是保持一定的额度，重视的是"量入为出"式的稳健消费；而男子在冒险、冲动等方面特征比较显著，更乐于尝试和主动参与，更能承受购彩所带来的风险。

3. 女性彩民经常购买的彩票类别及原因

女性彩民经常购买的大多是数字型彩票，占据女性彩民购彩数量的五分之三，然后是即开型彩票，它购买率高的原因是简单易懂、娱乐性强等。例如，国外研究表明，女性彩民对更加简单易行的彩票玩法比较有兴趣。选择简单易懂的彩票，女性彩民比例显著高于男性彩民的比例，可能是因为体彩即开型玩法具有简单易懂、娱乐性强等特点，并且外形设计精美时尚，非常符合女性爱美的特征。英国的一项研究报告指出，女性彩民买彩票更多是为改善生活质量，而不是为了改变生活。她们更乐于享受购买过程带来的娱乐成分。而体育竞猜型彩票包括一定的智力因素，消费群体拥有一定的局限性，而竞猜型彩票需要彩民了解参与竞猜的赛事以及比赛球队的信息，故购买者一般对体育赛事具有一定的兴趣，而一般女性对体育赛事的关注远低于男性。所以，男性购买竞猜型的比例高于女性。

三、老年体育彩民购彩心理与行为研究

目前众多研究指出，中、青年为参与体育彩票消费的主要群体，而老年群体彩民较少。如果体育彩票业不能采取有效措施进一步扩大老年群体购彩的比例，那么随着人口老龄化的加剧，体育彩票业的销售业绩将会逐渐下降。因此，对老年体育彩民的研究在彩票研究过程中也是一个重要的主题。

吸收社会闲散资金用于公益事业是我国体育彩票发行的初衷。老年人退休后具

有较多的空闲时间和一定的闲散资金，且老年人购彩比较理性，充分具备购买体育彩票的意愿和能力。想要开发老年彩民群体，就必须了解老年体育彩民所特有、与其他彩民不同的购彩心理和行为特征。开发老年人市场、研究制订营销策略的关键就是充分了解这些特征。

（一）老年体育彩民购彩心理特征

大部分老年体育彩民购彩的主要动因是购彩能够帮助他们增加社会交往、丰富业余生活和缓解生活压力，所以他们更多地注重购彩过程中的情感体验，因此大部分老年体育彩民仅以简单易懂为衡量标准来选择彩票玩法。同时，郑宏志和陈功香研究发现，增加社会活动有利于老年人的身心健康，对提高老年人的主观幸福感水平有着重要的意义。老年体育彩民在彩票销售点能够与其他彩民一起探讨彩票走势、交流购彩经验，并能得到彩票销售员和其他彩民的帮助与照料。因此，参与购彩在一定程度上能够帮助老年体育彩民消除孤独感，提高社会支持。另外，吴捷研究表明，由于老年人社会交际圈的缩小、子女工作繁忙等因素而普遍存在缺乏社会支持的问题，从而直接或间接影响其主观幸福感。所以，大多数老年体育彩民的家人也支持老年体育彩民参与购彩，并希望他们能在购彩过程中享受更多的关爱和乐趣。

在购彩认知上，老年体育彩民比非老年体育彩民更加认可彩票的公益性和休闲娱乐性，这与老年体育彩民的娱乐方式较非老年体育彩民少有关系。大部分老年体育彩民将购彩视为一种爱好，而非挣钱的工具。与此同时，他们注重彩票的公益性，认为自己参与购彩能够对社会有所奉献。

老年体育彩民在购彩过程中比非老年体育彩民更加成熟、理性，并且不太认同彩票的"经济投资性"。已有研究均显现，大部分彩民是为了获得较高的经济回报而购彩，如王爱丰等指出，希望通过购彩而博取高额奖金是体育彩民购彩主要动机。Ladouceur的研究表明，购买视频彩票的彩民的动机是期望赢钱且较为兴奋，而不是把彩票当作一种游戏。而老年体育彩民更多地以一种娱乐、休闲和公益的心态参与购彩，这应该被大力提倡。

（二）老年体育彩民购彩行为特征

老年体育彩民的月购彩金额在数量上要明显低于非老年体育彩民，但月购彩金额占月收入的比例要显著高于非老年体育彩民。这说明老年体育彩民购彩的积极性较高，且老年体育彩民因为其他方面支出较少，具有参与购彩的经济实力。许多老年体育彩民购彩资金的来源属于自给自足，用一部分退休金来参与购彩，他们认为这样不仅可以使自己的余暇时间过得丰富多彩，还可以为社会福利做出一份贡献。

乐透型和高频型是老年体育彩民购买最多的彩票类型。这两类彩票均以数字的简单组合形式出现，老年体育彩民更容易掌握这类玩法。而竞猜型彩票则需要彩民对参与竞猜的联赛各支球队有一定的了解，且竞猜的形式多种多样，玩法较为复杂，因此老年体育彩民参与的比例较少。

四、学生体育彩民购彩心理与行为研究

在我国体育彩票业的快速发展过程中，体育彩民群体不管在规模还是结构上都不断扩大发展。研究表明，目前体育彩民群体中不只有工人、个体工商户、国家机关干部和教师等，也出现了在读学生。实际上，身为无固定工作和无稳定收入来源的学生，应被禁止或限制购买彩票。首先，我国《彩票管理条例》明文规定，销售点禁止向未成年人销售彩票。换言之，年龄低于 18 岁的中小学生不能参与购彩。其次，为社会福利和体育事业发展筹集社会闲散资金是体育彩票发行的初衷，而作为没有固定工作和经济收入的大学生和研究生手头无闲散资金，不应成为体育彩票消费群体。最后，学生购彩会带来一些负面影响，国外研究发现频繁购彩确实可导致学生价值观扭曲，出现荒废学业现象。

青年学生正处于身心发展及其人生观、价值观形成的关键时期，他们的彩票消费观念、消费心态、消费行为均不成熟，不正确的购彩观势必会对其心理、行为造成不利的影响。学生彩民购彩行为不是一个简单孤立的消费问题，它可能会关系到学生群体在各种价值观形成之前身心的健康发展。然而，已有研究中更多的是考查学生购彩的表层次因素，而对可能引起学生介入购彩的深层次心理因素涉及较少。

因此，如何预防与干预学生彩民的购彩行为是学校、家庭以及体彩相关部门面临的一个突出问题。这需要深入考察和分析学生体育彩民的购彩心理与行为特征，从而对学生彩民提出针对性的干预措施，通过社会宣传和学校教育等方式相结合，防止学生彩民群体的进一步扩大，有效引导他们树立正确的彩票观，提高他们对彩票公益性的认识。探析学生彩民购彩的心理与行为特征，不仅能为家庭和学校培养学生如何养成健康购彩观念提供理论参考，也对建设社会主义和谐社会具有一定的积极意义。

（一）学生彩民的购彩心理特征

学生彩民认为，购买彩票是一种低投入、高产出的投资行为，虽然他们知道中大奖是一种小概率事件，收益会不稳定，但是两块钱一注的低额投资依旧很吸引他们参与购彩。这种以小博大的刺激性活动以及低成本高回报的收益促使着他们持续购彩，并且在中奖后也许会加大投入。同时，因为学生彩民受教育程度较

高，所以他们对彩票的认知更加理性，能够深刻地了解到彩票的公益性和娱乐性。在对待购彩上他们都持相对积极的意愿，但也正因为如此他们很容易被外界舆论宣传所影响。中大奖的风暴式宣传也很容易吸引学生加入到购彩大军，故对于学生彩民群体的正确引导，体彩监管和宣传部门都是责无旁贷的。从访谈中我们也了解，较富裕的学生花在购买彩票上的资金会较多，也就对中奖的期待更大一些；而少量购买的学生则是消遣娱乐的较多，认为中不中都无所谓，反正都是捐给慈善事业的。这种情况投入越多、期望越大，愿望没有得到实现的时候就会更加失望，也就会影响他们的心理幸福感，认为自己内心没有得到满足。

（二）学生彩民购彩行为特征分析

在购彩能力上，学生彩民在经济上未能独立，基本上还是依靠父母和家庭，所以经济上的限制使他们表现出较少的购买行为倾向，这就决定了他们每月购彩的金额和频次不会太多。他们只有在保障了最基本的物质生活需要之后，才有希望花部分零用钱在购买彩票这样的精神需要上。另外，需要注意的是，有个别学生的月购彩金额甚至超过生活总费用的 50%，可能会对其正常的生活和学习产生影响。而将原本应该用于学习和生活的费用转移到彩票消费中，也有悖于体育彩票发行募集社会闲散资金的初衷。

在购彩习惯上，大部分学生彩民购彩年限在 3 年及以上，也有接近 3 成的学生彩民在购彩频次上达到每周两次及以上。由此可见，学生彩民中不乏"老彩民"和投注频率较多的彩民。学生彩民中存在不当购彩行为，即接近半数的学生曾旷课购彩和极少数学生有挪用学费购彩现象。考虑到学生的行为自控能力和对挫折的承受能力相对较弱，不当购彩会对学生的学业产生负面影响。

在购彩倾向上，每次购彩主要是自选，其次是机选；购买彩票的原因主要是中奖率高和娱乐性强；玩法上，购买足球彩票是最多的，然后是数字型的大乐透、七星彩等，这说明学生彩民每次购彩大多数是自选号码。学生在购彩数字型彩票时一般采用自己或亲人的生日、幸运数字、手机号码、恋人的生日组合等方式来决定选购号码。选择机选的学生则是觉得自己选号很麻烦，并且也没有规律可循，所以用机选就当是碰碰运气、休闲娱乐一下，也不对中大奖抱有很大期望，中了固然会很高兴，不中就当是给福利事业做贡献了，有相当一部分的学生大多是抱有这样的态度。这说明学生彩民的购彩较理性，对彩票有相对客观的认识，这可能与学生的受教育程度有关。由于学生大多喜欢体育运动，尤其是足球比赛，所以在体育彩票的竞猜型玩法中就有足球胜负彩、进球彩和竞彩等。购买足球彩票需要对世界各国的足球俱乐部、足球明星都有关注，也需关注他们的比赛，所以在各种赛事期间学生一般喜欢对比赛结果进行判断，由喜爱足球运动波及购买足球彩票，就可有机会获得奖金，又能提高看球的刺激性。因此，在世界杯或欧洲职业足球联赛期间，前来购买足球彩票的男性学生彩民会暴增，往往几个人一起前来购买。

五、问题彩民购彩心理与行为研究

体育彩票具有公益性、趣味性、群众性和娱乐性等特点，且能非常有效地筹集公益金，为我国公益事业和体育事业的发展提供帮助。然而，它就像一把双刃剑，在带来公益效应的同时，造成了不可忽视的负面影响。由于彩票隐含着机会游戏的特质，人们较容易抱着侥幸心理参与其中。加之，中奖效应等舆论宣传的误导和诸如"加奖"等营销措施的欠妥使用，助长了人们的投机心理和"一夜暴富"的想法，进而导致"问题彩民"的滋生。"问题彩民"的产生不仅对其个人和家庭有严重影响，甚至还容易引发较为复杂的社会问题，严重干扰人们正常的生产生活秩序。在此背景下，展开问题彩民的购彩心理和行为特征，不仅是确保中国体育彩票事业健康持续发展的需要，也是中国体育彩票服务和服从于和谐社会建设的需要。

（一）问题彩民的定义

关于问题博彩的有关描述最早可以追溯到 100 多年前，但直到 1980 年被收录到美国精神疾病障碍诊断标准中才逐渐引起国际社会的关注。正常博彩、病态博彩和问题博彩是对博彩者参与程度区分出来的博彩行为。李海等将问题博彩界定成："一种对彩民本人或其社会关系以及社会产生不利结果的一种购彩行为。"叶林娟等将病态博彩界定为："是在博彩中以赌博为主要目的，持续成瘾且具有复发性或不可控制性，而且为了能够继续博彩而采取不理性的手段的个体行为。""问题博彩"和"病态博彩"的相同之处在于这两种行为都会产生恶劣的影响，两种博彩的区别仅仅在于影响程度的大小。有的观点认为，问题博彩对于病态博彩只是行为较轻而已。本书将"问题博彩"和"病态博彩"一起称作"问题博彩"。

白彩梅等将问题博彩者定义为："在博彩过程中，抱着中大奖、一夜暴富的心态，相信自己的运气，认为通过自己的特殊技能可赢取奖金，对随机事件的误解，盲目下注，进而对其行为达到无法控制的一个彩票消费群体。""彩民"被人们称为购买彩票的消费者，所以"问题彩民"是问题博彩者的统一术语。我们在此基础上指出，问题彩民是指因购买彩票而对个人、家庭、组织及社会层面产生不良影响的一类彩民。

（二）问题彩民的购彩心理特征

1. 问题彩民的购彩动机

动机指的是一种心理倾向，能够有效激发个体朝某一目标开展一系列行动，使个体行为能够长久维持。换句话说，动机是支撑人绝大多数行为的动力根基。购彩动机实际上就是引发彩民积极主动地投入到购彩实践当中，并引导购彩活动朝某一目标推进的心理动力。广大彩民正是在购彩动机的维持以及调节之下，才开始一系列购彩活动的。

为了更好地了解彩民的购彩心理，国内开展了一系列的购彩动机调查研究活动，而研究活动通常采用的是调查问卷的方式，设置选择题由被测试者结合自己的实际情况来完成填写，所获得的调查结果主要是描述性的分析内容。通过对研究结果进行综合归纳，得到的结论是：绝大多数的问题彩民都将渴望中大奖、满足自己的娱乐需求和碰运气等作为核心动机。把通过购买彩票为国家公益事业出一分力这样的动机作为购彩行动指导的比例最少。国外在相关问题的研究方面，主要选用的是购彩动机量表以及面对面访谈的方法进行的。比如，Lee 和 Kim 在调查研究当中就是运用购彩动机量表的方法开展调查的。调查结果显示，问题彩民购彩动机主要表现在 5 个方面，分别是金钱、刺激、娱乐、逃避以及社会化。从调查方案的选择方面看，国内外在问题彩民购彩动机的研究上运用的是差异化的调查工具，但是国外的相关学者在研究调查当中发现了很多和国内学者调查结果相同的问题，表明问题彩民的购彩动机集中体现在追求刺激、逃避现实、金钱诱惑、满足娱乐需求、休闲放松、社会接触等方面。对这样的研究结果进行总结分析，可以了解到国内外的调查研究存在明显的一致性，都表明获得高额奖金是问题彩民参与购彩活动的直接动机和最为主要的动力。所以，彩票本身的经济效用是影响彩民购彩行为的核心要素。

2. 问题彩民的购彩心理特征分析

从经济效用方面看，无论是国内研究还是国外研究都有着一个一致性的结果，那就是问题彩民购彩的直接动力就是赢得高额奖金。奖金是他们最大的购彩动力，同时体育彩票的低成本以及博彩性给了彩民一定的心理期待，也让他们由此产生了一夜暴富的心理。但大量的事实已经证明，真正可以通过购买体育彩票的方法获得高额奖金的彩民是极少的，大部分彩民都是体育彩票的支出额度远远超过回报额度。

从风险偏好方面看，大量的问题彩民通常无法对自身的购彩行动进行有效把控，难以控制自身在购彩方面的时间以及金钱耗费。他们之所以不惜重资频繁购彩，最为主要的原因是想要充分满足他们日益膨胀的寻求刺激和兴奋的心理需要。体育彩票本身具备极大的娱乐性和刺激性，还有可能带来巨额的经济利益。正是因为这些特征满足了彩民的刺激需要，让他们能够利用购买彩票的方法达到自己想要的刺激水平。大量的调查研究证明，绝大多数的彩民都可以被归入到风险嗜好型的群体当中，他们渴望从中获得挑战和刺激，并享受由此带来的满足感。正是因为问题彩民存在风险偏好较高的情况，才使他们的风险意识弱，不知道如何规避和控制风险。

从购彩认知方面看，问题彩民在对体育彩票的认识上有所偏离，如过高地估量了彩票的中奖概率，片面地认为彩票是有规律可循的游戏等。体育彩票的中奖具有明显的随机性特征，但是问题彩民通常不能够认识到这样的随机性特点，对自己的选择行为过度自信，没有看到彩票博弈性质的一面，进而引发了一系列的疯狂购彩行为。

从外部信息作用方面看，随着现代媒体的发展，媒体在不断加强对暴富神话和体彩销售的报道，同时在相关报道当中加入了一定的鼓动因素，这些因素也在极大程度上影响到了彩民的购彩动机。社会以及媒体对购彩中奖的事件投入了极大的关注度，在相关报道方面也有着明显的诱导性，但是在购买彩票的公益性理念方面却没有提起重视，这又进一步导致彩民心态膨胀，并滋生了赌徒心态。也有大量的实践研究表明，多样化的信息传播渠道与手段对购彩进行的错误传播让彩民的心理健康大受影响，也让他们原本的不健康心理得到了增强。

（三）问题彩民的购彩行为特征

问题彩民在购彩行为方面也有着较为突出的特点，主要体现在购彩的金额、时间、频率、选号方法、投注方法等方面。已经有大量的研究结果证明：绝大多数的问题彩民每个月会用10%及其以上的收入来购买彩票；问题彩民周购彩的频率处于较高水平；60%及其以上的问题彩民在购彩方面的用时超过1小时；问题彩民通常是通过在彩票代售点购买的方式来完成投注；问题彩民主要选用自选号的方法来进行选号，在投注时主要运用的是复式或者是倍数投注策略。通过对问题彩民的购彩行为特征进行综合分析，可以看出他们在行为上的突出特征就是金额超载、频率较高、耗时较长、选用头等高玩法等。还有一部分问题彩民热衷于研究彩票走势和购买规律，甚至在日常的工作学习时间也在思考这些问题，极大程度地影响到他们的正常生活。有一部分彩民由于资金投入已超出自身经济承受能力，亏空较大，此时的赌博心理就愈发膨胀，可能会不惜一切代价拼死一搏，妄想"奇迹"降临。由此滋生的社会问题和引发的悲剧频频发生，如"恶意透支信用卡""挪用公款购彩""因赌光家产而自杀"和"因购彩负债而偷盗或抢劫"等。

从行为特点方面上看，问题彩民和网络成瘾、毒品吸食成瘾等人群有着大量的相似点，主要体现在：他们都很难轻易戒除，伴随着时间的延长成瘾程度会日益加深，甚至会引发一系列的极端行为。毒品成瘾者会随着吸食量的增多而加大成瘾的程度，对毒品的需要也会逐步增多。网络成瘾者会随着上网时间的增多，而进一步加深对网络的依赖和延长上网时间。问题彩民在购彩行为方面和他们是十分相似的，随着他们研究彩票时间的延长以及投入金额的增加，之后他们会无视他人的劝说，虽然可能会在劝说之下有短暂停止，但是在一段时间之后又会投入到购买彩票行动当中。

第三节　体育彩民群体发展心理策略

一、多方媒体正面引导，激发彩民购买动机

应该加大对体育彩票的科学宣传力度，增强人们对于彩票的正确认知，培养人们健康向上的彩票消费行为和消费习惯，进而促使广大彩民用正确健康的方法购买彩票。针对这一情况，体育彩票的相关管理部门要在宣传引导方面加大资源投入，运用多样化的手段强化题材意义的宣传，并在每年定期举办户外宣传实践活动，有效赢得政府的支持，实现宣传工作的深入和拓展；政府部门要充分履行自身的职能，公开体彩公益金，以便让广大彩民明确体彩公益金是如何进行应用的；体彩销售机构应该将体育彩票的销售和公益实践活动整合起来，同时可以邀请明星参与到销售活动当中，通过明星效应和明星的正确引导做好体育彩票的科学宣传工作。除此以外，要抓住广大彩民的求真心理，有效解决信息失真的问题。如今，我们已经步入新媒体时代，在这样的时代背景下，体育信息数量迅速增多，再加上新媒体平台的虚拟性特征，很容易导致不真实信息的产生与传播。对此，大量的体育受众开始展现出求真心理增强的特点。广大体育受众渴望在新媒体平台的辅助和支持之下，掌握更多真实的体育信息，充分满足自身对真实信息的需要。为了满足体育受众的需要，新媒体平台要充分发挥自身的优势，有效借助网络直播、电子媒体、纸质媒体等对消费者的意识进行科学培养，增强消费者体育彩票购买兴趣和意识的同时，让他们意识到体彩的公益性特征，将这种公益性的理念渗透到广大人民群众当中，让他们能够端正投资观念，消除一夜暴富等不切实际的梦想，用平常心为我国体育彩票事业的发展贡献自己的一分力量。体育彩票机构可以利用新闻媒体、召开发布会等方式对体育彩票活动以及相关产品的信息资料进行传播。比如，体彩机构可以在新闻媒体的支持之下，构建阳光开奖的信息传播路径，让广大彩民及时掌握开奖信息和开奖结果，保证结果公开透明，增强体育彩票的公信力水平，以此来激发广大彩民购买体育彩票的动机，使体育彩票市场健康发展，让更多的人关心和支持体育事业的发展。

二、利用广告树立公益形象，吸引广大彩民注意力

利用广告传播的方法展示体育彩票的公益形象是纠正广大彩民错误心理的重要措施，而且这样的方法可以吸引彩民的注意力，让他们能够运用健康的方法购买彩票。具体而言，可以利用刊登公共关系广告的方法来达到理想的效果。这一类型的广告具有形式多样的特点，如在广告当中为彩民介绍体彩活动的广告、鸣谢广告、庆贺广告等。公共关系类的广告和我们日常所熟知的商业广告有着非常显著的差异，公共关系广告并不是直接对体彩的玩法进行宣传和推广进而诱发彩民购买动机，而是对体育彩票产品之外且直接与公益形象挂钩的信息进行传播推广。这样的广告推广方式可以增强广大人民群众对于体育彩票的认识，并为体育彩票事业的稳定持续发展提供助力。目前，我国有一部分的体彩广告侧重的是对彩票中大奖事件的宣传，用可能获得的高额奖金来吸引广大彩民的注意力。利用这样的方法虽然能够在一定程度上吸引彩民进行投注，但是这一行为违背了体彩发行宗旨，同时容易造成病态赌博彩民的产生。所以，这一类型的广告不能够被列入到公共关系广告的范畴。在今后的体彩事业发展过程中，体育彩票机构应该把广告的着力点放在公共关系广告的宣传推广上，着重对体彩的公益形象和公益性特征进行传播，有效增强体育彩票的美誉度，纠正广大彩民的不良心理，正视彩票行为，为今后体彩的发展打下良好的基础。

三、不断丰富彩票品种，提高彩民购彩兴趣

对体育彩票的品种进行深入的开发和研究，让彩票品种更加丰富，进而引发彩民的购买兴趣，是当前国际上彩票发行部门共同实践的策略，而且该策略在实践中产生了非常理想和突出的效果。彩票公司通常都专门设置由彩票产品的开发部门定期推出新的品种，以便让广大彩民的多元化购买需要得到充分满足。比如，在美国的密歇根州，销量增速最快的彩票类型是即开型彩票。彩票发行公司在发现了这一特征之后，为了更好地迎合彩民需求，几乎每周都会发行一款新的彩票品种，让彩民日益增长的购彩需求得到了有效满足。我国的体育彩票事业在经过了多年的发行以及销售之后，如今已经囊括全部的彩票种类，大大满足了广大彩民的兴趣和竞猜需要。在北京奥运会前，总局体彩中心召开了新品发布会，并在发布会上推出了一种即开型的体育彩票品种，被叫做"顶呱刮"。该产品属于网点即开型彩票，也是一种全新的彩票品种，除了让彩民满足自己的娱乐需要之外，还让他们支持奥运的需要得到了满足。目前，现行的体育彩票种类繁多，但是要想更好地激发彩民的购彩兴趣，就要考虑到他们的兴趣爱好和购买需要，运用择

优销售的方法增强彩民的参与度。比如，很多彩民喜欢足球、篮球类的彩票，可以针对这些球迷发行一些新玩法的竞技体育类彩票。

四、合理设置彩票点，完善购买途径，迎合彩民需要

通过对当前彩票销售点的业务状况进行研究和调查，我们可以看到有约80%的彩票销售点销售两种类型的彩票，分别是体育彩票和福利彩票。这两种彩票之间本身就存在竞争，所以这在一定程度上会影响到体育彩票的销售。为了有效改变这一现状，可以对当前的体育彩票代销点进行适当调整，在年轻人较多的地点设置体育彩票的销售点，对于体彩销售额较低的地点则可以考虑调整或者是撤出。从彩票的种类方面上看，无论是体育彩票还是福利彩票在种类设置上有着极大的趋同性，甚至有很多在内容和中奖额度的安排上是完全相同的。受此影响，有一些彩民在购买彩票的过程中并没有清楚的种类划分，也不会刻意要求购买体育彩票。除此以外，两种彩票都有发行刮刮乐玩法，而这样的设置方法又加剧了二者的竞争。体育彩票较为明显的优势是拥有竞猜玩法，而且我国有很大的球迷群体。于是，怎样吸引他们的注意力、引导他们主动积极地购买体育彩票成了当前彩票发行机构的工作重点，也要求他们要做好宣传推广等方面的工作。

五、加强问题彩民的治疗，提高彩民的认知心理

将公共健康模型作为有效依据，可以将问题产品预防划分成三个等级，分别是一级、二级和三级预防。如果不能够有效控制彩民的博彩冲动，甚至是完全沉浸在博彩世界当中，进而给彩民自身、家庭和社会带来极大程度的危害，就必须进行三级预防，也就是对这些问题彩民进行专业治疗，以便对他们的认知心理进行调整。当前，针对问题彩民的专业治疗方法有很多，下面将着重对两种方法进行说明：

一是行为疗法。这一方法主要借助的是经典以及操作性的条件反射原理，有效降低了博彩对于彩民的兴奋唤醒度。

二是认知疗法。这一方法主要是准确识别问题彩民存在的认知偏差情况，有效利用重建认知的方法，对他们的错误心理进行纠正。在这一方法的实践过程中，可以运用到多元技术，如重建认知、刺激控制、替代活动训练、社交沟通训练等方法。

就目前而言，我国在心理治疗方面还处于初级发展阶段，人们对于问题彩民的心理问题治疗还存有一定的疑虑心理。与此同时，大多数的问题彩民本身不会也不愿意承认自己存在心理问题，因此无法发挥心理治疗方法的应用效果。要想

从根本上提高问题彩民对于心理干预的接受度，就需要外界给予一定的帮助和支持，在外界力量当中亲友的支持是十分重要和关键的。问题彩民的亲友应该加强对问题彩民的引导和劝慰，使他们能够意识到自身心理问题的严重性，从而鼓励彩民积极接受相关的心理治疗。除此以外，彩票发行机构也要加强与心理治疗机构的沟通与互动，如果发现有彩民存在博彩症状的话，就可以及时引导他们通过专业心理治疗来解决心理问题。目前，我国已经设置了专门的彩民救助中心，并开通了热线电话。志愿者负责对彩民求助者提供心理方面的治疗指导以及法律上的救助服务。这是一种非常有意义的尝试，充分发挥了民间力量，同时能够有效节约治疗成本。在今后的发展过程当中，还可以通过设置问题彩民网站、聘请专家提供网络线上辅导等方法来加强对问题网民的心理救治。

第十章 体育旅游心理探究

在我国，随着生活水平的提高，旅游成为节假日最主要的休闲娱乐形式之一。体育旅游是指出游的地方有体育设施，或游览与体育活动有关的景点。体育旅游的景区一般都有体育类商品，从而促使游客购物与消费。本章研究体育旅游的心理，包括旅游者的行为动机、心理策略等。

第一节 体育旅游者心理分析

一、体育旅游者的定义

体育旅游者是旅行者人群的一个重要组成部分，他们出行的重要目的在于满足个人的精神需要，或者是自我实现的需求，而他们的主要行动是离开常住地，观看欣赏或者是参与体育活动。体育旅游者定义的内涵主要包括以下几个方面的内容：

（一）体育旅游者的目的

体育旅游者有两个方面的目的，其中一种是为了让自己的精神享受需要得到有效满足；另外一种是通过参与体育旅游实践活动来满足自我实现的需求。体育旅游是整个旅游体系的一个种类，同时具有一定的特殊性，体育旅游在内容方面十分丰富，还具有极大的趣味性，当然在整个旅途过程当中肯定会有艰难和艰苦的条件。所以，体育旅游是时尚刺激，又是挑战个人的一种观光旅游活动。广大体育旅游者想要从体育旅游当中获得特殊的经历，同时在这一过程当中进行自我挑战和自我实现。

（二）体育旅游者的特点

体育旅游者具有一般旅游者的特点，也就是他们的旅行需要离开常住地，但在目的地停留不超过6个月。对于未离开常住地活动区数小时者，只能视为参加体育锻炼，而不是真正意义上的体育旅游者。而离开常住地超过6个月者，可视其为临时定居者而非旅行者。

（三）体育旅游者与活动的关系

体育旅游者在整个旅游活动当中必须和体育活动有一定的关系，这样的关系可以是直接参与到体育活动当中，也可以是观看和欣赏体育活动。如果在整个旅行实践当中旅行者没有观赏，或者是参加体育活动的话，那么就不能够被列入到体育旅游者的范畴。

（四）体育旅游者的目的

体育旅游者之所以参与到体育旅游实践活动当中，是为了让自己的精神和体验需要得到充分满足，也就是说想要在体育旅游当中增强身心愉悦感，实现自我能力的挑战以及收获特殊性的旅行经历等。他们在整个旅行过程当中需要支付一定的费用，这是旅行活动的基本消费，但是并不是以此谋生或谋利。

二、体育旅游者的动机

动机是激励人为了实现某一目的而开展相应行动的内因。动机的产生和人的需要有关，而行为则是动机最为直接和根本的表现形式，"需要—动机—行为"反映出的就是从需要到行为转化的一种心理变化模式。动机是一种人的内在心理，直接作用于人的行动。人的愿望、兴趣、期待等都能够促进需要的行程，而人为满足了需要，就会产生行为动机。所以，体育旅游者动机和他们的需要存在着密不可分的关系。

（一）动机和需要层次理论

体育旅游动机指的是引发人们体育旅游活动意向，并促使人积极主动为特定目标的实现而积极努力的一种内在动力。动机是需要的直接表现形式，那么体育旅游动机是为了什么样的需求而出现的，成了一个非常难以回答的问题。即使能够得到答案，给出的回答也无法做到全面和统一。这是因为人的需要具有多面性和多层次性的特点。从需要来源的角度进行分析，需要可以来自于自然和社会，于是我们可以称之为自然性或者社会性需要。自然性需要主要指的是维持生命存在以及延续后代方面的需求。社会性需要主要指的是人在人际沟通以及社会发展方面的需求。如果站在需求对象的角度进行分析的话，又可以分成物质和精神需要这两个方面。物质需要是对物质方面的需求，如日常的衣食住行物品等。精神需要指的是在精神方面的需求。就体育旅游者而言，他们的需要主要来自精神以及社会方面。

就需要层次而言，马斯洛提出了五个层次的需要，这就是他的需要层次理论。马斯洛是一位伟大的心理学家，他在需要层次方面给出的解释得到了普遍肯定。他提出可以将人的需要划分成五个层次，分别是生理需要、安全需要、归属与爱的需要、受尊重需要与自我实现需要。马斯洛在自己的研究理论当中还提出这五个层次的需要实际上是逐级上升的，在低层次需要得以满足之后才可以逐步向高层次的需要前进。有时人还可能同时存在几个不同层次的需要，但每一个层次的程度都是不相同和不均等的。体育旅游动机的产生是在旅游者的基本需求得到满足之后才产生的。如果依照马斯洛的需要层次理论展开研究的话，人参与体育旅游实践只能和后面两个层次需要建立关联。

在得到这样的结论后，相关部门在对体育旅游者进行接待的过程当中就可以更好把握他们的实际需要，从而有效调整服务内容与方法，保证旅游服务的质量以及旅游者的满意度。就需求动机而言，人不可能是想要满足第一层需要而投入体育旅游实践活动的。得到这一结论的原因主要有以下几点：

1. 体育旅游者的经济基础

当个人或者家庭的经济收入到达一定水平之后才能够有相应的经济实力，并可以承担体育旅游所产生的经济支出。但凡已经拥有参与体育旅游实际活动的旅游者，他们在基本需求方面已经得到了满足，也就是说已经彻底解决了温饱等方面的问题，因而不可能是为了让自己的生存需要得到满足而参加体育旅游的。只可能是他们的生存需要已经得到了满足，于是渴望参加一定的体育旅游实践活动，让自己的精神需要得到满足或者是让自己的价值得到体现。

2. 体育旅游者的安全问题

生活在自己的常住地可以说比到任何其他地点更能够收获心理安全感，那么为了安全需要而选择外出旅游的可能性是极小的。况且体育旅游实践活动本身就带有极大的挑战性和一定的危险性，他们需要在整个旅行过程当中经历很多艰难困苦和危险的状况。毋庸置疑，旅游者在整个旅游活动当中也需要安全，但这并不能够作为他们投入旅游活动的动机。

3. 体育旅游者的情感表达

个人爱的需要的满足通常在生活工作当中才可以获得并且实现长久的维持。这是因为只有在工作、生活等长时间接触过程中，人才能够了解对方以及产生情感，有了这样的基础，才能够让全体承认个人的地位，并收获真诚的爱和友谊。所以，人不可能想要在短时间的体育旅游当中满足自己爱的需要，也不可能是为了满足自己爱的需要而参与旅游。

大量的事实研究表明，人们最终决定投入到体育旅游实际活动当中和马斯洛需要层次理论当中两个较高层次需要存在着密不可分的关系。比如，受尊重需要除了渴望得到他人的重视、肯定或者是欣赏之外，还包括获得相关的成就、地位以及收获自信等表现需求。在欧美国家，一些体育旅游者尤其是拥有很多特殊经历的旅游者会得到人们的羡慕和崇拜，所以有利于让他们受尊重的需要得到满足。某些由于社会地位较低在某地得不到他人尊重的人，在参加了某些体育旅游活动后，得到了特殊经历，那么就有可能享受到原本得不到的受尊重感受。所以，有些人参与体育旅游，是为了让自己受尊重的需要得到满足。至于旅游者参与体育旅游活动的动机是否和他们自我实现需要有关还存在着很多的争论，而且有大量的权威学者以及马斯洛本人都认为很少有人真正能够达到自我实现的需要层次。

尽管单一凭借马斯洛需要层次理论就可以回答人们参与体育旅游出自哪些需要的问题，但是如果从整体上进行归纳的话，他们最为主要的目的就是满足精神层面上的需要，这已经成为大多数人的共识，也在实践当中得到了验证。

（二）体育旅游动机的种类

要产生体育旅游动机必须要满足一定的条件，分别是内在和外在条件。前者指的是旅游者的体育旅游内在需要，后者指的是外在的刺激。体育旅游动机和需要存在着不可分割的关系，无论他们的参与动机是怎样的复杂，都是满足个人多元化的精神需要。虽然体育旅游动机的实质是体育旅游需要，但是我们在进行理解的过程中要避免将二者等同起来看待。这是因为体育旅游需要如果要转化成为动机，必须具备满足需要的对象，否则将无法进行转化。只有具备了相关条件，才能够让潜在需求转化成为一种积极状态，此时的体育旅游需要才能够真正转化成为一种强烈的动机。在动机形成之后，动机就能够让人的体育旅游行为被激发和唤醒，并对行为产生一定的指向性，使人向着特定目标的实现持续不断的努力和保持相应的行动。

随着现代社会经济的发展和科学技术手段的现代化，各国之间的交流也愈加频繁，为体育旅游的发展奠定了坚实的基础。同时，为其不断地衍生出多种多样的形式创造了良好的环境。无论体育旅游的形式发生了何种演变，能够引发人们参与体育旅游行为的动机主要有以下几种：

1. 身心健康

健康是人们参与体育旅游最主要的动机之一。人人都有健康长寿的愿望，也都愿意将部分甚至全部的收入运用于改善自身身体状况的运动中，当今社会的人们对此有个时髦的称呼——"健康投资"。滑雪、潜水、登山等运动都是对人们的健康有益的，因此世界各地许多滑雪场、沙滩、山脉变成了度假胜地，成为恢复和维持人们心理健康和逃避城市喧嚣的旅游场所。

2. 好奇心理

好奇心是驱使人们进行体育旅游的重要动机之一。好奇心易引起人的心理紧张，人们便会设法满足其好奇心，甚至不惜付出牺牲个人安全的巨大代价去满足它。

对于体育旅游者来说，它不仅能导致体育旅游相关消费行为的发生，而且能引导体育旅游者在世界范围以内寻找多种多样的体验和不同的经历。所以，访问其他地区以及民族，并在这一过程当中体验相关的体育运动项目是他们的主要动机。广大的体育旅游者已经形成了一定的共识，而且对他们来说体育旅游极富乐趣和神秘色彩，是满足人们好奇心的舞台和乐园。

3. 提升能力

体育旅游与普通旅游最大的区别在于需要掌握基本的运动技能，或者鉴赏运动水平的基本能力。有相当一部分的体育旅游者，正是因为这个原因才参与到体育旅游之中。他们渴望通过不断的学习和体验，提升在某项运动中的技术水平，或者对欣赏某项运动的能力有所增长，并从中体验获取新知识、新技能后的成功感受。

4. 获取乐趣

兴奋、新奇、愉悦的感受是人人向往的，在所有的体育旅游动机中，获取乐趣、满足娱乐需要是人们参与体育旅游的重要动机。事实上，体育旅游具有不可思议的魅力，它具有满足人们获取乐趣需要的独特功效。当人们开始筹划一次体育旅游时，先要了解此次参与运动项目的基本情况，在这个过程中，人们就已经获得了一半的乐趣。途中和到达旅游地的感受和经历，如乘坐头等舱或软卧车厢、享受的特殊接待、游戏和愉快的生活，或停靠的车站、码头、机场，以及所经历的运动项目等，都会使人兴奋、新奇和激动。事实上，许多人开始筹划一次体育旅游，然后去付诸实践，最后是在当地的行程尚未结束时，就已开始盘算下一次的行动了。对于这些人来说，体育旅游已经成为一种生活方式，成为人们的主要兴趣。在他们的全部活动中，始终贯穿着获取乐趣的原则。对于旅游企业来说，使体育旅游者获取专业所带来的乐趣，也是旅游业推销其服务和线路的主要原则。

5. 社会交往

社会交往是人本性的一种体现，可以将其归纳到需要层面，也可以认为是人们参与体育旅游的重要动机之一。当今社会存在着激烈的竞争和巨大的竞争压力，存在社交需要的人们，通常会在交往的过程当中带有一定的选择性。因为这样的交往最容易获得团体成员资格，也容易在整个团体当中收获自信、地位以及尊重肯定。大量的实践研究证明，体育旅游是满足社交需要最为理想的方法之一。

6. 情感交流

在当今高速发展的社会，人与人之间的感情交流越来越淡薄，彼此之间不停地建构着防护的堡垒，其实人们对真诚的情感交流非常渴望。体育旅游可以将不同国家、不同种族的人们聚集在一起，有助于人们放下彼此的防备，身心放松地相互了解，并以此缩短社会各阶层之间及人类种族之间的距离，消除有害的偏见，成为促进和平和人们相互友好的工具。

7. 闲暇消遣

对于现代社会生活中的人们来说，闲暇和消遣是非常大的需要，它促使人们去追求某种活动。体育旅游是一种闲暇活动，它可以满足人们净化、自立、了解、合群以及健全体魄的需要。体育旅游能够让人们的心理状态处于一种自然平衡的情状之下，让他们从当今快节奏的生活当中获得解脱。

8. 自我实现

人人都有被尊重、被承认、被注意、施展才能、取得成就和为人类做贡献的需要。这种需要往往产生巨大的动力，驱使人们去表现、去实现，体育旅游是满足人们实现这个愿望的理想形式之一。在体育旅游过程中，人们可以获得大量的特殊体验，可以在这一过程中收获他人的倾慕和崇敬。而且体育旅游让旅游者置身在一个开放性的环境当中，使他们可以摆脱以往的约束，遵从自己的意愿去行动和体验，让他们有机会可以进行自我实现。因此，显示地位和自我实现，就成为人们参与体育旅游的重要动机。

以上分类的目的主要是为识别和研究上的方便，实际上人们进行体育旅游活动并没有充分意识到究竟是什么动机，同时对这些动机也没有从理性方面思考。人们进行体育旅游往往是出于综合动机，而且他们的动机处在不断地变化当中。这是因为体育旅游者的兴趣爱好、需要、生活方式、生活习惯等都处在不断的发展变化当中，相对应的动机也会出现明显改变。不仅不同的人会有差异化的体育旅游动机，即使是同一个人他在不同的时间和情况之下也会有不同的动机。由此可见，体育旅游动机多元多变，但这并不能说没有规律可以依照。体育旅游动机，有个性，也有共性，共性心理就是求知、求新、求异、求乐、求奇。为了进一步推动体育旅游的发展，我们必须关注体育旅游者动机共性以及动机变化情况的分析研究，为旅游产品的开发提供重要依据。

三、体育旅游者的特征

（一）围绕体育展开活动

如今的旅游市场是一个庞大且分类很细的市场，体育旅游者群体特征也是十分复杂的。有研究将体育旅游者划分成三个种类：首要体育旅游者，是指把参与体育旅游作为出游首要目的的体育旅游游客；附带体育旅游者，是指把体育活动作为出游的首要动机，但是并不局限在体育活动方面；体育爱好者，是指把体育作为主要目的的游客。由此不难看出，不管是哪类体育旅游者，他们是存在共性特点的，那就是将体育作为核心来推进出游活动。比如，球迷群体虽然不直接参与体育比赛，但他们却花费大量的时间和金钱跟随他们所支持的球队，到世界各地观看比赛。在这个过程中，尽管会参加其他的旅游活动，但体育活动是他们整个旅游经历的核心。

（二）具有亚文化背景

亚文化指在主文化或综合文化的大环境下，属于某个集体或某一区域特有观念与生活方式的群体成员共有独特信念、习惯与价值认知。亚文化的本质提出了"另类价值系统结构"，这意味着交际动机是很重要的。不仅活动和地点之间的相互作用非常重要，地点和参与者之间的相互作用也不例外。体育旅游者的经历基本上源自活动、参与者和地点之间的相互作用。例如，参与户外运动的体育旅游者，他们的关系建立在"熟悉的陌生人"的基础上，人们或许彼此了解，曾经是队友或对手，而且多次交谈过，但并不了解彼此生活中的其他方面，就是因为户外运动而聚在同一个地方，为他们的会面共同"庆祝"。因此，很多类型的体育活动参与者可以被认为具有亚文化背景。

（三）有"交际"或"地位和声望"的需求

社会交往以及地位与声望实现本身就是体育旅游者的重要动机，他们在相关的活动实践当中能够和同伴展开深层次的沟通互动，这在很大程度上让他们的交往范围和深度得到了拓展。当他们在完成旅行回到常住地之后，他们可以将自己的旅行经历讲述给周围的人，进而得到他人肯定，也让自己感觉到是一种奖赏或者荣誉，提升"地位和声望"的需求得到了满足。例如，到海滨度假的旅游者，他们花费大部分时间在海滨晒太阳，也可能会参与少量的水上运动，但回去之后，传达给周围同伴们的印象可能是他们整个假期都在玩水上项目，因此而得到同伴们的赞许，满足了他们提高声望的愿望。这说明，虽然他们实际参与的体育活动很少，但体育活动对于他们的旅行而言是非常重要的。因此，大多数体育旅游者具备"交际"或"地位和声望"的需求特征。

第二节 体育旅游服务心理策略

一、体育旅游服务心理分析

（一）体育旅游服务的先决条件——客我交往

1.客我交往的含义

体育旅游服务的过程是旅游消费者和服务者心理、行为的互动过程。消费者与服务人员的互动主要体现在服务过程中的客我交往方面。客我交往指的是二者为了沟通情感、思想、表达意愿、解决共同关心问题等产生互相施加影响的过程的总称。

2. 体育旅游服务过程中客我交往的形式

通常情况下，我们可以将体育旅游服务中的客我交往划分成两种形式：第一种形式是直接交往，所谓直接交往就是运用自然交际手段进行面对面接触；第二种形式是间接交往，所谓间接交往，实际上是借助一定的媒介或通信手段实现间接接触。从优势方面看，直接交往能够完成信息的快速反馈，间接交往则较为困难。在体育旅游的服务过程当中，这两种交往形式是同时存在的，通常会以间接交往为主。也正是因为这样，间接交往成为影响服务成效的关键要素。

3. 体育旅游服务过程中客我交往的特点

在体育旅游服务中，客我交往属于以旅游服务工作角色为主要载体的交际形式，它区别于日常生活中的一般交往形式。其特性主要表现在以下几个方面：

（1）交往的短暂性。体育旅游者在旅游目的地的逗留时间一般较短，与服务员的接触时间有限，很多时候是一次性交往，客我之间很难有足够的时间用于相互熟悉与了解。因此，服务人员借助敏锐的观察与丰富的经验，迅速地对体育旅游者需求做出判断，缩短客我之间的陌生感，是做好服务运作中客我交往的前提。

（2）角色的不对等性。客观而言，服务人员与旅游者在交往过程中扮演的角色是不完全对等的，常常是"客人坐着，员工站着；客人吃着，员工看着；客人享受着，员工劳动着"。这种角色和社会地位的不对等，容易在体育旅游服务中出现服务人员不能正确看待，而将之联系到人格、社会地位等方面，从而产生不平衡心理和自卑心理。

（3）交往的公务性。交往的公务性是指客我交往的内容与方式只涉及体育旅游服务消费的范畴，不涉及个人的隐私。在服务的过程中，客我交往无须也没有必要了解交往双方与服务消费没有联系的各种个人信息和情况。因此，服务人员在热情、亲切、友好的服务接待中，应对旅游者的隐私与个人嗜好给予充分尊重。

（4）服务的主动性。客我交往以体育旅游服务消费为桥梁，以服务人员主动服务为特征。体育旅游者是旅游服务的消费者，对旅游服务内容不熟悉，也无须更多关注服务中的过多信息；服务人员是体育旅游服务的生产和提供者，服务性质需要旅游服务人员主动地了解客人、介绍产品，并根据体育旅游者的需要提供服务。

（二）体育旅游者的"三求"心理

通过对体育旅游者的心理状况调查分析，可以发现他们拥有求补偿、求解脱和求平衡的"三求"心理。所谓求补偿，指的是体育旅游者想要在这一过程当中收获在以往生活当中欠缺的感受和自豪之情。所谓求解脱，指的是体育旅游者想要在整个旅游实践中消除以往生活当中紧张的情绪和心理压力。所谓求平衡，则具有一定的复杂性，通常会表现在两个方面。一方面，体育旅游者想要利用这样的旅游活动让日常生活当中的失衡状态得到有效纠正。对很多人来说，他们生活当中熟悉的事物太多，所以缺少新奇事物，这使他们渴望从旅游当中接触新事物来调整这样的失衡状态。也有一部分人认为自己的生活和工作当中拥有太多复杂的东西，他们想要追求一种单一纯粹的感受来实现平衡。另一方面，旅游者要在旅游中保持必要的平衡。新奇的东西固然有吸引力，但并不是新奇的东西越多越好，也不是越新奇越好；超过一定的限度，"吸引"就会变成"排斥"。因此，体育旅游经营者在用许多新奇的东西吸引旅游者的同时，应提供一些为旅游者所熟悉的东西，以此来保证他们在旅游环境当中能够达到一种平衡的心理状态。

　　上面论述的心理能够一般性地回答旅游者想要在旅游实践当中得到什么的问题。我们之所以称之为一般性回答，是因为体育旅游者存在着"三求"心理这样的共性特征，与此同时，"三求"只是表达的共性特点，并没有表达出个性方面。旅游服务者应当记住，旅游者的共性需要是非常必要的，但是单一记住共性需要是远远不足的，还需要在交往过程当中了解他们的个性心理，以便为他们提供更具针对性的服务。

（三）客我交往的双重性

　　一般来说，人与人打交道是为了办成某一件事情，解决某一个问题，这个过程具有双重性。一是事情是否办成以及问题是否解决，体现的是功能方面的内容。二是在人与人的交往过程当中产生了好感或反感，愉快或不愉快经历等，体现的是心理方面的感受。

　　就人际交往而言，它既有功能性方面的体现，也有心理感受方面的体现。人们想要和他人交往的原因是为了在功能以及心理上都获得满足。功能上的满足指的是将事情办的成功或者是将问题进行有效解决。心理上的满足体现在得到他人的理解、尊重以及关爱。

　　如果从心理层面上进行分析，我们可以将服务定义为具备特殊性的人际交往。服务本身就是产生在人际交往当中，更是需要通过交往来实现这一服务。当然，服务与一般的人际交往有所不同，交往双方所扮演的社会角色不同，一方是提供服务者，另一方是接受服务者。

　　由于人际交往具有双重性的特点，那么与之相对应的人际交往服务，也必然会具备功能和心理上的双重性表现。

　　体育旅游者是客人，并得到由旅游企业提供的相应旅游服务，但是他们想要从与服务人员的交往当中获得什么则是一个需要认真思考的问题。体育旅游者不仅希望相关服务人员能够将他们旅行过程当中各种各样的问题顺利解决，还渴望服务人员可以给予他们心理上的支持和慰藉，也就是让他们的不愉快经历和感受消除干净，获得多元化的愉快感受，并在头脑当中形成长久值得回想的美好回忆。因此，体育旅游的服务人员要为体育旅游者提供两方面的服务：第一方面，为他们提供高质量的功能服务，也就是让体育旅游者在衣食住行、娱乐、购物等多个方面的实际问题和事项得到圆满的处理，让他们能够得到安全感，提高它们的舒适度；第二方面，为他们提供优质的心理服务，也就是关注他们在旅游活动当中的心理变化，了解他们的心理需要，有针对性地为旅游者提供心理支持服务，让他们在心理上收获愉悦和满足。

对心理服务的一个全面解释是让客人在心理上获得良好的满足感，让他们能够在整个旅游活动当中拥有愉悦的经历，尤其是要让他们拥有良好的人际交往关系，并在和谐交往当中产生亲切感。

要想提高服务质量，实现全面意义上的优质服务，就需要关注旅游者实际问题的解决，同时满足他们的心理需要。即使是难以完全按照他们的要求妥善解决好各项问题，也要让他们在客我交往当中收获心理方面的满足感。

功能服务质量会受到多种因素的影响，通常指的是企业的物质条件制约。但是不可忽视的是，服务人员是否具备完善的综合素质和技能也会直接影响到功能服务水平。

心理服务质量的影响因素是服务人员是否能够在客我交往当中投入热忱和爱心，能否运用一定的心理知识和技巧解决体育旅游者的心理问题。

二、体育旅游者的性别、年龄差异与心理策略

每个旅游者都有不同的心理特点，对自己的旅游有着不同的期待。旅游企业想要赢得旅游者的信任，就需要从不同方面、不同层次考虑旅游者的心理特点，再针对不同的旅游者采用不同的心理策略，给旅游者提供更完美的服务。

（一）体育旅游者的性别与心理策略的关系

不同性别的人心理上也是有差别的，差别主要表现在个性与行为等方面。通常男女性的心理差别会通过行为表现出来。所以，在体育旅行中，不同性别旅行者的行为模式和消费心理也会有所差异。

1.女性体育旅游者的心理特点及心理策略

（1）注重旅游产品外在表现与情感表现。女性体育旅游者普遍具有求美的心理和情感比较丰富及善于联想的特点，因而在参加体育旅游活动的时候比较重视

旅游产品的外在表现。比如，体育旅游地的风景是否有魅力、酒店的外观与设施是否美观干净、纪念品是否有特点等方面的外在表现。女性体育旅游者不仅需要满足感官，还很重视旅游产品是否具有感染力，她们更易于体会体育旅游过程所带给人精神上的享受。所以，体育旅游产品在设计与组合时，必须考虑到旅游产品给女性的吸引力与情感感受，要让女性体育旅游者在旅游过程中看到、感受到美，甚至能亲近美、创造美。

（2）注重对旅游产品之间的比较。女性体育旅游者在做购买决定的时候往往会使用很多的时间去进行比较，因为女性在观察事物方面相对仔细，选购旅游产品时通常会比较挑剔。女性一般会对不同体育旅游产品的质量、价格等多个方面进行仔细比较之后才会做出最终的选择。所以，保证体育产品有足够的竞争力是体育旅游企业在为旅游者提供产品的时候要注意的，与同类产品相比，同样的质量情况下，价格要具有竞争力；同样的价格，旅游产品一定要更能引起人的兴趣。总之，对于体育旅游者来说，尽管消费活动属于高层次消费，但是旅游者还是会被对于自己利益更大的体育产品所吸引。因此，体育旅游企业必须使自己的产品对顾客有吸引力并且能更加满足顾客的需求，才能赢得顾客。

（3）女性具有更高的从众心理。在选择体育旅游产品的时候，女性消费者考虑的方面比较多，因而决策的时间比较长，在此期间，她们会对各种外部信息，如体育旅游专家的相关言论、体育旅游企业的广告信息、朋友的建议以及其他人的旅游消费经验等进行分析，在综合考虑各方面因素的基础上，做出最终的决定。在消费体育旅游产品的时候，女性旅游者更倾向于和大家一样的选择，具有一定的从众心理。

（4）追求时尚的心理。现代女性消费者具有强烈的自我表现意识，因而在消费体育旅游产品时经常表现出追求时尚的心理特点。在接受旅游服务的过程中，女性消费者更注重服务的时代性与个性化等特点。因此，旅游服务人员想要旅游者的需要得到满足，对旅游服务感到满意，就需要不断学习，不断提高自己的服务水平，给旅游者提供旅游服务时要讲究服务的艺术。

2. 男性体育旅游者的心理特点及心理策略

（1）注重体育旅游服务给人的整体感受。男性体育旅游者一般在接受旅游服务的时候，更加注重在整个消费的过程中给人带来的整体感受，对于一些较为琐碎的小问题，一般会表现出比较大度的态度。因此，体育旅游服务人员要特别注意对整个服务过程的整体质量的控制。但是对于一些细节问题也要足够重视，不能因为旅游者的要求不高就降低服务的水平。

（2）消费比较有个性特点。每个人在做消费选择的时候，都会依据各种各样的条件去进行选择。对于男性体育旅游者来说，他们会针对某些方面去重点考虑，对于次要方面的要求会有一定的放松，因此男性较于女性更容易做出选择。而且男性体育旅游者在旅游过程中表现出的个性特点与独立性更多。因此，旅游服务人员在提供旅游服务时没有必要面面俱到，事无巨细，这样有可能反而会对旅游者的感受起反效果，一定要根据不同男性体育旅游者的需要去提供相对适当的服务，提高男性旅游者对优质服务的感知。

（二）体育旅游者的年龄与心理策略

年龄在一般意义上是鉴定一个人是否成熟的重要标志，但不能完全代表一个人的生活经历。旅游者对社会事物产生的体会和感受往往在不同的年龄阶段会有些差别，表现出的心理特点也是不同的。

1.儿童体育旅游者的心理特点及心理策略

儿童群体主要是指年龄小于15岁的未成年人组成的群体。儿童旅游者的心理特点主要包括：

（1）儿童旅游者年龄大小的不同，产生的不稳定性也有所不同。年龄较小的儿童体育旅游者对于生理需求较为重视，因此在旅游过程最重要的是满足其对生理需要的服务，其中包括合理的饮食、旅游景区中适合的游览项目等。年龄较大的儿童体育旅游者则开始倾向于个性化需求，不再单纯地考虑服务过程中的生理方面。儿童体育旅游者的心理往往会很容易受到周围环境以及其他人为因素的影响，并且表现出更多的不稳定性。因此，旅游服务人员需要根据儿童旅游者的年龄、经历、性格特点等差异提供不同的相对合适的服务，要注意观察儿童旅游者在环境或其他的外在条件发生改变时候的变化，适时地改变服务的内容与方式。

（2）儿童旅游者与成年人相比独立性相对来说不是很强。儿童旅游者的行为一般是在长辈的监控之下，受长辈的影响比较大。因此，在旅游服务过程中，儿童旅游者需要得到服务人员格外的关注与悉心照顾。

（3）儿童与外界的接触比较少，因此好奇心比较大。在旅游活动中，他们面对陌生的环境往往会表现出极大的好奇心，为满足自己的好奇心就会采取一些不同的行动。在这种情况下，他们可能考虑不到安全等方面的因素。因此，旅游服务人员需要在旅游活动开始的时候就要讲清楚各种行为的利害关系，并和儿童旅游者的家长一起来监督他们的行为，必要的时候还需要采取一定的强制措施。

2.青年体育旅游者的心理特点及心理策略

青年消费者指的是15~35岁的人群，划分标准并不是特别统一。青年旅游者是体育旅游活动的主力军，分析他们的心理特点对于体育旅游企业更好地开展体育旅游服务具有重要的意义。

（1）注重科学，追求时尚。青年人的心理特点是感觉敏锐，富于幻想，勇于创新。体现在旅游活动过程中，就在于青年体育旅游者对于旅游服务的科学性以及旅游产品的时代性相对重视。体育旅游活动属于一种潮流的消费活动，它对青年人具有很大的吸引力，但是，在这个日新月异的社会，旅游产品一定要不断地丰富其内容，才能跟上时代的步伐。并且，旅游服务提供者要注重服务中的科学含量，不断地对服务的内容、方式以及手段进行更新。

（2）追求个性与自我表现。青年人的自我意识一般比较强，喜欢追求个性与独立，希望形成完善的独特形象，所以，青年旅游者比较喜欢表现自己的特殊性。在旅游活动中，青年旅游者往往重视旅游活动是否适应自己的个性发展，他们会选择一些彰显个性的旅游产品，希望得到一些不同的个性化服务，更愿意亲身参与某些活动来表现自己。因此，旅游企业要研究青年旅游者的个性需要，不断推出具有代表性的产品。在旅游服务过程中，一定要根据旅游者各自的需要去不断地完善服务内容与方法，不能一味地循规蹈矩，一成不变。与此同时，应该给旅游者提供一定的表现机会，推出适合旅游者自助的服务项目，让旅游者可以通过旅游企业提供的设施来进行自我服务。

（3）一般青年消费者的消费欲望较强烈，因为他们的经济比较独立，负担比较小，容易造成冲动性购买的行为。而且，青年旅游者行为容易受到感情冲动的影响。所以，通过多种方法和渠道来刺激青年旅游者的消费欲望是旅游企业和旅游服务人员促进其消费行为的必要方法。

3. 中年体育旅游者的心理特点及心理策略

中年人一般是指 35 岁以上且还没有退休的消费者，女性在 55 岁以下，男性在 60 岁以下。中年体育旅游者主要有以下几个方面的心理特点：

（1）旅游消费行为比较理智。中年人的生活阅历广，生活经验比较丰富，情绪比较平稳，感情用事和冲动购买的行为几乎没有。中年体育旅游者在进行旅游产品的购买时，状态一般会比较冷静理智，会对旅游产品本身的价值进行客观分析。在消费旅游服务时，对于自己的想法比较注重，受外界条件的影响比较小。因此，旅游企业需要想方设法表现出旅游产品和旅游服务的价值，才能更好地吸引中年体育旅游者，并且要在尊重旅游者选择的基础上去提供旅游服务。

（2）旅游消费的计划性。中年人的经济收入虽然比较稳定，但由于这个年龄阶段所承受的家庭负担比较重，导致中年体育旅游者的生活比较紧张。因此，这个阶段的体育旅游者在做任何决定时都要考虑多方面的影响因素，表现在对旅游产品和服务的选择上，则具有很强的计划性。针对中年人的心理特点，旅游企业在提供服务的过程中，要讲究服务的艺术，促进旅游者的消费行为。

（3）对价格比较敏感。中年人在家庭中的特殊地位使他们对于价格比较在意，在消费过程中，中年人会习惯性寻求物美价廉的产品，分析是否物有所值。因此，旅游企业在面对中年消费者开展促销活动的时候，一定要对自己提供的服务产品的价值详细进行说明，并且强调产品的物有所值。在提供服务的过程中，旅游服务人员一定要踏踏实实，细致周到，切忌哗众取宠。

4. 老年旅游者的心理特点及心理策略

老年人一般指退休以后的人，包括 55 岁以上的女性和 60 岁以上的男性。我国老龄化人口呈现持续上升，老年体育旅游者主要的心理特点有如下几点：

（1）怀旧心理强烈。老年人一般对于新事物、新产品的接受程度比较差，因为他们在生活实践中积累了丰富的经验，并且对于自己过去的生活方式和习惯性的消费产品十分留恋。所以，旅游企业应该针对怀旧心理推出一些旅游产品，设计能体现出历史陈旧感的旅游线路，提供更多具有传统特色的服务项目等。服务人员在为老年体育旅游者提供服务的过程中，一定要细心真诚，保持足够的耐心。

（2）对旅游服务期望过大。老年体育旅游者因为自身身体的限制，在旅游过程中，更看重服务水平和服务质量，他们希望自己投入财力以后可以享受到舒适的旅游过程。所以，在服务过程中，旅游服务人员一定要针对老年体育旅游者的消费心理，以一流的服务为其提供完善的保障。

三、体育旅游服务的心理策略

（一）体育旅游过程中的游客心理与心理策略

体育旅游过程是旅游者消费旅游产品的过程，在此过程中，服务人员不但要满足旅游者的基本旅游需求，而且要通过创造良好的消费环境来协调双方之间的关系，使体育旅游者和服务提供方双方的利益最大化。

服务过程可以分为初始阶段、中间阶段和结束阶段。在每一阶段，旅游者都有独特的心理特点，通过对这些特点的分析，可以使旅游服务人员明确目标，采取更加有利的心理策略。

1. 初始阶段的体育旅游者心理与行为

在体育旅游过程中，一个好的开始是十分重要的。在体育旅游的初始阶段，体育旅游者对旅游企业形象概念的第一印象会对之后的体育旅游过程产生重要的影响。而初始阶段，旅游服务人员及时周到的服务会对整个旅游活动有着至关重要的影响。

（1）体育旅游者心理分析。体育旅游者在最初参加体育旅游活动时，面对陌生的环境，他们的心理活动往往表现为：

一是寻求安全感与舒适感是每一位理性体育旅游者最基本的心理。因此，旅游服务人员必须要对整个旅游过程胸有成竹，分析所有可能出现的情况，找到解决问题的最佳答案，并且通过不同的渠道为体育旅游者提供信息和解决困难。

二是对服务态度的期待。旅游活动意味着体育旅游者要离开自己熟悉的环境，面对陌生的环境，体育旅游者可能会产生一种迷茫、手足无措的感觉，因此，他们对旅游服务提供者的期望会很大。据调查显示，70%的体育旅游者希望到达某一目的地时，能遇到一位通情达理、体贴入微、和蔼可亲的服务员。体育旅游者对服务效果的评价受服务态度好坏的影响，因此旅游服务人员一定要抓住顾客的心理，提供热情、周到、及时的服务。

三是对服务效果的期待。在参加旅游活动之前，体育旅游者对旅游服务者和旅游企业有着自己的想象与判断，期望可以通过享用旅游企业提供的服务达到自己的旅游目的。这种期待是体育旅游者基于以往经验或其他有此经历人的经验的一种直觉判断。体育旅游者一般会根据自己接触到的服务态度、服务效率、企业设施环境等来进行比较，如果实际接收到的服务高于或相当于期待的服务效果，体育旅游者就会感到满意，反之，体育旅游者会感到失望。

（2）心理策略。心理学认为，人的心理是客观现实的反映。体育旅游者参与不同环境下的旅游活动，心理需求也会具有差异性。旅游企业应该不断地关注体育旅游者的需求，要用适当的手段满足体育旅游者的需求。一般情况下可以从以下几个方面考虑：

一是美好的环境。旅游活动的开展必须依赖于一定的环境条件，而体育旅游者最先接触到的环境往往影响他对旅游企业的第一印象，虽然接触的时间可能是短暂的，但作为记忆表象却可以长久保存。因此，旅游企业的环境非常重要，企业环境不仅要使体育旅游者身在其中感到舒适、惬意，还要反映出企业的文化特色，给顾客一种别具一格、焕然一新的独特感受。

二是良好的仪容、仪表。旅游服务人员是旅游企业与体育旅游者进行交流的桥梁，在很大程度上代表着企业的形象和态度。因此，服务人员要注重自己仪表、仪容。服饰要整洁大方，态度要亲切自然，服务要殷勤得体，这不仅影响体育旅游者对服务人员个人的判断，而且影响体育旅游者对整个旅游企业的判断。

三是礼貌用语。语言是情感交流、信息沟通的媒介，是人际交往的一种重要的工具。礼貌语言可以让体育旅游者产生被尊重和被关心的感受。在陌生的环境中，服务员的一言一行都会对体育旅游者的心理造成很大影响。

四是优质的服务。体育旅游者都希望得到优质的服务，但什么样的服务才称得上是优质的服务呢？可以从以下几点来分析：其一，实用性、享受性。"实用性"

是指在体育旅游过程中，体育旅游的服务工作要为体育旅游者解决旅游、生活等各方面的实际问题如吃、住、行、游、购、娱等。服务工作要设身处地地为体育旅游者着想，不能只做表面文章，摆花架子。"享受性"是指不仅要为体育旅游者解决实际问题，而且要通过旅游企业所提供的各种有形和无形的服务，使体育旅游者感到身心愉快。其二，高效率。在现代社会，越来越多的人意识到时间的宝贵。体育旅游者大多是利用有限的时间参加旅游活动，因此他们在享受旅游乐趣的同时希望减少不必要的时间浪费，这就需要旅游企业提供方便、快捷的服务。其三，标准化、个性化。从心理学的角度讲，标准化的服务可以体现旅游企业的一视同仁，使体育旅游者感到公平合理。但这种服务往往被体育旅游者视为理所当然的事情，不提供会不满意，提供了也不会感到特别满意，只有那些出乎体育旅游者意料，但又是体育旅游者所需的特殊服务才会使体育旅游者感到"超级满意"。因此，旅游企业一定要在提高质量的基本服务的基础上，针对体育旅游者的不同需求提供个性化服务。

2. 中间阶段的体育旅游者心理与行为

中间阶段也是游览活动阶段，这是在旅游服务工作中的重点阶段。在这一阶段中，服务企业和服务人员将会和体育旅游者有更深层次的接触，双方都要经历一个由陌生到熟悉的过程。各种矛盾与冲突的发生与解决、心理差异的协调、优质服务的提供与接受、体育旅游者对旅游企业和服务人员最终印象的确定等都发生在此阶段。因此，这一阶段的服务是多种多样的，这就需要旅游企业和服务人员根据各种现实情况来最大限度地满足体育旅游者的需求。

（1）体育旅游者心理分析。游览活动阶段是旅游活动的主要阶段，体育旅游者对这一阶段所抱的期望是最多的，他们希望可以通过各种方式方法来完成自己旅游的重要愿望。这一阶段体育旅游者的心理主要包括以下几个方面：第一，实现自己的旅游愿望。体育旅游者参加旅游活动的原因不同导致不同的心理，如自我放松、逃避现实、探索未知世界、锻炼身体、寻求自尊、学习充电、社交交流等。不管出于何种目的，体育旅游者都是希望自己的愿望在旅游过程中可以得以实现。第二，追求新奇。参加旅游活动意味着可以暂时离开原来熟悉的环境、事物。不同的环境、不同的人、不同的事物可以让体育旅游者有不同寻常的新体验，这种新鲜感正是体育旅游者所追求的。第三，舒适的服务。现代意义的旅游不仅是脱离原来的生活圈子到异地的一种活动，更是一种高层次的精神享受。因此，体育旅游者希望整个旅游活动在一种舒适的气氛里进行，让自己的心灵得到舒缓，精神得到放松。第四，社交和友谊。一般来说，人们都希望可以与别人共同分享自己的一些心情。所以，有些参加旅游活动的体育旅游者想要在旅游过程中有朋友可以和自己共同分享乐趣，通过一个完整的旅游过程来实现有人与自己进行沟通的愿望。

（2）心理策略。第一，微笑服务。微笑是一个人心灵美的外化，它可以给人一种亲切友好的感觉。微笑是情感沟通的"桥梁"，是人与人之间相互交流的有益工具。旅游的服务过程也是服务人员与旅游者之间互相交流的过程，服务人员面带微笑进行服务，可以使体育旅游者紧张、陌生等不适的感受得到很大的缓解，使主客之间的交流顺畅和谐，从而可以让整个旅游过程的氛围保持温馨友好。第二，尊重客人。首先，要礼貌地对待每一位体育旅游者，包括尊重体育旅游者的风俗习惯和宗教信仰；尊重体育旅游者的隐私权；为体育旅游者提供温馨周到的服务；耐心认真地倾听体育旅游者的所有不满情绪。其次，重视体育旅游者的自尊心，自尊心是人们的价值观在遭受到威胁时所产生的一种自卫心理。服务人员要在一定处境下通过换位思考仔细地体味体育旅游者的心理感受，充分理解体育旅游者的心理、行为，给足体育旅游者面子。最后，要时刻牢记"客人总是对的"这一口号，因为它深刻体现了服务人员对体育旅游者的尊重。这一口号要求服务人员要把"对"让给体育旅游者，包容体育旅游者的过错，主动承担责任。当然，服务人员也必须明白，把"对"让给体育旅游者也是有条件的，当他是"客人"时，他"总是对的"，但当他的言行超越一个"客人"的界限时，他就已经不是一个"客人"了，要具体问题具体分析。第三，针对性服务。提供满足体育旅游者需要的服务是所有旅游企业以及每个服务人员的追求。然而，体育旅游者之间的差异性往往使所提供的标准化服务未必尽如人意。因此，服务人员要采取灵活多变的方法，根据体育旅游者的层次，在一般服务标准之上设计一些附加服务项目。有针对性的服务一般可以使体育旅游者的个性化需求得到满足，会让体育旅游者对旅游企业或服务人员感到满意，为企业创造忠诚的顾客打下基础。第四，正确处理体育旅游者投诉。当体育旅游者认为自己的权益受到侵害，或者觉得自己的付出得不偿失时往往会产生不满。投诉是体育旅游者维护自身权益、发泄不满的一种方式，它对于旅游企业和服务人员来说具有重要的意义，从一定意义上说，投诉是企业和个人提高服务质量的动力，必须引起足够的重视。

处理体育旅游者投诉时一定要耐心、谨慎。首先，要认真耐心地倾听体育旅游者的投诉，让体育旅游者把不满发泄出来，并且真诚地向客人道歉。其次，仔细调查和反省投诉的原因，对企业自身或服务人员的过失要采取一定的惩罚措施。如果是体育旅游者自己方面的原因，要善于找到恰当的言辞来给予解释，使体育旅游者在自尊心不受到伤害的情况下意识到自己的过错。最后，进行总结，企业或个人要从投诉中吸取教训，提高服务质量。

3. 结束阶段的体育旅游者心理与行为

结束阶段指的是体育旅游者即将离开，主客交流即将结尾的这一段时间。在这一阶段，体育旅游者的心理压力会再次上升，而旅游企业和服务人员将面临最终的服务机会，此时弥补漏洞，塑造完美的形象将会对体育旅游者的后续行为产生十分重要的影响。一是体育旅游者心理分析。第一，紧张、不安的心理。体育旅游者在旅游活动结束的时候，可能因为想念熟悉的环境、熟悉的人以及熟悉的事物，急切地希望回到原来的状态等一系列因素而产生紧张不安的情绪，这时候旅游者会更需要得到他人的帮助和关心。第二，选择性记忆。体育旅游者在整个旅游活动中，接触到不同的人和不同的环境，会产生不同的感受，不同的体育旅游者对于相同的事情可能也会有不同的反映，有的人会记住那些美好的事物，有的人可能会对一些矛盾耿耿于怀。美好的记忆会使体育旅游者产生留恋的感觉，并可能会促成以后的再次光顾。第三，消费的衡量。体育旅游者在结束游览活动的时候，往往会对自己在这阶段所接收到的服务进行整体的考虑，会将自己付出的与接收到的价值进行一个比较与衡量，用自己以前有过的经验或别人分享的经验与自己本次接受到的服务去进行比较。每一位体育旅游者都希望自己得到最佳的服务价值。二是心理策略。第一，完美的结束语。最后的结束语可以消除或弱化体育旅游者的紧张不安，是非常重要的，它需要体现出服务人员对体育旅游者的真挚祝福以及对即将结束旅程的体育旅游者的留恋，还要强化体育旅游者的美好感觉。第二，灵活的送行方式。为了进一步加强旅游者的美好印象，送别方式可以采取灵活的方式：对于年长、不方便以及行李较多的体育旅游者可以主动进行帮助，对体育旅游者特殊的合理要求要尽可能地予以满足。第三，认真的善后措施。体育旅游者在离开旅游团之际，往往会有一些遗留问题。服务人员应尽职尽责、严谨认真地根据体育旅游者的要求以及企业的工作原则处理好这些问题，力求给体育旅游者留下一个完美的印象。善后工作做好了，对于扩大企业积极影响具有重大的意义。

第三节　体育旅游应用心理策略

一、体育旅游资源开发心理

（一）体育旅游资源的心理效应

体育旅游资源是指能够在自然界或人类社会对旅游者造成吸引，开展体育旅游活动的资源。体育旅游资源可以为体育旅游产业所利用，并能促进体育旅游的发展。综合各种因素和生态效益条件，体育旅游资源可以对人们产生一定的心理影响。

心理效应是在社会生活中比较常见的心理现象与规律，是指某人或某事物的行为或作用引起了其他人物或事物产生相应变化的因果反应或连锁反应。作为旅游活动的基础和对象，旅游资源可以对旅游者产生一定的心理效应，以此使旅游者的心理需求得到满足。

1. 吸引注意力的感官效应

体育旅游资源相较于一般资源最大的不同就在于它的美学特征，具有观赏性和审美价值，能够吸引人们的注意力，使人们获得感官的愉悦。虽然体育旅游的动机多种多样，各不相同，旅游内容也丰富多彩，但是体育旅游相较于其他旅游项目来说，除了环境的赏心悦目，其他方面的需求也不容忽视。比如，体育旅游资源的健身功能越强，对旅游者的吸引力就越大，如滑雪、溜冰、游泳、划船等都是较为常见的体育旅游资源。

体育旅游资源的美学效果也是衡量旅游资源开发利用程度及效果的主要标准之一。从某种意义上说，体育旅游资源的发展能充分体现体育资源所蕴含的美，使体育旅游者能够在这一过程中通过感官意识、身体享受去发现体育旅游之美，从而产生身心的愉悦感。

2. 满足求知欲的文化效应

体育旅游活动很多时候是和文化紧密相连、交相辉映的。没有文化的旅游，是乏味的、缺乏深度的。在体育旅游中如果能够体验文化，感悟文化，增长知识和阅历，体育旅游活动就会充实而精彩。体育旅游既可以提升学识又能使人的身心健康得到发展，也有益于提高人民的生活质量，可以满足人们的物质和精神要求。多元化开放的体育旅游，可以暂时使人们远离单调、污染和嘈杂的生活环境，为灵魂找到一块开阔的空间。特色是旅游之魂，文化是特色之基。只有借助丰厚的地域和民族文化资源，通过对各个方面资源的挖掘和各种文化的挖掘，将相关文化资源、文化素材、相关知识组合成一个个独具特色的体育旅游产品，才能真正形成一个旅游目的地的特色，使旅游资源在吸引体育旅游者的同时满足体育旅游者的求知探索心理。

3. 愉悦身心的情感效应

在现代社会，长期紧张的劳动和工作，势必造成人们体力和精力的疲惫，到大自然中去旅游可以使人们暂时摆脱固定的工作和生活环境，寻求一个新环境，改变一下生活内容，健身、娱乐、休闲、领略异地风情，从而使紧张的精神得到松弛，使精力和体力得到恢复。实体性的自然景观和人文景观旅游资源，可以使人们的情感得到宣泄或产生移情作用，正所谓"登山则情满于山，观海则意溢于海"，可以建立一种体育旅游资源与旅游者之间认知和情感关系。所以，体育旅游资源在人们变换生活节奏、寻觅悠闲、彻底放松、调节精力和体力的过程中发挥着重要的作用，使人们产生愉悦身心的情感效应。

（二）开发体育旅游资源的心理策略

体育旅游资源的开发在如火如荼的竞争中，必须要转变固有的传统思维模式，追求新的思维模式，并且要从全新的角度开发出吸引更多旅游者并且满足其需求的体育旅游产品。这就需要体育旅游资源的开发人员根据体育旅游者对体育旅游的积极性与需求以及在旅游中的体育旅游心理学、旅游线路设计进行体育资源开发。为刺激欲望，体育旅游产品的开发要寻求高质量和多样性，寻求体育旅游的主题创意，让游客可以选择不同的团体运动。体育旅游者的需求为产品开发设施建设和体育旅游资源提供了方向。研究体育旅游者的旅游心理学，在设计和创新中利用体育旅游资源，适当结合体育旅游的原则，使企业产品、体育旅游业在市场竞争中处于优势地位。体育旅游资源开发的最终目的是通过对旅游项目进行开发与设计，吸引旅游者来到本地参与旅游活动，从中获取经济、社会、生态环境效益。但体育旅游项目和活动的设计并不是一项简单的工作，它要求既要把握目标市场的需求，又要在对旅游资源的心理效应有充分认知的基础上，采用对体育旅游资源开发适合的心理策略，找准旅游项目表达与展现的方法，从而使体育旅游者的需要获得满足，给体育旅游者最完美的体育旅游体验。因此，站在心理学角度来重新审视体育旅游资源的开发，是十分重要的。

1. 充分发挥文化在体育旅游资源开发中的作用，提升精神享受

体育旅游者的文化水平对旅游意向有很大限制，但是体育旅游者的这一心理需求也是体育旅游企业在开发旅游资源过程中最重要的文化基础。与文化在人类社会发展过程中一样，强烈的民族性与发展性也是旅游文化在旅游行业发展过程中存在的，由此一种全新的文化形态产生了。旅游文化包括旅游心理学、旅游美学、旅游管理等诸多旅游研究理论。在体育旅游业的发展过程中，旅游文化可以使体育旅游的品位得到提升，在餐饮、住宿、出行、旅游、购物以及娱乐构成的六种旅游因素中，将文化内涵的特色充分呈现出来，使体育旅游者在参与旅游活动时受到各种体育旅游环境各自文化氛围的影响。这也表明体育旅游的重要性和发展水平，体育旅游组织者对旅游文化的掌握才是体育旅游活动成败的关键。

体育旅游者旅行的目的大多是追求精神放松、锻炼身体。体育旅游资源的开发者不仅要对体育旅游资源本身的特点与功能了如指掌，还要要求体育旅游者对

文化特征的不同追求进行关注与了解，尽可能地使体育旅游者的精神世界对不同类别文化旅游的需求得到一定的满足。民族历史文化资源不但是人类文化的宝贵遗产，还是旅游资源的重要组成部分。民族历史文化资源的来源对于体育旅游产业的发展有着重要的意义，让文化资源在体育旅游中充分发挥作用，也影响着体育旅游质量的提升。在开发体育旅游资源过程中，可以将体育旅游资源与体育旅游开发地的文化进行有机的结合，这样既可以使当地居民对此认可，还可以吸引更多的体育旅游者。例如，传统体育在旅游资源开发中的应用和发展，不仅能给体育旅游区的居民带来经济效益，还能满足前往旅游区游客的利益，使其具有传统特色。

2. 通过改变体育旅游者的态度影响其旅游行为，激发旅游者的旅游动机

体育旅游者对体育旅游的态度影响着他们的动机与行为，态度的变化一般包括两个方面：方向的变化和强度的变化。例如，对于某一体育旅游产品或旅游服务，体育旅游者的态度由原本的消极转变为积极，这就属于态度方向的改变。然而，对于某一体育旅游产品或旅游服务，旅游者的态度由犹豫不定转变为坚定不变，这就属于态度的强度变化。在体育旅游中，要想转变体育旅游者对某些体育旅游产品的固有态度，最便捷的方式就是改善体育旅游产品本身，从而保证体育旅游者在某种程度上发现这种变化。体育旅游组织者必须考虑这方面的资源流动，并考虑体育旅游产品与旅游服务，这对旅游消费者十分重要。

在规划和开发体育旅游资源时，应该在适合体育旅游者的心理需求的基础上，充分发挥体育旅游区域的布局、体育旅游产品的创造和体育旅游服务的提供。应力求新颖，充分挖掘资源特色，开发出独特的旅游产品，做到人无我有、人有我优、人优我特，保持项目的独特性。由于当今社会旅游市场竞争激烈，旅游产品的特点是具有市场魔力的武器。开发体育旅游产品应当突出产品特点，对产品进行宣传来增加产品知名度，从而吸引体育旅游者，激发体育旅游者的旅游积极性。在这个前提下，为体育旅游者提供符合各自需求的体育旅游产品，从而引导体育旅游者对体育旅游的积极参与以及对体育旅游产品的自发推广。例如，体育旅游资源的开发，名称别具一格的体育旅游地对旅游者的吸引力远远大于名称普通的旅游地。通过改变人们对体育旅游产品和旅游服务的认知，能够使人们对体育旅游产品的态度受到影响，从而使人们的行为也有所改变。在对体育旅游资源进行开发时，应该对综合类的体育旅游资源进行充分考虑。开发单一资源会使体育旅游者受到限制，可以将不同类型的体育旅游资源结合可以形成互补优势，增强对游客的吸引力。例如，西湖风景区虽然以湖泊为主，但还包括周围的丘陵、林地、古建筑、古桥等一系列的资源类型。在体育旅游产品的设计中，这些类型的资源

可以有更多的选择和设计可能性，既可以做水上运动，也可以做越野项目，这样就可以使不同的体育旅游爱好者的需求都得到满足了，也使体育旅游资源开发的目标得以实现。

3. 根据体育旅游者的心理需求设计体育旅游产品

体育旅游者的旅游需求各式各样，各有不同，想在体育旅游资源开发中让不同类型体育旅游者的旅游需求得到满足，体育旅游产品的提供就必须是多样的。风景优美的自然景观能给人以的感官刺激，并具有强烈的审美冲击力，能愉悦体育旅游者的身心，可以利用资源的美来刺激旅游者的感观美。但纯粹的观光产品缺乏深刻的文化内涵，久而久之的走马观花也会使人产生审美疲劳。如果结合人文景观，则可以突出体育旅游资源的文化品位，让体育旅游者在轻松愉快的旅游活动中领略我国历史文化的博大精深，满足旅游者增长知识、丰富阅历、感悟文化的心理需求。例如，黄河漂流体育探险旅游地多以上游的河源段（青海省境内）为目的地，以未开发的自然风光带为基础，体育旅游者从中不仅可以学习历史，了解民俗，而且能够增强胆略、提升审美能力。我们可以把旅游产品与体育旅游资源相结合进行设计与开发，还可以把二者再与体育旅游路线相结合进行销售，为体育旅行者提供最具个性化的体育旅游产品。体育旅游者对体育旅游设施的建设和安排在一定程度上也有所重视。在体育旅游资源开发中，为体育旅游者提供合理舒适的服务，对体育旅游设施进行具体安排与建设。

4. 开发趣味性与多样性相结合的产品，满足不同体育旅游者的兴趣

现代人参加体育旅游活动，普遍都有缓解日常工作生活中的紧张感、疲劳感、枯燥感的心理需求，希望通过愉快轻松的旅游活动调节心情、愉悦身心，以达到"乐以忘忧"的良好心理状态，从而使人们以更充沛的精力投入新的工作和生活。因此，体育旅游资源的开发和旅游项目的设计应做到趣味性与多样性相结合，满足旅游者的兴趣和需要。体育旅游活动趣味性也是应当具有的最基本的特征之一，是设计与开展旅游活动的一项基本原则，只有具有趣味性的旅游活动，才能够吸引更多的旅游者。

我国地域辽阔，历史悠久，民族众多，具有开展多种情趣旅游活动的优越条件。我国各族人民的游艺竞技、生产民俗等都可以开发成具有趣味性的旅游活动，供中外旅游者参观游览、进行社会考察或体验当地文化。例如，我国的传统节日有元宵节、端午节、重阳节等。在节日期间，人们通过舞龙狮、赛社火、赛龙舟等活动表现出我国人民特有的传统风俗文化。在开发这些资源时，要对当地的历史、民俗、民族文化内涵等进行深刻发掘，并且要追求自然真实，保留并表现充分的乡土气息，结合真实、艺术、科学加以参与，一定不能为了表演而表演，给

人矫揉造作的感受，尽量淡化商业的痕迹。只有这样，才能真正成为吸引广大旅游者、充满地域特色和趣味性的体育旅游活动。

多样性也是设计和开展体育旅游活动应遵循的基本原则。体育旅游者性格、气质及审美能力、水平的差异，使不同体育旅游者的旅游兴趣和需求是不同的、多方面的，但每一个旅游者都是以某种需要为主而同时兼有其他的旅游需要。单一的体育旅游活动内容会降低体育旅游者的兴趣和情绪，只有注意开发多种多样的旅游活动，使之具有丰富多彩的内容，才能够吸引更多的体育旅游者，使体育旅游者的多种需要得到满足，使体育旅游者的兴趣和情绪得到调动，提高体育旅游对体育旅行者的心理影响。我国具有丰富的体育旅游资源，为旅游项目多样性的设计提供了保障。

体育旅游活动项目的设计往往要根据体育旅游资源的具体情况来决定。地质地貌类体育旅游资源具有体育运动的功能。例如，水体体育旅游资源就具有体育运动、保健疗养的功能。体育旅游企业针对体育旅游资源的不同特点、不同功能和旅游者的不同心理需求特征，对体育旅游资源的内涵和特色进行深入了解发掘，然后根据这些因素设计相应的旅游主题，并据此设计出多样化的旅游活动项目，使旅游者通过参加各种类型的旅游活动，增进对大自然的感性认识，获得自然美的享受，如登山、探险、攀岩、野营、漂流、游泳、学习、实习、考察、夏（冬）令营等。

5. 研究旅游者的多种体验心理，灵活设计多样性的体育旅游产品

体育旅游者通过参观名胜古迹、游览自然风光等活动，愉悦身心、增长知识、获得心理上的满足。因此，为了丰富旅游活动的内容，扩大旅游活动的范围，应该利用体育旅游资源的观赏性积极开发新的参观游览点。同时，设计恰当的景观观赏点，并引导旅游者采用正确的旅游景观观赏方法欣赏各种体育旅游资源，获得感官上的审美享受。常用的旅游景观观赏方法有以下几点：

（1）时间变化法。特定的旅游景观资源，有其最佳的欣赏季节。

（2）动静结合法。指在观赏旅游景观时，动态观赏与静态观赏适当结合。体现为游客在旅游过程中边动态行走边静态观赏，感受主体美的同时可以在最适当的观赏地点得到最好的欣赏效果。

（3）距角转换法。在旅游过程中，用逆向转变的方法欣赏体育旅游资源。欣赏体育旅游资源有着最适当的审美距离和角度，在适当的位置与角度可以得到最完美的审美体验。审美距离包括审美主体与审美对象之间的空间、视觉以及心理距离。

（4）联觉想象法。把感知和理解连接起来，充分体现体育旅游者对体育旅游

资源审美活动中的想象作用，从而了解体育旅游资源更深层次的审美内容。

（5）心物交融法。观赏者在旅游审美中通过想象把人与景物相融合，达到情景交融、天人合一的境界。从本质上讲，旅游消费的目的是追求一种经历和体验，因此在体育旅游资源开发时，既要开发静态的、适合观赏的景点，又要大力设计与开展多种参与性活动，使观赏性与参与性有机结合，为旅游者塑造独特的旅游体验，增强旅游经历和体验的效果。

我国丰富的体育旅游资源与传统文化为设计观赏性与参与性相结合的旅游项目提供了丰富的素材。自然资源、民俗风情、节庆活动、文学艺术、文化科技、体育商贸等都可以设计成丰富多彩的、具有较强的观赏性与参与性、浓郁的地方特色和文化特色、有吸引力的旅游项目。

在自然资源的开发方面，应积极挖掘当地的资源特色，推出具有地方特色的旅游活动，增强旅游产品的参与功能，以吸引旅游者尽可能长时间地停留。例如，利用田野风光，营造绿色、生态的活动氛围；推出颇具特色的招牌菜肴和保健药膳等农家菜肴，推荐食用山野菜、食用菌、大型森林真菌等绿色食品；推出"唱灯""庙会"等地方游玩娱乐项目，设计旅游者参与的挖竹笋、竹编、竹雕、采摘瓜果、加工食品等农家乐活动；开发与销售具有创新性、纪念性、实用性等加工生产携带方便的旅游食品、工艺品等旅游商品。也可以适应旅游者的心理，推出各种消遣类活动项目。消遣类旅游项目是指能愉悦旅游者身心、消除疲劳的旅游娱乐性质的活动项目，如开设各类球类运动场地，设置溜冰、射击、电子游戏、音乐厅、科幻电子游戏厅、室内活动棚、图书室等文化娱乐场所，以供人们运动休闲、看电视电影、唱歌跳舞、上网、读书看报等；还可以设计各种刺激性的游乐项目，如过山车、碰碰车、海盗船、水滑梯、摩托快艇、蹦极等休闲运动，满足人们求新奇、求挑战、求刺激的心理。但在设计此类项目时应注重对挑战性"度"的把握。项目挑战性太低，则会缺乏吸引力，使旅游者觉得厌倦、乏味；项目挑战性太高，又易使旅游者因无法克服心理障碍而产生挫败感，影响旅游者的体验质量。因此，项目的设计应适度，并可采用难度系数分级的设计方法，使旅游者既能选择适合自己的难度系数，又可产生因难度系数不断升级、成就感也层次递增的效果，使旅游者达到最佳心理体验。

在开发人文体育旅游资源时，要善于组织和设计活动过程，提高活动的可参与程度及体验性。我们以民俗风情体育旅游资源为例进行说明。民俗风情体育旅游资源是指那些能够吸引旅游者、具有一定的旅游功能和旅游价值的民间物质制度和精神习俗。它是人文景观体育旅游资源的重要组成部分，对游客具有很强的吸引力。随着社会的发展和地域流动性的增加，人们越来越希望通过旅游走进不同地区，实地体验另一种生活方式，感受另一种风情。我国地域辽阔，民族众多，少数民族的居住风格、生活方式、生活习惯、社会风尚、岁时节会、服饰饮食、待客礼仪、文娱体育等都可以成为旅游活动设计的要素。在开发此类资源时，应在可闻、可观、可触、可感的同时，注重活动的参与性和体验性，使旅游者能够参与进去，亲身感受和体验活动气氛，留下深刻印象。例如，在西双版纳每年泼水节到来之际，国内外旅游者蜂拥而至，其主要的目的是参与盛大的泼水活动。在这个节日里，所有的人都可以提桶端盆，见水就舀，见人就泼，尽兴欢娱，充分感受体验的乐趣。此外，也可以将民间歌舞进行排演或舞台化，既能充分展示少数民族人民的生活与风情，又可以吸引旅游者参与，现场感受少数民族人民热情奔放的欢乐气氛。

6. 利用人类情感信息的交融，加强多方面的产品宣传

心理学认为，消费者对产品的选择受情感因素的影响往往高于理智所做出的反应。根据这个理论，旅游地应注重用情感传递和情感分享的方式进行宣传营销，不断提高旅游服务质量，以情感交流为纽带，用声情并茂的旅游宣传将旅游地和潜在旅游者的需求紧密联系在一起，塑造旅游地的美好形象与声誉。

首先，应注重营销宣传，塑造旅游地的独特形象。可采用"政府主导、社会参与"的策略，整合各部门、各景区的力量，强化在国内、国际旅游市场上的营销宣传工作。采用大型的综合文艺活动暨旅游整体形象宣传会，定期或不定期举行旅游博览会、展览会，选择有知名度和影响力的形象代言人，利用公共媒体做广告等方式进行旅游宣传推广，从而提高旅游地的整体形象和社会知名度。在此基础上，根据体育旅游资源特点，设计旅游专题营销活动，适时推出各种专项旅游活动和特色旅游项目，加强营销的针对性和社会宣传，营造社会性的旅游氛围。

例如，采用向社会征集旅游形象口号活动，联合举办征文活动，相关网站刊登旅游者游后感文章、视频光盘等旅游宣传资料，加大对各项专题旅游的宣传报道等各种形式，加强对旅游景点的营销宣传。在营销工作中，要深刻分析旅游者的物质和精神需求，根据时间、季节、地域、城乡、民族的差异，向旅游者提供合适的、感兴趣的信息，把情感传递融入营销宣传之中，根据旅游营销的不同环节和不同场合，设计不相同的情感传递方式，向旅游者传递友好热情的情感信息，从而给旅游者留下难忘的、积极的情感印象，激发其旅游动机，树立旅游地的良好形象，最终实现旅游营销宣传的目的。

其次，注重服务质量的提升，塑造旅游地的形象和声誉。未来学家托夫勒曾经说过，人们在生活富裕以后，将更加看重产品和服务的心理成分。可见，我们正在进入一个逐渐由理性消费步入感性消费的时代，消费者已经不再是为了解决

一般的生理需求而去进行消费购买了，而是会因为某种产品给人的整体感受与印象足够好而去购买。同样，旅游者在选择旅游景点时也是如此。随着我国经济水平的提高和大众化旅游时代的到来，旅游者购买旅游产品，更加注重旅游经历的体验性和愉悦感，旅游景区的可进入性、服务设施状况、服务质量、管理水平等都是影响旅游者旅游质量和购买行为的重要因素。在基础设施建设方面，旅游地应重视交通网络建设，提高景区的可进入性。一个景区想要吸引更多旅游者，不仅需要资源本身的优势和营销宣传，还需要便捷的交通，交通不方便就会影响和制约旅游业的发展。同样，旅游基础设施、接待服务设施、旅游景区内旅游路线的设计等也会影响旅游质量。此外，在景区管理和服务质量方面，旅游地也应该重视，履行"诚信优质服务"的承诺，加强景区管理并提高旅游服务人员的职业道德素质、业务技能素质，以优质的服务提高旅游者的满意度，塑造旅游地的良好形象和声誉。

二、生态体育旅游心理

（一）生态体育旅游概述

1. 生态体育旅游的内涵——基于体育旅游可持续发展视角

"生态"是生态体育旅游中最核心的内容，它直接决定着生态体育旅游的可持续发展。从理论上讲，"生态"在生态体育旅游系统中是每一项具体工作都应遵守的基本原则，也是生态体育旅游的基础。如果生态体育旅游违背了这个"生态"原则，它就不能算是真正意义上的生态体育旅游．

（1）生态体育旅游要"自然"。"自然"一词在《现代汉语词典（第6版）》的四种解释中有两种这样的解释，一个是（名）自然界；另一个是（形）自然发展。第一种解释与生态体育旅游相结合，就可以解释为在生态体育旅游中，体育原本的乐趣和价值才是更加需要重视的。例如，当旅游者到内蒙古观看民俗活动那达慕大会时，旅游者在看到独特的体育活动与蒙古族的传统体育的同时，能感受到体育被祖先创造的重要性。对于自然发展这一解释，是指没有被人工干预和改造过的。与生态体育旅游进行结合，就可以解释为旅游项目最初的面貌是体育旅游中应该注重的。例如，旅游者去到泰山旅游，而泰山的美景是几乎没有被人为干预和改造过的自然景观。

（2）生态体育旅游应该是"环保型"，即对生态体育旅游的"环境保护"，主要包含旅游环境保护、行为环境保护、项目环保。比如，参加湘江国际帆船赛，生态体育旅游会尽最大可能去选择一些低排量或零排量的出行工具进行出行，并且在旅游观赛过程中，同时保证完成重视观赛与保护环境的双重任务，遵守赛事规范；在选择旅游产品时，生态体育旅游者也会最大限度地实现生态旅游的目标，一般会选择一些环境保护型的体育旅游项目。

（3）生态体育旅游要和谐。对于生态体育旅游而言，"和谐"主要是指旅游者与旅游目的地二者之间是否和谐。旅游者会因为年龄大小不同、文化程度不同、兴趣爱好不同等因素，导致较大差异的产生。因此，在旅游过程当中，旅游者的出行动机、旅游喜好与旅游需求等个人因素都是具有差异的，这就会产生体育旅游者与旅游目的地之间的不和谐，甚至是冲突的状况。生态体育旅游是相当重视和谐发展的，不仅是人与自然之间是否和谐，还包括更重要的人与人之间、人与社会环境之间能否和谐发展。

2. 生态体育旅游的意义和价值

生态体育旅游是指体育旅游的生态化。对于旅游者来说，生态体育旅游可以让旅游者的旅游需求得到更加科学合理的满足；对于旅游地来说，生态体育旅游可以使当地的旅游质量得到进一步的提高。对于旅游者和旅游目的地来说，生态体育旅游大大地提高了体育旅游的价值，也更好地体现了体育旅游的意义。以下是从传统体育的继承与发展、体育运动的价值、培养体育精神三个方面进一步地分析。

（1）生态体育旅游有益于继承与发展传统体育。有很多的传统体育项目不仅强调"身心合一"，也十分重视对自然的力量，这些传统体育项目也是生态体育旅游中十分重要的一项内容。内蒙古地区常常举行的赛马、射箭等传统运动以及哈萨克族经常进行的叼羊、姑娘追等传统民俗运动，都是生态体育旅游当中不可缺少的经典项目，多种传统的民俗运动不仅能够让传统体育再次焕发光彩，还会进一步促进生态体育旅游的继承与发展。

（2）生态体育旅游可以进一步彰显体育的价值。体育是具有健身价值的，但因为生活、学习、工作使大多数的人都倍感压力，导致体育旅游者失去大量的运动时间。而生态体育旅游刚好可以重新让体育旅游者体验运动带给人身体与心理的各种益处。例如，旅游者可以观看或参加一些自行车或是徒步之类的户外运动比赛以及一些漂流、攀岩等运动，体育与旅游的有机结合，不仅使旅游者的体质增强，还让旅游者的心理获得满足与充实的美好感受。

（3）生态体育旅游可以进一步培育旅游者的体育精神。体育精神也是体育道德，团结友爱、勤奋努力以及自豪感与荣誉感等状态都属于体育精神。在生态体育旅游中，"生态""体育"与"旅游"三者之间融合得十分完美。在旅游过程中，旅游者不管是通过"生态""体育"与"旅游"三者当中的哪个层面，都能够在思想上得到启发与提升，从而使人们的三观也有一定的改变。例如，旅游者可以通过参加一些攀岩、马拉松等运动，在欣赏旅游目的地优美风景的同时，磨炼意志，这对旅游者将来的学习、工作以及生活都有积极影响。

3. 生态体育旅游在新时期发展的要点

（1）切忌"空喊口号"。人们在谈论生态体育旅游时，不能只局限在生态体育旅游的概念、特点与作用这些理论层面，生态体育旅游的实践、发展与创新才是需要侧重考虑的问题。例如，在实践过程中，生态体育旅游的相关政策制定是政府应当考虑的；生态体育旅游的促进发展是社会媒体应当探讨的；而生态体育旅游合适项目的设计和开发则是旅游企业应当重视与考虑的，并且旅游企业还应当考虑地方生态体育旅游产业如何发展以及要认真处理好在旅游过程中"生态""体育""旅游"三个因素之间的影响与问题。

（2）切忌"泾渭分明"。人们在探讨生态体育旅游时，不能将"生态""体育"与"旅游"分割开来。缺乏任何一方都不是生态旅游的真实意义。例如，有些旅游企业设计开发了一项生态体育旅游项目——"森林开发"，游客在森林中搭起了帐篷，虽然它们接近自然，也有旅游的特点，却和"体育"没有关系，没有什么冒险的痕迹。因此，这种旅游不能算是生态体育旅游。

（3）切忌"一孔之见"。生态体育旅游除了是一种旅游形式之外，更是一个完整的系统。政府、社会、旅游企业、旅游者以及其他相关产业在这个系统中都各自扮演自己的角色，并且都是建立这个体系十分必要的因素。所以，当人们探讨生态体育旅游时，不能只针对其中某个因素，这种方法是很片面的，并且十分狭隘。例如，在生态体育旅游项目被设计和开发时，除了要考虑自身的设计与开发能力，旅游企业还要考虑许多外在的因素。政府的政策支持，社会媒体的宣传重点以及旅游者的出游喜好、动机与需求等，都是旅游企业应当考虑到的问题。

（4）切忌"目光短浅"。生态、体育还有旅游都是在人类社会不断发展了上千年的命题，所以用发展的眼光都去看待生态体育旅游是人们如今应该去关注的。应该尽量避免所有目光短浅的错误观点与实践。生态体育旅游是应该被世界各国所关注的。这不是短时间的问题，而是人类社会重视并发展了几百年甚至几千年的问题。因此，人们对生态体育旅游的态度如果一直是漫不经心，不去重视的话，生态旅游的发展不仅达不到预期的效果，甚至还有对生态环境造成更大破坏的可能。

（二）生态体育旅游者的心理特征分析

1. 不同类型生态体育旅游者的心理特征

（1）严格的生态体育旅游者

严格的生态体育旅游者是一种相对理想的类型。从对大自然的态度方面来说，他们认为人与自然是一种平等的朋友关系，他们尊重自然，敬畏自然，关爱自然，潜在价值观导致他们具有不同于传统旅游者的特点。

第一，一名严格的旅游者必须具有强烈的生态意识，这是其应有的素质。热爱徒步穿越大自然的景观，就不会为了自身的方便去损害旅游地的生态环境，要求建造一些便于通行和游玩的设施。他们旅行的目的不在于追求舒适，他们渴望体力挑战能存在于旅行的过程中，偏爱有挑战的旅游体验，想要亲身体会大自然的魅力，全身心融入大自然中。第二，具有责任意识，把环境保护当成自己的责任。这种强烈的责任感源自于旅行者强烈的生态意识，他们不仅通过自身的行为对保护环境做出贡献，而且希望能通过自己的努力，让自己和他人都能够具有这份责任意识，在约束自己的同时，帮助和引导他人树立正确的生态意识，形成良好的社会责任感，并加入到保护环境的行动中来。第三，与普通旅游者有显著区别。严格生态旅行者有非常主动的旅游态度，亲身接触大自然，倾听大自然，发现环境问题，解决环境问题。正是因为这样，那些严格的生态旅行者常常喜欢去一些还没有被开发，自然状况比较原生态，距离比较远的地方，单纯地对大自然之美进行体验，与自然亲密交流，领略大自然的智慧。严格生态旅行者偏爱自己安排旅行，多数都是专业的旅行。这些人在旅游的过程中深入了解当地的风土人情，其关注的是环境生态的协调发展，而且愿意为当地社区的发展做贡献。

严格生态体育旅行者体现了生态旅游的核心思想，他们具有非常充分的生态意识和生态道德，遗憾的是他们只占整个生态旅游市场的一小部分。

（2）普通的生态体育旅游者

一般的生态体育旅游者和严格生态旅游者大不相同，二者进行比较，一般的生态旅游者具有下面这些特征：一是生态意识薄弱，一般旅游者通常喜欢舒适的旅行。在他们身上体现的生态意识只是低等级，低段数的。他们对舒适度的要求非常高，要求良好的旅行设备和服务的条件，所以他们都对旅游中的服务要求高。同时，一般生态旅游者都喜欢通过解说、指示标牌等了解自然，而不是自己主动、积极地去获取有关自然的知识，常常比较被动。二是环境责任感并不强烈。一般生态旅行者相较于严格的生态旅行者而言，他们自身对保护环境的责任感不够强烈。一般情况下，他们只能约束自己不去做破环境的事情，管理自己的行为，但他们一般会无视别人破坏和污染环境的行为。三是在旅途中，行为与普通旅行的人并没有什么不同。一般生态旅行者往往是参团出游，跟随大众，进行快速、高效的游览，他们都是跟随导游的脚步，被动地进行旅游。因此，一般生态旅游者愿意选交通便利且距离短的地方，走马观花地欣赏景观。一般生态旅游者与自然进行的是肤浅接触，缺乏对自然的深入了解。他们喜欢和大家一样，由旅行社替他们做好旅行安排，大规模地进行团队旅行。一般生态旅游者都不是很关注旅游地的发展，他们只是口头上希望能帮助当地发展，大都不会付出实际行动。

从本质上讲，我们可以称一般生态体育旅行者为大众旅游者。但是，他们又比较偏爱和自然接触，领略自然风光，和普通的大众旅行还是有一点差距的。一般生态旅游者能占生态旅游类市场的一大部分。

2. 从行为特征上分析生态体育旅游者的心理特征

（1）生态体育旅游者的行为特征。就目前来看，生态体育旅游者多数是高收入人群，受过良好的教育，拥有良好的素质和涵养，这使他们具有的群体行为的特征如下。第一，推崇人文和谐并且关爱自然。生态体育旅游者大多喜欢游览一些距离远、开发少、没有受到现代商业污染的自然景观，喜欢体会不同的风土人情，领略那种人与自然和谐相处的自然之美，并且升华为对自然的保护和崇敬，对野生动物植物更加爱护和关心。第二，生态旅游的路是一条充满艰辛的探索之路，这就需要拥有积极向上的态度和克服困难的勇气，在独自面对旅行中困难的时候，能够依靠自己，解决问题，克服困难。正因如此，才能促使他们去选择这种旅游的方式。第三，喜欢挑战，更喜欢进行生态行为。生态体育旅游者通常是不甘寂寞平庸的，他们喜欢另辟蹊径，走别人没走过的路，挑战自我。又因为他们具有充沛的精力和比较丰富的旅行经验，让他们更加喜欢生态的旅游方式，也喜欢充满情趣的挑战和亲近自然的旅行。第四，遵守公德、积极践行责任义务的行为。生态体育旅游者往往道德水准较高，对社会的责任感比较强烈，这让他们在旅行的同时不忘自己的责任，一边旅行，一边关注当地的自然和人文风貌，在约束自己的同时，惠及他人，关爱贫困，帮助弱小，促进人与自然的和谐发展，这些人是积极推动生态旅游的中坚力量。第五，生态体育旅游者追求的是情趣和体验，在意的是兴趣追求和体验感觉，领略风光获得知识，并不把钱的问题放在第一位。

（2）生态体育旅游者的心理特点。由于生态体育旅游者有以上这些群体的特征，才使他们都具有下面这些共同的心理特征。第一，渴望回归自然，喜欢自身对自然的归属感，返璞归真，去掉一切功利的困扰，亲近自然。亲近各类的野生的动物植物，从大自然中领略人的自然的性情，抛弃一切喧嚣和困扰，做到真正地对自然的回归，找寻自身的归属感。因此，生态体育旅游者通常选择可复制性低、不容易人工建成、自然的、文化底蕴比较浓厚的地方进行旅游，如大山大海、原始森林，原始部落等。相较于传统旅游形式，他们更喜欢能够亲近大自然，深入大自然，与自然产生交流的旅行方式，如徒步旅行、探险、滑雪、登山等。第二，他们追求能够放松心情的旅行，通过一次出行可以达到调整心态的目的。当今社会，竞争的日趋激烈，人们更加希望能够一边提高自己的生活水平，一边调整自己的心理状态，改变精神压力大、身体亚健康的状况。这就让他们想到了通过出行来调整自己。与喧闹的城市相比，那些生态优美、人为破坏比较小、生态环境保存比较完好的地方，有清新的空气、良好的环境，民风淳朴，受现代工业影响小，能让人放松身心，抛掉一切功利烦恼和竞争压力，使内心获得释放，在精神、心理和身体上都回归自我，让他们真正体验自然之美，融入自然，获得真正的身心放松。第三，求异探新、追求变化的一种冒险心理，选择一些生态旅游满足自己追求新和异的欲望，人们往往厌倦自己熟悉的环境和生活方式，激情丧失，需要新元素来刺激。原风味的民俗文化又会给旅游者带来异域文化的新奇感，在体验和交往中得到身心上的满足。因为高山的险峻、森林的神秘、雪原的茫茫、河流的湍急等可以给旅游的人带来感官上的新奇感。旅游活动还会满足自己的成就感和征服感，给平淡无奇的生活添加一抹色彩。这与一般旅游的人多选成熟的景点，寻求享受的想法大不相同。第四，增长知识，研究探索的学习心理。很多生态体育旅行者旅游的动机是与自然亲近、了解大自然、对自然进行研究、认识自然。在旅途中了解自然、增长知识，能够热爱自然环境、珍惜自然，加强环保意识，是层次更高的旅游方式，在大自然中体会自然的真谛。一些专业研究人员、摄影爱好者、学生进行生态旅游的动机是学习研究、获得知识，他们积极地投入和学习，更加能够体现出生态旅游的内涵。而旅游的人对自然进行解读和理解，也可以得到情感和心灵上的体验和满足，一般的旅游是达不到这种效果的。第五，造福当地，促进环保的心理。随着旅游产业逐步发展繁荣，影响了游览地和旅游环境，使那些具有社会责任感和环境责任感的人在世界各地奔波，通过生态旅游中更加负责的旅游方法，关注旅游地居民的利益，宣传环保，推动当地经济的发展，增强旅游业可持续发展。

（三）生态体育旅游开发心理策略

1. 对生态体育旅游者道德进行调控

生态体育旅行活动中最大的群体是体育旅游者，他们也是重要的建设生态体育旅游的人。对体育旅游者进行道德调控主要是引导价值观念，让他们成为宣传保护环境、尊重自然的正确道德理念的主力。

（1）引导和教育人们学会时刻感恩大自然。人作为大地之子，自然供养了人类的发展。人的肉体存在和精神上的发育成长都需要依靠自然界的供养和启导。因此，把大自然看作人类之母，并不是在象征和比喻的意义上来讲的。在家庭和社会秩序中，尊老爱幼已成为人们达成共识的一种道德规范，所以在人和自然的关系结构里，保护自然也理所应当成为在生态文明时代应该弘扬的美德。

（2）引导和教育人们对大自然进行忏悔。人的耻辱感意识可以体现在忏悔上。

忏悔也是道德的彰显，作为内在的动力，提升人格。追溯人类文明的发展史，我们可以发现，人类过多地对自然进行索取，并且为了利益和需求，往往忽略自然的生态系统能承受的限度。人类总是喜欢通过自身主观好恶把动植物分成有益的或者有害的不同种类，习惯于从对人有没有价值来评估自然物有无价值。看到老虎，许多人会想到"虎皮能做成垫子，骨头可以用来入药，肉还可以食用"；看到鱼类，许多人会觉得"汤鲜味美，营养价值非常高"；看到翠绿翠绿的森林，许多人会用来做纸浆、燃烧的木材等。所以，在人类的文化字典上充满了"支配""掌握""征服""占有"这些字眼。面对满是伤痕的自然，人类确实应该忏悔。

（3）教会人类对大自然怀有一颗敬畏的心。对自然的征服是人类一进入文明的时代就开始不断强化的一种集体意识，尤其是在工业革命的时代。由于科学和技术的不断进步，人类认为自然最终会被人类自由地掌握在股掌之中，在人类面前，自然界最终会褪去一切神秘的色彩，成为人类的玩偶，让人任意操控。但是，就如同美国生态学家瑞彻尔·卡逊说过的，征服大自然是科学和哲学处在不成熟阶段的表现，征服大自然永远只是人狂傲自大的梦话。生态危机真正使人类懂得了自然的意志是不能违逆的，人们只能遵循自然规律。人类那些对自然的做法，最终会印证在自己身上，不遵循自然规律和自然意志一定会导致自然进行报复，科学发展也不能成为人类征服自然的借口。实际上，科学拓展了我们对已知世界的认识，人类的未知世界也在快速地扩展，也就是"我们所了解的越多时，我们所不了解的也就更多"。所以，对自然保持敬畏，是人类应该始终拥有的心态，也是合理的规约人的行为。

（4）教会人们面对自然，怀有一颗谦卑的心。人类只是自然进化到很晚期才衍生出的物种，与拥有深邃古老的智慧的自然相比较，人的智慧是很幼稚的，人类应该做自然的学生。在自然的发展过程中，人类的灭亡也是自然不断发展、变化的结果，人的身份只能是自然界的过客。但是，人的德行修养和自身能力，可以有效地调控自身的生命历程。爱护和尊重大自然就是爱护和尊重我们自身的生命，续写自身的历史，从而创造出更伟大的文明。

（5）教会人们珍爱自然，对自然怀有珍爱的心。自然界是人和其他不同物种生存和发展的依靠，但是自然资源并不是予取予求的。我们要利用好现有的自然资源，更要懂得融入自然、珍惜自然、领略自然、欣赏自然、拥抱自然、感应自然、善待自然，在自然中过着诗意的生活。现实生活中，只有通过倡导善待自然和尊重自然的态度，倡导遵循自然之道，以师从自然的生活态度，倡导进行拯救自然和保护自然的实践，才能帮助人们真正体会到择善、求真、臻美相互融为一体的自由洒脱的人生境界。

总的来说，我们必须严格要求自己，不做违反公德的行为。我国生态旅游开发管理一定会走上一条和谐发展道路，从而成为探索我国的生态文明建设道路的领路人，并做出应有的贡献。

2. 提高生态体育旅游者的环保意识

人与环境关系非常复杂，人的生存发展离不开对环境和资源的开发利用。因此，人类在开发和利用环境与资源过程中，完成了许多环境问题，各种环境破坏的行为最根本的原因是人们缺少对环境正确的认识。如果要消除环境破坏对人类生存发展的威胁，只能通过全体人类内心根本的改变。正如想让人们正确地认识环境，解决不同环境的问题，必须促进环境教育，加强人类环境意识，从而使人的活动与环境相互和谐。

环境意识是对于保护环境在实践上和认识上的统一。一般情况下，环境意识可以分成两个部分：一是在日常生活的经验中总结出"日常的环境意识"；二是远离日常生活，只有通过宣传教育的方法才能教给人"生态的环境意识"。两种意识一致性越是强烈，人对二者之间关系的认识水平就会越深刻，人们环境意识就越强。环境意识形成的条件有人们对环保知识的渴求和自身所拥有的环保知识水平。

环境产生的问题对人类生存产生不好的影响是人们寻求知识的原动力。人们从道德、法律层面出发，去约束自身行为并积极地参与环保事业，是人类环境意识能达到的最高的境界。加强生态旅游人的环保意识应从两个方面出发。一是要使人们真正理解自然界是一个包括人类和一切自然物在内的有机整体，人类必须学会遵循自然规律，有计划地对自然进行活动，对行为进行控制，平衡人和自然物质与能量的交换，进而达到一种人和自然和谐相处共存发展的状态。二是采用教育培养的方式，使人们可以意识到生态体育旅游地区中各个组成部分之间的有机联系以及相互之间所固有的能量和物质交换的规律，认识到人类的活动会对自然的平衡产生破坏作用，对当地社会和文化有可能造成坏的影响，做到维护纯洁的社会文化和自然拥有的平衡能力，把旅行对文化、社会和自然环境的干扰调整到它本身调节能力所允许的范围。这是培养人们环境意识的科学性，进而规范和约束人的自身行为，增强人与自然之间的协调和发展，促进生态旅游的可持续发展的必由之路。体育旅游业想要可持续发展，离不开良性的自然环境这一物质基础。所以，体育旅游业想要可持续发展，其基础和条件一定是环境保护。

3. 加强正面引导，纠正生态旅行者的心理误区

当前，我国许多生态旅行者和经营者都存在着一定的旅游心理误区，处在循环状态下的人文景观和自然环境，才能激发起人们旅游的愿望并且转化成现实旅游需要，但是一些伪生态旅游的开发却起了一定程度上的推波助澜作用。其主要

存在以下几个方面。一是存在走进自然就能进行生态旅游这种心理。这也是目前我国生态旅游中比较普遍的心理误区。许多人都认为生态旅游就是"对大自然的回归之旅游""在自然条件下进行的大众旅游""去郊外自然的环境中做保健"等。在这些人的心中，只要是到自然环境中去游览休闲、享受娱乐就是生态旅游。这种心态导致了他们在游玩过程中出现了随地吐痰、乱扔杂物、破坏花草、驱赶动物、胡乱涂鸦等缺少环保意识的行为。其实，生态旅游的本质特征是生态旅游的人在自然旅行中拥有的环保观念，而缺少环保观念地亲近自然，只能归类为传统旅游的一种，不能是真正的生态旅游。二是进行生态旅游就要尽情观赏环境的心理。这是一种不成熟的心理，真正意义上的生态旅游不仅要领略环境的壮美神奇，还要对自然资源和野生生物进行无伤害的有效利用，但大多数的生态旅游并没有完全贯彻这种生态旅游意识。就像青海湖鸟岛，因为过量游客近距离参观正在孵化和产卵的鸟，导致鸟岛中鸟种的数量在近十年下降了70%，然而这种现象不是个案。三是追求时尚，认为高雅即是生态旅游的旅游心理。为了满足显示财富、地位和追求时尚的心理，有些人把生态旅游看成了一种潮流的代表去追赶，他们没有自己的旅行目的，认为自然可以用金钱买断。这就导致了旅游开发者们迎合这种心理，众多的"生态旅行项目"如雨后春笋，把一些原本生态条件良好的地区开发成了一种大众旅游景区。游人的过量增长，加剧了古树的死亡，土壤的板结化，野生动物逃离，造成生态灾难。生态旅游一词代表了世界旅游发展潮流，对生态旅行者受教育程度有着较高要求，一些旅行者便把它看成了一种附庸风雅的陪衬。四是参观生态环境就是去参观落后的状况。生态旅游的对象通常是在长期居民交往、生活和大自然的进化过程中，形成别具一格的生态类型、地理外貌、特别的文化遗产和风土人情。同时，因为这些地区大多远离城市中心，受到工业化的影响较少，生态环境还保存着一种相对原始的状态和相对闭塞的风土人情，至今仍处于弱势的文化状态。某些游客往往凭借自己强势的文化心理，猎奇心强烈，对当地习俗不尊重，致使当地的文化承受过分的冲击，人为改变了当地发展的进程，使当地本土的文化逐渐丧失它的特色。

　　生态旅游者这些心理误区与真正生态旅游者的行为特征相背离，生态旅游作为高层次的、负责任的一种旅游活动，要求旅行者自身经过长期的学习，在工作生活中多方面注意生态环境及旅游资源的不合理开发给我们带来的影响，从而增强情感认同，自觉提升保护环境意识，同时相关部门及各级政府要增强忧患意识，增强生态意识和提高学习能力，通过合理控制、科学开发、有效宣传、倡导道德和文化素质等手段，培养社会大众的生态意识，只有这样才会在根本上纠正生态旅游者的心理误区。

4.提升生态体育旅游者的消费观念

随着经济社会的快速发展，人们的生活水平越来越高，消费观念也在发生着改变。由于生活、工作中的压力，在闲暇时间，人们会选择旅游的方式减轻自身的压力，缓解长久以来积累的紧张情绪。随着生态体育旅游业的快速发展，旅游人群也在快速增多。因此，生态体育旅行者在旅行消费过程中的行为对当地的环境影响非常大。在一定意义上讲，提高旅行者的环境意识，让他们在旅游和消费的过程中遵循一定的道德规范是促进旅游业可持续发展的重要之处。规范旅游消费的道德教育有两个方面。第一，物质消费辅助精神消费。旅行的过程主要是满足人们的猎奇心理、陶冶情操、增长知识、丰富精神世界的过程。为了减少旅游对环境的影响，满足旅游者的精神需求应占据旅游消费的重要地位，也可以说，使旅行真正成为可以促使人的可持续发展和生存的消费手段与生活方式，要提高精神消费质量，适当减少物质消费。第二，尊重和了解当地的风俗习惯和文化。在发展体育旅游业的过程中，维护当地文化发展，保护当地文明非常重要。

5.增强生态体育旅游规划决策者的可持续发展觉悟

规划决策者的可持续发展观念的强弱直接影响着旅游地区的环境。各级具有环保意识和可持续发展意识的规划和决策者无论从组织领导还是宣传教育方面，对加速实施可持续发展战略，促进旅游业生态发展，加强体育旅游的环境保护都将发挥着非常大的作用。

加强规划决策者的可持续发展观念。首先，需要增强他们的危机感和环保责任感。其次，提高环保的政策和法规水平与他们的科学决策能力。提高决策者可持续发展意识，对各级规划决策者进行旅游环保的培训和宣传教育，是达到此目的最快捷而有效的方法。例如，定期邀请各级决策者去参加有关环境发展研讨会，利用内参资料、环境状况简报等向他们定期通报本地区及全国生态破坏和环境污染的状况以及变化的趋势信息，提高他们的可持续发展觉悟，激发他们的忧患意识和污染治理的紧迫感，决策能力和理论水平不断提高，环境意识日益增强，提供关于环保的科学依据供他们决策。

总之，探究体育旅游业中的心理学问题，具有重要的现实意义：体育旅游业是体育产业中的一个重要组成部分，是集体育、休闲、旅游三种活动形式，同时是旅游业发展的一个新亮点。体育旅游业是旅游业与体育产业渗透交叉而产生的新经济领域。在我国经济快速发展的情况下，人们健身意识和休闲意识不断增强，体育旅游业已成为我国具有活力的产业之一。从体育旅游者的旅游活动来看，依照我国目前情况，构成体育旅游业应包括下列企业：餐饮住宿业、旅行社、游览娱乐行业、交通通讯业、销售和旅游用品行业。这几个行业之间存在相互的不可分割的联系和共同的目标，就是通过招徕、吸引和接待外来的体育旅行者促进体育旅游地经济的发展。虽然某一些组成部分，如体育旅游地各级的旅游管理和组织，不追求直接营利，但在扩大和促进商业性的经营上，这些企业起着非常重要的作用。

现代社会竞争激烈，社会日益发展，工作和生活节奏急剧加快，人们正处在一个"紧张焦虑的时代""压力的时代"，人们在激烈的竞争环境下，心理问题越来越明显，体育旅游业的开发，可以缓解人们的心理问题。心理压力是现代运动心理学、健康心理学等专业的学科体系中一个核心的概念，也是人们在日常生活中遇到的一个非常敏感的现实性问题，是伴随现代社会的发展而必然出现的现象。在日常生活中，每一个人会不同程度感受到心理压力。心理压力适度能促进人的功能活动和身心健康，然而长期的，超过了个体适应应对能力的压力是有害的，会造成人对很多疾病具有脆弱的易感倾向，还会引起不同的令人感到身心不适的症状，并有可能在一些其他因素的作用下罹患疾病。

众所周知，旅游可以放松人的心情，使人神清气爽。随着我国经济、政治、社会、科技、文化、教育的发展和进步，国家和相关部门更加关注人们的心理压力，各行业都会定期安排旅游。传统的旅游通常是找个旅行社报团，随团游览，线路安排太过紧凑，走马观花，购物时间往往超过景点观光时间，导游的服务一般，住宿和饮食都是能简则简。团队餐一般都是"管饱不管好"。旅行成了疲劳的奔波，几天的路程下来旅游就成了"上车睡觉，下车厕所""花钱买罪受"。这样的旅行让大家很反感，以致出现"宁愿在家待着也不愿出去旅游"的现象。体育旅游则是集健身、知识、娱乐、休闲、消遣等于一身，顺应时代的发展潮流和当前人们的旅行心理，也是当前旅游者全新的旅游体验方式。体育休闲旅游是对休闲与健康的追求，在旅游中更注重基础设施建设和服务水平，因此在这方面应采取积极措施。

体育旅游不同于传统旅游的方式，它不是简单的体育运动，是一种将运动、旅游、文化、人际交流、休闲娱乐紧密结合的特殊的旅游形式。自然环境是体育旅游开展活动的依托，它强调旅行活动要有生态性，能迎合人们对自然回归的心理渴求，如温泉水疗不但让人们体验扬州"水包皮"的民俗，温泉中的大量矿物质成分，像镁、钙、偏硅酸、铁以及大量阳离子、阴离子元素，不但促进了新陈代谢和血液循环，而且通过静水压力与水的机械浮力按摩了身体，让人们无形中调理了身体；徒步游览让人们饱览美丽的扬州胜景，也让人们不知不觉地完成了徒步这项运动；在无锡灵山的游览主要是徒步，二百多级台阶让人们在观光中体验了攀登的乐趣；围绕多种形式的体育项目展开的健身比赛，让大家自由选择，充分参与到比赛中，体验体育的魅力。实践证明，体育旅游业的发展有益人们的身心健康，从另一个角度来看，促进了体育产业的发展和社会的和谐。

参考文献

[1] 王进选.浅谈我国高校体育产业的发展[J].中国经贸导刊，2010（13）.

[2] 王树明，叶林娟.体育彩票消费过程中消费者认知偏差的定量研究[J].上海体育学院学报，2011，35（02）.

[3] 李晟文.江苏体育产业人力资源开发研究[D].苏州：苏州大学，2011.

[4] 杨铁黎，苏义民.休闲体育产业概论[M].北京：高等教育出版社，2011.

[5] 李培园，王建辉."环首都经济圈"建设中廊坊市体育产业发展战略研究[J].北华航天工业学院学报，2011,21（04）.

[6] 卢嘉鑫，张社平.体育产业发展理论与政策[M].北京：北京大学出版社，2011.

[7] 韩水定.我国体育传媒的特点与发展趋势[J].青年记者，2012（26）.

[8] 林敏.全球化背景下我国体育传媒业的机遇与挑战[J].体育世界（下旬刊），2013（06）.

[9] 林敏.全球化背景下我国体育传媒业的机遇与挑战[J].体育世界（下旬刊），2013（06）.

[10] 谢卫.休闲体育概论[M].成都：四川大学出版社，2014.

[11] 姜同仁，刘娜.中国体育用品外贸出口发展方式的转变[J].上海体育学院学报，2014（2）.

[12] 马文韬，吉斌.对体育产业中人力资源开发的探讨[J].当代体育科技，2015（18）.

[13] 刘远洋.体育产业结构优化研究[M].济南：山东大学出版社，2015.

[14] 杨铁黎，王子朴.体育产业概论[M].北京：高等教育出版社，2015.

[15] 杨建成.民族传统体育发展研究[M].南京：河海大学出版社，2015.

[16] 窦洁洁.我国体育用品业的发展现状及市场前景分析[J].韶关学院学报，2016（02）.

[17] 王蕊.体育产业人力资源管理的创新机制[J].劳动保障世界，2016（30）.

[18] 窦洁洁.我国体育用品业的发展现状及市场前景分析[J].韶关学院学报，2016（02）.

[19] 崔俊铭，庞静.新《广告法》对体育广告的影响[J].新闻战线，2016（03）.